Dirnbeck / Moser – Der Weg der ersten Christen

Josef Dirnbeck / Franziska Moser

Der Weg der ersten Christen

Bausteine zu einem geschichtlichen Verständnis der Apostelgeschichte

Nach einer Idee von Manuel Olivera

Herausgegeben vom Arbeitskreis für Christlich-soziale Bildung e.V.

EDITION VA BENE

Der Verlag legt großen Wert darauf, daß seine Bücher der alten Rechtschreibung folgen. Die Entscheidung bezieht sich auf die Sinnwidrigkeit der meisten neuen Regeln und darauf, daß sie sich gegen die deutsche Sprache selbst richten.

Die Deutsche Bibliothek – CIP-Einheitsaufnahme

Dirnbeck, Josef
Der Weg der ersten Christen : Bausteine zu einem geschichtlichen Verständnis der Apostelgeschichte / Josef Dirnbeck ; Franziska Moser. –

Wien ; Klosterneuburg : EDITION VA BENE, 2005.
(Eine Analyse)
ISBN 3-85167-180-5
NE: 2. Verf.: Moser, Franziska: Der Weg der ersten Christen

E-Mail: edition@vabene.at
Hompage: vabene.at

Umschlaggestaltung: Mag. Josef Dirnbeck, Nürnberg
Satz und Druckvorlage: B&R-Satzstudio, Graz
Druck: Druckerei Theiss GmbH, A-9431 St. Stefan
Produktion: Die Druckdenker GmbH, Wien

Printed in Austria

ISBN 3-85167-180-5

Inhaltsverzeichnis

VORWORT

In Dankbarkeit erinnert sich der *Arbeitskreis für Christlich-soziale Bildung e.V.* an die erfolgreiche Arbeit, die dank des Engagements unseres Mitgliedes Manuel Olivera verwirklicht werden konnte. Der am 25. Mai 2003 Verstorbene stammt aus Uruguay und war der Hauptkoordinator des Arbeitskreises in der Dritten Welt.

Besonders groß war sein Engagement bei der Erstellung der Programme. Manuel Olivera suchte die geeigneten Autoren aus und hielt Kontakt zu den Aufnahmestudios. In den fünfunddreißig Jahren seiner pädagogischen Tätigkeit für unseren Verein vermittelte er in hunderten von Kursen in allen lateinamerikanischen Ländern seinen Zuhörern den korrekten Gebrauch der Medien. Er sorgte für die Publikation des Leitfadens, der jedem Programm als Anwendungshilfe beilag. Durch häufige Besuche der nationalen Koordinierungszentren sicherte er eine gemeinsame Arbeitslinie auf Kontinentalebene.

Manuel Olivera gab sein reiches praktisches Wissen auch bei Kursen in Indien, Indonesien, Spanien und in Rom weiter, wo er im Lauf von fünf Jahren in Zusammenarbeit mit zwei Universitäten den Studenten Begegnungen mit der Praxis nahebrachte. Die zahlreichen Zuschriften aus aller Welt, die anläßlich seines Todes bei uns eintrafen, sind ein Beweis der hohen Wertschätzung, die unser Mitarbeiter auf dem Mediensektor genoß.

Das Projekt, an dem Herr Olivera in den letzten Jahren seines Lebens und noch wenige Tage vor seinem Tod gearbeitet hat, war ihm ein großes Herzensanliegen. Es galt der Erstellung von Materialien zur kritischen Auseinandersetzung mit biblischen TV-Produktionen. Manuel Olivera hat es von vornherein in Zusammenarbeit mit unserer Mitarbeiterin *Dr. Franziska Moser* und dem Autor und Medienfachmann *Mag. Josef Dirnbeck* konzipiert. In zahlreichen Arbeitsgesprächen, die in München stattfanden, wurde das Projekt entwickelt, erarbeitet und immer wieder von neuem modifiziert. Franziska Moser und Josef Dirnbeck waren es auch, die nach dem Tod von Manuel Olivera das begonnene Werk in seinem Sinn und inspiriert von seinem Geist weitergeführt und vollendet haben. Ihnen ist es zu danken, daß das Werk nun in deutscher Fassung in vollendeter Gestalt vorliegt und unter dem Titel *„Der Weg der ersten Christen – Bausteine zu einem geschichtlichen Verständnis der Apostelgeschichte“* veröffentlicht werden kann.

Möge es seinen Weg zu den Herzen zahlreicher Leserinnen und Leser finden und gute Früchte bringen.

Dr. Hans Czarkowski
Erster Vorsitzender des Arbeitskreises für Christlich-soziale Bildung e.V.

MANUEL OLIVERA

* 12. September 1931 in Montevideo
† 25. Mai 2003 in München

Einleitung

Wenn wir die Apostelgeschichte lesen, können wir viel über die Lebensumstände der ersten Christen erfahren. Wir bekommen eine Ahnung davon, welche Freuden und Hoffnungen jene Frauen und Männer erfüllten, die sich zum Glauben an Jesus Christus bekehrt hatten und ihr Leben an ihm orientierten, wir finden aber auch die Entbehrungen und Leiden beschrieben, die sie wegen ihres Engagements für ihr Bekenntnis zu erdulden hatten. Vor allem zeigt uns die Lektüre, daß die Anhänger Jesu keineswegs eine einheitliche Gruppe bildeten. So wie unter den Juden, die Jahr für Jahr aus nah und fern nach Jerusalem pilgerten, um hier die religiösen Feste zu feiern, wo Parther, Meder und Elamiter zu finden waren oder Bewohner von Mesopotamien, Kappadozien, Phrygien, Kreta, Ägypten, Libyen usw., stammten auch die ersten Christen aus allen möglichen Landstrichen und gehörten verschiedenen Völkerschaften an. Neben Petrus, Johannes, Jakobus und anderen Aposteln, die wie Jesus in Galiläa aufgewachsen waren und sich als einfache Fischer ihr Brot verdienten, ehe sie von Jesus zu „Menschenfischern" berufen wurden, begegnen wir so hochgebildeten Leuten wie Paulus, der aus Tarsus in Zilizien stammte und nach anfänglich vehementer Ablehnung ein ebenso vehementer Verfechter der neuen Glaubensrichtung wurde, oder Dionysius vom Areopag, der in der Weltstadt Athen zu Hause war (Apg 17,34). Neben dem Dienstmädchen Rhode, das im Haus der Mutter des Johannes Markus in Jerusalem für Ordnung sorgte (Apg 12,13), begegnen wir der Geschäftsfrau Lydia, einer Purpurhändlerin aus der Stadt Thyatira (Apg 16,14). Neben dem römischen Hauptmann Kornelius, der in Cäsarea stationiert war und in der Italischen Kohorte

Dienst tat (Apg 10,1), begegnen wir einem Mann, der auf dem afrikanischen Kontinent zu Hause und als Beamter am Hof der äthiopischen Königin für die Verwaltung der Finanzen zuständig war (Apg 8,27).

Von manchen Personen werden uns interessante Einzelheiten berichtet. Zum Beispiel erfahren wir von den unlauteren Machenschaften, derer sich die Eheleute Hananias und Saphira schuldig gemacht haben (Apg 5,1), oder wir lernen Tabita (Apg 9,36) kennen, jene fleißige Handarbeiterin, die eine Menge von Röcken und Mänteln zu schneidern verstand. Hingegen wissen wir von vielen anderen Christen dieser ersten Zeit kaum mehr als die Namen – so etwa von Mnason, einem Mann aus Zypern, von dem eigens erwähnt wird, daß er ein „Jünger aus der Anfangszeit“ war (Apg 21,16), oder von Männern wie Prochorus, Nikanor, Parmenas, Timon usw., die zusammen mit Stephanus zum Siebener-Kollegium der Hellenisten gehörten (Apg 6,5).

Nicht nur der als Ersatzmann für Judas gewählte Matthias oder Barnabas waren wichtige Persönlichkeiten der Urkirche, auch der rhetorisch begabte und schriftkundige Apollos aus Alexandria, der in Ephesus predigte (Apg 18,24), das Ehepaar Aquila und Priszilla (Apg 18,26) oder Männer wie Sopater aus Beröa, Aristarch und Sekundus aus Thessaloniki, Gaius aus Derbe sowie Tychikus und Trophimus aus der Provinz Asien (Apg 20,4), die Paulus auf seiner Reise durch Mazedonien begleiteten, gehörten zur großen Schar derer, die dafür gesorgt haben, daß die frohmachende Botschaft Jesu weitergesagt wurde und immer mehr Menschen Christen wurden – das heißt sich jener Religionsgemeinschaft anschlossen, die auf dem Boden des Judentums in der Umwelt des Hellenismus entstanden ist und deren Anhänger Jesus von Nazareth als den von Gott gesandten Messias betrachteten, dessen Kommen von den Propheten des alten Israel angekündigt wurde.

An der Frage, ob Jesus tatsächlich als jener sehnsüchtig erwartete „Messias“ zu betrachten wäre oder ob man das Kommen dieses Befreiers und Heilsbringers erst für die ferne Zukunft zu erwarten hätte, schieden sich die Geister. Die Frage der Messianität Jesu, in welcher sich die Anhänger des Nazareners von den anderen Juden signifikant unterschieden, wurde denn auch bald zum Namensgeber für die immer größer werdende Gruppe der Anhänger des Gekreuzigten. Man nannte diese Männer und Frauen „Christen“ [griechisch: *„christianoi“*], da sie Jesus als den *„Christós“* – als den „Gesalbten“ Gottes [hebräisch: *„meschiach“*] – bekannten.

Das Kreuz, an dem Jesus gestorben war, wurde ebenfalls zu einem Zeichen, an welchem der Unterschied zwischen dem alten und dem neuen Glauben deutlich wurde. Für die einen war die Tatsache, daß Jesus am Kreuz gestorben war, also als Schwerverbrecher hingerichtet wurde, der schlagende Beweis, daß er nicht der Messias sein konnte. Denn gemäß frommer Überlieferung war einer, der am Pfahl geendet hatte, als ein von Gott Verfluchter zu betrachten. Für die anderen jedoch war das genaue Gegenteil wahr: Gerade der Tod am Kreuz bestätigte eindrucksvoll, daß Jesus der Messias war, weil dadurch wahr geworden war, was die Heiligen Schriften vom Leiden des Gottesknechtes vorausgesagt hatten, der wie ein zur Schlachtbank geführtes Lamm in den Tod gehen und die Sünden der Menschen auf sich nehmen würde.

Ein weiteres gravierendes Unterscheidungsmerkmal zwischen Juden und Christen war die Überzeugung, daß durch Jesus die Gemeinschaft mit Gott prinzipiell allen Menschen offenstand, das Heil also nicht mehr für das ursprüngliche Gottesvolk reserviert war. Demnach waren auch die Nichtjuden – die sogenannten „Heiden“ – berufen, Gottes „auserwähltem Volk“ anzugehören.

In diesem Punkt waren sich sogar die Anhänger Jesu selber untereinander uneins. Während sich die einen den Weg der Nichtjuden zum Heil nur so vorstellen konnten, daß die Heiden zuerst Juden zu werden hätten, um Christen werden zu dürfen, gingen die anderen davon aus, daß durch den erlösenden Kreuzestod Jesu eine neue Situation geschaffen war. Äußerlichkeiten wie die Beschneidung, meinten sie, wären obsolet, und das jüdische Gesetz hätte aufgehört, einen verpflichtenden Charakter zu haben. „Freiheit vom Gesetz“, lautete die Devise.

Wie wir einer Notiz der Apostelgeschichte entnehmen können, war es in *Antiochia*, wo die Anhänger Jesu zum ersten Mal „Christen“ genannt wurden (Apg 11,26). Nicht zufällig war es genau dieselbe Stadt, aus der jener Kirchenmann stammte, der zum ersten Mal vom „Christentum“ [griechisch: *„christianismós“*] redete und es vom „Judentum“ unterschied. Im einem der Briefe, die Ignatius von Antiochia auf dem Weg von Syrien nach Rom an verschiedene Gemeinden und an den Bischof Polykarp von Smyrna schrieb, fordert er seine Leser auf, „dem Christentum gemäß zu leben“ (Magn 10,1). In diesem Schreiben an die Magnesier – oder genauer gesagt: „an die Kirche zu Magnesia am Mäander, die gesegnet ist durch die Gnade Gottes des Vaters in Christus Jesus, unseren Heiland“ – benutzte der syrische Bischof das Bild vom alten Sauerteig, der weggeschafft werden muß, verwendete also denselben Vergleich wie Paulus im Ersten Brief an die Korinther (1 Kor 5,7), um dann dezidiert zu erklären: „Es ist nicht angebracht, Jesus Christus im Mund zu führen und nach dem Judentum zu leben.“ (Magn 10,3)

Ignatius von Antiochia, der zu den sogenannten „Apostolischen Vätern“ gezählt wird, hat unter Kaiser Hadrian (117–138) den Märtyrertod erlitten. Als der christliche Historiograph Eusebius von Cäsarea (um 260–339) zwei Jahrhunderte später seine Kirchengeschichte schrieb, war die Zeit der Christenverfolgung vorbei. Das Christentum war Staatsreligion geworden. Im Rückblick betrachtet, erschien der auf Jesus bezogene Glaube immer noch etwas Neues zu sein.

„Wenn wir auch sicher *Neulinge* sind und die Bezeichnung ‚*Christen*‘ noch nicht lange bei allen Völkern bekannt ist“, schrieb Eusebius (Kirchengeschichte 1.4), „so ist doch, wie wir im Folgenden nachweisen wollen, unser Leben und die Art unseres Auftretens nicht erst vor kurzem von uns durch religiöse Bestimmungen festgelegt, sondern gewissermaßen schon von Beginn des Menschengeschlechtes an durch natürliche Erwägungen der alten Gottesfreunde bestimmt worden.“

Nun mag es zwar theologisch durchaus sinnvoll sein – ja, vom Standpunkt aus betrachtet, daß es außerhalb der Kirche kein Heil geben könne, geradezu geboten erscheinen –, auch schon die „Gerechten des Alten Testamentes“ der Kirche zuzurechnen und von einer „ecclesia ab Abel“ zu sprechen. Aber wenn wir hier nach den ersten Christen fragen, dann meinen wir nicht die Frage, inwieweit Adam und Eva oder zumindest der einem Brudermord zum Opfer gefallene unschuldige Abel und andere Gestalten der biblischen Geschichte – von Abraham bis Mose, vom ägyptischen Josef bis zur Mutter der makkabäischen Märtyrer – mit Fug und Recht als Christen oder zumindest „*anonyme* Christen“ zu bezeichnen wären. Nein, uns geht es hier ausschließlich um die Frage: Wer waren die ersten Christen?

Das war auch die Frage, die Manuel Olivera beschäftigte, als er daranging, das Konzept für das vorliegende Buch zu erarbeiten. Als er damit anfing, konnte er nicht ahnen, daß die Arbeit an diesem Buch ein Wettlauf mit dem Tod werden könnte und daß es ihm nicht mehr gegeben sein würde, das begonnene Werk zu vollenden. Glücklicherweise hat er aber die Idee gehabt, dieses Buch, das als Projekt des *Arbeitskreises für Christlich-soziale Bildung e.V.* realisiert werden sollte, nicht im Alleingang zu machen, sondern es im

Dialog und in enger Zusammenarbeit mit anderen Mitgliedern des Vereins zu erarbeiten.

So war von Anfang an geplant, daß dieses Buch zuerst in einer – gemeinsam mit Franziska Moser und Josef Dirnbeck erarbeiteten – deutschsprachiger Fassung erscheinen sollte. Nach dem Tod unseres geschätzten Freundes und Mitstreiters war es an uns, das Buch zu vollenden, und wir haben versucht, dies so zu tun, wie es Manuel Olivera selber getan hätte.

Franziska Moser (München)

Josef Dirnbeck (Wien und Nürnberg)

Und das Wort wird Medium … „e la Parola si fece Media“ war das Logo eines Kurses im Jahr 1995 mit Studenten der Kommunikationswissenschaften der Päpstlichen Universitäten der Jesuiten (Gregoriana) und der Salesianer in Rom.

Die audiovisuelle Sprache kann helfen, die Frohbotschaft nicht nur mit Worten, sondern auch durch Bilder, Töne, Farben und Gesten zu verkünden. So kann z. B. die Musik ausdrücken, was die Sprache nicht zu sagen weiß. Die Frage, wie die Bibel mit Hilfe der Medien für die heutigen Menschen „übersetzt“ werden kann, war das Thema verschiedener Kurse. Auf Anhieb scheint die Antwort auf die Frage einfach zu sein: getreu dem biblischen Text, getreu dem Medium und getreu dem Empfänger der Botschaft. Was aber heißt das konkret? Die Antwort wird kompliziert, wenn man in Erwägung zieht, daß viele Episoden außerhalb unseres Erfahrungsbereichs liegen und in archaischer Zeit spielen. In der Vergangenheit hatte man für sie schnell eine zufriedenstellende Erklärung parat. Aber trägt eine solche noch im Licht der modernen Naturwissenschaften? Manuel Olivera stellte sich solchen heiklen Problemen.

1. Der Anfang

Mein Name ist Manuel Olivera. Ich möchte dieses Buch, das der Frage nachgeht, wie das Christentum eigentlich angefangen hat, einfach damit anfangen, daß ich erzähle, wie ich dazu gekommen bin, mich mit dieser Frage zu beschäftigen.

Vor einigen Jahren habe ich damit begonnen, ein Treatment für einen Spielfilm zu entwickeln, dessen Ziel es sein sollte, die Geschichte der ersten Christen zu zeigen. Aber wie das bei Projekten manchmal so zu geschehen pflegt: Ich kam nicht voran und blieb in der Anfangsphase stecken. Offensichtlich war ich aber nicht der einzige, der sich geschlagen gegeben hatte. Ich erinnere mich noch gut an ein Roundtable-Gespräch in der Gregoriana in Rom, bei welchem einer der Professoren sein Erstaunen darüber bekundete, daß unter den großen Bibelfilmen kein einziger zu finden ist, der von den ersten drei Jahrzehnten des Christentums handelt – zumindest kein interessanter. Da es sich bei dieser Beobachtung nur um eine Randbemerkung gehandelt hatte, wurde nicht weiter darüber diskutiert. Aber für mich hatte diese Äußerung damals bei der Tagung in Rom Folgen. Sie hatte mir einen Floh ins Ohr gesetzt, den ich nicht mehr los wurde.

Selbstverständlich gibt es Filme, die Ereignisse zum Inhalt haben, die vor und nach dem Zeitpunkt geschehen sind, zu welchem das Christentum entstanden ist. Aber es gibt keinen nennenswerten Film über das Anfangsstadium selber. Dieses Faktum ist in der Tat verwunderlich. Der Stoff ist nämlich alles andere als uninteressant. Wo sonst hat es das schon gegeben, daß eine kleine Gruppe von Fischern, Tagelöhnern und Landarbeitern einen solchen Wandel der Geschichte herbeiführte? Was hat jenen Frauen und Männern, die als erste in die Fußstapfen des Mannes aus Nazareth traten, die Kraft gegeben, der Attraktivität eines erlösenden Mithras, einer bezaubernden Kybele, eines heilenden Äskulap oder dem triumphierenden Jupiter zu widerstehen? Aber was noch viel erstaunlicher ist: Nach menschlichem Ermessen hätten die Anhänger Jesu damals, als die hohen Ideale, die ihr Meister verkündet hatte, am Kreuz ein Ende gefunden zu haben schienen, vor diesem Fiasko eigentlich kapitulieren müssen. Wieso haben sie es nicht getan? Wie konnten sie – ganz gegen die landläufigen Auffassungen – davon zu sprechen beginnen, daß Gott die Welt nicht in Reine und Befleckte, in Juden und Heiden, in Privilegierte und Parias, in Männer und Frauen aufteilt, sondern daß er wie ein guter Vater alle als gleichwertig betrachtet und jeden speziell um seinetwillen schätzt? Welcher Geist beflügelte sie, die Botschaft zu verkünden, daß Gott diese Erde seinen Kindern übergeben hat und jedes von ihnen seinen Teil an Verantwortung übernehmen muß, um eine geschwisterliche Welt aufzubauen?

Wie man sich leicht denken kann, erlebten die ersten Christen mit ihrem provozierenden Auftrumpfen gegen den herrschenden Zeitgeist bei so manchen Gelehrten eine Abfuhr. Zum Beispiel spottete der Schriftsteller Kelsos (um 178 n. Chr.) über sie, weil sie sich für einen Gekreuzigten begeisterten, der von einer armen und unbekannten Arbeiterin in einem entlegenen Winkel Palästinas geboren worden war. Es ging ihm nicht in den Kopf, wie es dieser Gruppe gelingen konnte, Fuß zu fassen und sich auszubreiten, da ihre Anhänger doch Analphabeten waren und auf der sozialen Skala ihrer Zeit ganz unten standen. Nichtsdestoweniger brachten sie es zuwege, Tagelöhner, Sklaven und Handwerker, kurzum Menschen, die von der von vielen Zeitgenossen verachteten körperlichen Arbeit lebten, auf dem Schachbrett der Geschichte von ihrem unbedeutenden Platz wegzunehmen und sie dorthin zu stellen, wo die wichtigen Figuren agierten. Was Kelsos am meisten verwunderte, war, daß diese „Entbehrlichen", wie er sie nannte, es fertigbrachten, eine Zeitenwende herbeizuführen, was weder die Römer geschafft hatten, obgleich sie die Länder des Mittelmeers beherrschten, noch die Juden, obwohl sie sich für Erwählte Gottes und Verwahrer seiner Wohltaten hielten.

Wieso gibt es keine Filme über dieses Thema? Warum haben die Taten der ersten Christen nicht im Film Gestalt angenommen? Was war der Grund, warum ich selbst bei den ersten Schritten gescheitert bin? Jahrelang sind mir diese Fragen im Kopf herumgegangen. Jetzt war der Zeitpunkt gekommen, mich mit ihnen zu konfrontieren. Ich machte mich also an die Arbeit.

Eine erste Antwort auf die Frage nach dem Grund meines Versagens war nicht schwer zu finden. Es war mir nicht gelungen, auf der gleichen Wellenlänge zu schwingen wie der Verfasser der Apostelgeschichte. Ich hatte seinen Text auf harmlose, naive Weise gelesen. Ich ließ mich von jedem Satz beeindrucken und vermutete hinter jedem Wort eine historische Begebenheit. Ich hatte dem literarischen Genre des Textes nicht Rechnung getragen. Ich hatte nicht berücksichtigt, daß diese Schrift in einer Gegend verfaßt wurde, wo man sich seit Jahrhunderten an der „Ilias" und der „Odyssee" erfreute, bei den Tragödien des Sophokles mitlitt und über die Dramen des Euripides diskutierte. Um meine Anfangsschwierigkeiten zu überwinden, hätte ich damit anfangen müssen, mich mit dem Stil des Autors vertraut zu machen und die literarischen Tricks, derer sich Lukas bediente, zu entdecken. Dieser Schnitzer, die Apostelgeschichte naiv zu lesen, sollte mir – so nahm ich mir vor – kein zweites Mal passieren.

Ich machte mich also an die Arbeit. Kaum hatte ich beschlossen, mit einer gründlichen Untersuchung der vorhandenen Quellen zu beginnen, mußte ich allerdings selber zu einer gründlichen Untersuchung. Mein Gesundheitszustand hatte Anlaß zu gewissen Befürchtungen gegeben. Ein kurzer Aufenthalt im Krankenhaus sollte helfen, Licht ins Dunkel zu bringen.

2. Claudius Lysias

Die Nachricht über den Befund, den die Untersuchung im Krankenhaus ergeben hatte, hätte mich wie ein Faustschlag mitten ins Gesicht treffen können. Tatsächlich aber entfachte sie in meinem Kopf, soweit ich mich an die ersten Augenblicke danach erinnere, ein Leuchtfeuer der Begeisterung. Die „Perle", welche die Ärzte in mir entdeckt hatten und die sie nun mit verschiedenen Mitteln zu behandeln begannen, hatte zur Folge, daß mein Terminkalender und alle meine Planungen für die Zukunft von einem Tag auf den anderen über den Haufen geworfen wurden. Aber so bösartig diese „Perle" in medizinischer Hinsicht auch sein mochte, für mich hatte sie dennoch eine gute Seite, da ich wegen der mit der Behandlung verbundenen Umstellung meines Lebens nun unversehens, gleichsam auf einem Präsentierteller, genau jene Zeit der Muße geschenkt bekam, die ich brauchte, um den Abenteuern einer Handvoll Galiläer nachzuspüren. Ich brauchte nichts weiter zu tun, als die vorhandenen Energien zu bündeln und sie dazu zu verwenden, den Schicksalen jener Fischer nachzugehen, die heute als „Säulen des Christentums" gelten.

Zunächst wollte ich mir ansehen, was ich bisher gemacht hatte. Immerhin hatte ich ja vor einigen Jahren bereits einige Kapitel für eine Fernsehserie erarbeitet. Ich wußte zwar, daß sie so, wie sie waren, nicht brauchbar sein würden, sondern meinem neuen Erkenntnisstand zufolge dringend einer Überarbeitung bedürftig waren. Aber neben den bereits fertig ausgearbeiteten Manuskripten gab es eine riesige Menge von Notizen. Sie enthielten meine Nachforschungen über die ersten zwanzig Jahre des Christentums, die Jahre 30–50 unserer Zeitrechnung. Diese Aufzeichnungen ruhten seit Jahren in einzelnen, meist oberflächlich angelegten Zettelkästen.

Jetzt – sagte ich mir, um mir selber Mut zuzusprechen und meiner Müdigkeit durch neue Antriebskraft zu Leibe zu rücken – jetzt ist die Gelegenheit günstig, um meine Aufzeichnungen wieder hervorzuholen, sie von unnötigem Beiwerk zu reinigen und in attraktiver Form zu ordnen. Es genügt, ans Werk zu gehen und zu sehen, wie weit ich komme. Jetzt oder nie.

Als erste Maßnahme ging ich zum Schrank, wo ich meine Schätze aufbewahre, und griff nach den vier Schachteln mit den Merkzetteln über dieses Thema. Heutzutage genießen diese rustikalen, keineswegs noblen Pappkartons keinerlei Wertschätzung mehr. Seit es die Computer gibt, kann man Notizen viel bequemer ordnen und speichern. Damals aber, als ich anfing, Stichworte über die Abenteuer jener ungeschliffenen Gefährten des Nazareners zu sammeln, gab es diese modernen Geräte noch nicht, und die Schachteln leisteten mir wertvolle Dienste. Aber leider nützt es nicht viel, die gesammelten Notizen zu vier- oder fünfhundert Stichworten und Exzerpte aus Büchern auf dem Tisch liegen zu haben, man muß erst einmal das Kunststück vollbringen, sie so aneinanderzureihen, daß sie eine spannende Geschichte ergeben, und diese Geschichte darf dann nicht nur für Experten verständlich sein, sondern soll so sein, daß sie auch von jemandem nachvollzogen werden kann, der nicht geübt ist, in ein Thema wie dieses einzudringen.

Ohne lange zu überlegen, fing ich unverzüglich an, meine Aufzeichnungen nochmals durchzugehen, vielleicht aus Angst, ich könnte vorzeitig aufgeben und im Gestrüpp meiner beschädigten Gesundheit steckenbleiben. Plötzlich fiel mir etwas über Lysias in die Hand. Es waren Blätter in einem dicken Umschlag, sorgfältig gefaltet, aber ohne Beschriftung. Mag sein, daß ich unbewußt genau nach diesen Notizen gesucht hatte. Ich hatte sie schon vor geraumer Zeit geschrieben, in einer dieser Morgenstunden, in denen es so oft geschah, daß eine Idee von mir Besitz ergriff und mich mit unwiderstehlicher Macht aus dem Bett an den Schreibtisch trieb.

Ein heißer Tag im Juli des Jahres 30 unserer Zeitrechnung. Wir befinden uns im Tempel von Jerusalem. Es ist kurz vor Mittag.

„Diese Sonne spaltet Felsen“, murmelt Gamaliel zwischen den Zähnen. „Zu viel Hitze an einem einzigen Tag!“

Der Mann mit langem graumeliertem Bart hat eine ehrenvolle Aufgabe zu erfüllen. Mit der gleichen Sorgfalt wie eine Braut, die sich für die Hochzeit zurecht macht, muß er den Einzug des Hohenpriesters in das Allerheiligste vorbereiten. Das Fest steht zwar noch nicht unmittelbar bevor, aber Gamaliel meint, es sei angebracht, sich zu beeilen, um Zeit zu gewinnen. Seinem strengen Arbeitsplan zufolge muß er heute zur Burg Antonia gehen, um die Zeremonialschuhe zu holen – und dies, obwohl es so heiß ist und er sich nicht gerade auf der Höhe seiner Leistungsfähigkeit befindet.

„Die Römer hätten sich nie unserer religiösen Gewänder bemächtigen dürfen“, denkt Gamaliel, „und am wenigsten noch jener, die an einem solch feierlichen Tag gebraucht werden. Aber da es nun einmal so ist, wie es ist, heißt es gute Miene zum bösen Spiel zu machen.“

Vom Flachdach seines Hauses aus schaut er zum Tempelberg. Der weiträumige Platz mit einer Ausdehnung von etwa 380 Meter Breite und 440 Meter Länge ist hinter den mächtigen Umfassungsmauern nur zu ahnen. Gamaliel rückt sein sommerlich kurzes Gewand zurecht und geht die engen Steinstufen hinunter, die zur Vortüre führen.

Kaum hat er die Säulenhalle des Vorhofs zum Tempel betreten, deren Zedernholzdach ihn vor der Sonne schützt, fällt ihm das Benehmen eines jungen Besuchers auf. Vom Aussehen her könnte man ihn für einen Juden aus der Diaspora halten. Aber einige seiner Bewegungen deuten darauf hin, daß der junge Mann ein Nichtjude ist. Er steht da und blickt auf eine in weißen Stein gemeißelte Inschrift, auf der in rot ausgefärbten Lettern zu lesen ist, daß es Nichtjuden bei Todesstrafe verboten ist, hier weiterzugehen. Gamaliel entgeht nicht, daß der fremde junge Mann, der so tut, als wäre er mit dem Eifer eines Anfängers damit beschäftigt, diese Inschrift zu entziffern, in Wirklichkeit sehr genau beobachtet, was rings um ihn vorgeht.

Gamaliel geht weiter. Er überquert den Tempelplatz in Richtung Burg Antonia, wo die römische Besatzungmacht ihren Sitz hat und von wo aus sie den ganzen Tempelbezirk militärisch kontrolliert. Unterwegs trifft er einen Bekannten, der im gnädigen Schatten der Steinquadern in die Lektüre einer Schrift vertieft ist. Es ist Paulus, ein vielversprechender junger Mann, kaum zwanzig Jahre alt. Dieser Paulus ist einer der besten Schüler des Gesetzeslehrers. Gamaliel erinnert ihn daran, daß seine Ausführungen das nächste Mal kürzer sein sollen. Sie dürfen die Dauer zweier langsam rezitierter Psalmen nicht überschreiten.

Am Tor der Burg angelangt, begrüßt Gamaliel den diensthabenden Wächter und macht sich daran, die Stufen hochzusteigen. Als er sich vergegenwärtigt, was für Anstrengung er noch zu bewältigen haben wird, fängt sein Herz an zu zittern.

„Treppen sollten immer nur nach unten führen“, seufzt er, während er dabei ist, seinen Fuß mühsam auf die nächste Steinstufe zu setzen. Gerade noch rechtzeitig stellt er fest, daß die Stufe beschädigt ist, und er geht um sie herum.

„Ich werde den Römern einen guten Handwerker empfehlen“, denkt Gamaliel.

Nun ist er im zweiten Stockwerk angelangt. Ein Diener händigt ihm die Zeremonialschuhe aus. Der Gesetzeslehrer schaut die Schuhe liebevoll an und überprüft die Verzierungen, mit denen sie geschmückt sind. Er läßt die kleinen Schellen erklingen, deren Klingen das feierliche Schreiten des Hohenpriesters Jahr für Jahr begleiten, wenn er in den Raum einzieht, der nur Gott vorbehalten ist. „Die Schellen müssen sorgfältig gereinigt werden, damit sie ihren originalen Klang nicht verlieren“, denkt Gamaliel, während er mit den Zeremonialschuhen in der Hand die Treppe wieder hinabsteigt. Er bedauert, daß eine Arbeit wie diese ausgerechnet an einem so heißen Tag erledigt werden muß, an dem ihm sein Körper mehr als gewöhnlich zu schaffen macht.

Auf dem Rückweg kommt Gamaliel an jenem Bereich des Tempels vorbei, zu welchem nur Männer Zutritt haben. In der Nähe eines Eingangstores zum Vorhof der Männer sieht er den jungen Mann von vorhin. Da er sowieso müde ist, beschließt der Gesetzeslehrer, hier ein wenig auszuruhen, was den Vorteil hat, daß er den Fremden besser im Auge behalten kann, dessen Anwesenheit ihm nicht ganz geheuer vorkommt. Auch der Fremde beobachtet Gamaliel aus den Augenwinkeln heraus – und er sieht zu seiner Bestürzung, wie dieser graumelierte Mann, der ein Paar kostbar verzierte Schuhe in der Hand hält, plötzlich ohnmächtig wird.

Lysias, so heißt der Besucher, eilt sofort herbei, um zu helfen. Er rollt einen Stein heran, legt die Füße des Ohnmächtigen darauf, um ihm das Atmen zu erleichtern. Die Maßnahme hat Erfolg. Bald kommt wieder Leben in Gamaliel. Inzwischen haben auch andere bemerkt, was vorgefallen ist. Es dauert nicht lang, und Lysias ist nicht mehr allein. Neugierige umgeben ihn. Er überläßt den Mann, der wieder zu Bewußtsein gekommen ist, den Händen der Tempeldiener, schnappt sich die zu Boden gefallenen Zeremonialschuhe und verschwindet in der Menge.

Im Zuge der allgemeinen Verwirrung überquert Claudius Lysias den Vorhof der Männer, passiert den Vorhof der Priester und dringt in das Heiligtum im engeren Sinn ein. Dort findet er sich in einem leeren Saal mit einem Vorhang wieder, der den Raum fast zur Hälfte teilt. „Eigenartig“, denkt Lysias, „der Tradition nach soll hier eigentlich Gott wohnen, aber zu sehen ist von ihm nichts.“

Das Eindringen eines Fremden und Unbefugten ins Allerheiligste ist nicht unbemerkt geblieben. Als Lysias den Raum verläßt, entreißt ihm ein aufgeschreckter Alter die seltsamen Schuhe und ruft laut um Hilfe. Er habe einen Dieb auf frischer Tat ertappt, und dieser Dieb habe den heiligen Ort entweiht, darum müsse man mit dem Eindringling kurzen Prozeß machen. Auch Gamaliel hat das Rufen des Mannes gehört. Kaum wieder auf den Beinen, eilt er sofort hin und mischt sich in die Debatte ein. Die Worte des bedächtigen Gesetzeslehrers sind imstande, die Gemüter zu beruhigen. Man solle nicht blindlings zur Lynchjustiz schreiten, ehe geklärt wurde, was überhaupt vorgefallen ist. Dies sei ein Fall für den Hohen Rat. Man werde die Sache prüfen und dann werde sich zeigen, was zu geschehen habe.

Am nächsten Tag diskutiert der Gesetzeslehrer in seinem Haus mit Paulus und einigen anderen Schülern über den Vorfall. Gamaliel meint, es sei unangebracht, den jungen Angeklagten zu verurteilen. „Obwohl das Gesetz eine Verurteilung zuläßt“, sagt er, „ist zu befürchten, daß man auf diese Weise nur einen Helden aus ihm macht – genau so, wie dies auch beim Täufer und beim Nazarener der Fall war. Das Leben der Toten wird im Andenken der Lebenden gegenwärtig, bald fängt man an, es mit einer Menge von Legenden auszuschmücken und so weiter und so fort.“ Außerdem sei der Fall völlig harmlos, versichert Gamaliel und wendet den Kopf mit einem leichten Lächeln zum skeptisch blickenden Paulus. „Nichts weist darauf hin, daß Lysias die Zeremonialschuhe entweihen wollte. Ganz im Gegenteil, der Angeklagte hat sie in dem kleinen Tumult, der durch meine Ohnmacht entstanden ist, gerettet! Die paar Schmutzflecken kann man ihm auch nicht zur Last legen, die waren schon vorher drauf. Außerdem ist nicht erwiesen, ob überhaupt ein Sakrileg begangen wurde. Es gibt keine Zeugen, die beweisen könnten, daß der Fremde tatsächlich den Raum betreten hat, der ausschließlich Gott vorbehalten ist.“

Das Gespräch wird unterbrochen. Mirjam, die Tochter Gamaliels, ein Mädchen von ungefähr fünfzehn Jahren, ist ins Zimmer gekommen, um den Männern selbstgemachtes

Gebäck anzubieten. Die junge Dame macht die Männer auf das Lied aufmerksam, das auf der Straße gesungen wird: „Hört nur, der Bänkelsänger von gestern ist wieder da."

„Da haben wir es", sagt Gamaliel. „Das ist ein typisches Beispiel für das, was ich vorhin gemeint habe. Man verurteilt Leute wie den Täufer oder den Nazarener und erreicht damit nur, daß jeden Tag neue Moritatendichter auftauchen, um deren Leben zu erzählen. Überzeugt euch selber!"

Der Lehrer geht mit seinen Gästen zum Fenster. Der Sänger schildert gerade, wie ein mißratener Sohn das Erbteil verpraßt, das ihm sein Vater schon zu Lebzeiten ausbezahlt hat, und wie er dann, als er nichts mehr hat, auf die Idee kommt, zu seinem Vater zurückzukehren, und wie ihn dann der Vater, statt ihm einen Vorwurf zu machen und ihn für seinen Leichtsinn zu bestrafen, voll Liebe umarmt.

Es regnet Beifall. Der Sänger sammelt die kleinen Gaben ein, die ihm zufliegen oder gereicht werden. Dann geht jeder wieder seines Weges.

„Eine interessante Geschichte, die wir da gehört haben", findet Gamaliel. „Sind wir nicht in der gleichen Lage wie dieser Sohn? Wir alle machen immer wieder Fehler und haben es nötig umzukehren." Paulus ist anderer Meinung. „Ich denke wie der ältere Sohn", sagt er. „Dieser Windbeutel von Bruder ist doch nur zurückgekehrt, weil ihm die Läuse auf dem Kopf lästig waren und weil er den Dreck auf seiner Haut und das Knurren seines hungrigen Magens nicht mehr ausgehalten hat. Ein Typ wie der wird, sobald er wieder fest auf den Beinen steht, von neuem Reißaus nehmen und alles mitnehmen, was er seinem Bruder und seinem alten Vater abgeknöpft hat!"

„Du hast vollkommen recht", erwidert der Lehrer, „aber die Geschichte wurde meines Erachtens nicht erzählt, um das Brüderpaar zu beschreiben, sondern um zu zeigen, was Gott für ein großmütiges Herz hat." Paulus schüttelt den Kopf.

„Soviel ich weiß“, fährt Gamaliel fort, „hat der Nazarener Gott nicht als einen Krieger dargestellt und noch viel weniger als einen Richter, der sich anheischig macht, Verantwortungen zu definieren und Strafen zu verhängen. Er hat ihn als einen barmherzigen Vater beschrieben. Für ihn ist Gott ein Meer an Erbarmen, worin sich die lasterhaftesten Sünder in Wonne baden können. Ich frage mich, ob wir nicht mit dem jungen Claudius Lysias genauso verfahren sollten. Denkt darüber nach. Wir reden später darüber, jetzt muß ich die nächste Ratsversammlung vorbereiten.“

3. Im Sanhedrin

Eine Woche, nachdem ich mein neues Leben angefangen hatte, klingelte das Telefon. Nie habe ich besondere Sympathie für diesen Apparat empfunden, aber diesmal hätte ich ihn am liebsten mit seinem eigenen Kabel stranguliert. Was ich in dem Augenblick aber nicht wußte: Es war bereits Mittag, und ich war vor Mitternacht schlafen gegangen!

„Wie steht es mit der nötigen Ruhe?" fragte mich der Arzt in väterlichem Ton.

„Ich habe an die zwölf Stunden geschlafen, und wenn mich das Klingeln nicht geweckt hätte, würde ich noch schnarchen."

„Besser so. Nehmen Sie die Tage auf diese Weise und widersetzen Sie sich nicht den Bedürfnissen des Körpers. Dies ist die beste Art, mit uns zusammenzuarbeiten."

„Und in den Augenblicken, in denen mein Kopf etwas klarer ist, habe ich mir vorgenommen, über etwas, was mich begeistert, nachzuforschen und zu schreiben. Soll ich das auch bleiben lassen?"

„Ganz im Gegenteil. Wenn es Ihnen Spaß macht und wenn es Sie interessiert, machen Sie weiter! Es wird Ihnen helfen, die Gesundheit wieder herzustellen. Aber bitte immer so, wie der Körper es vorgibt! Die Infusionen, die wir verabreichen, sind kein Zuckerwasser. Sie werden bald ihre Wirkung spüren."

Ich stand auf, rasierte mich, nahm ein Bad und kehrte an den Schreibtisch zurück. Wenn ich den Arzt richtig verstanden habe, so ist eine maßvoll betriebene Beschäftigung nicht von Übel, sondern fördert die Wirkung der Medizin.

Die Westhalle im Tempel ist der Ort, an dem sich der Hohe Rat versammelt – der „Sanhedrin", wie die Rabbiner die jüdische Selbstverwaltung nennen, oder das „Synedrium", wie die griechisch sprechenden Landsleute dazu sagen. Das Dach aus Zedernholz, das auf mächtigen Säulen ruht, macht die Hitze des Sommers erträglicher, und die leichte Brise, die durch das Stützwerk streicht, schafft ein angenehmes Klima. Im Hohen Rat sind die Vornehmen aus dem Volk vertreten, insbesondere die vier Familien, die die Hohenpriester stellen, und die Schriftgelehrten von der Partei der Pharisäer. Diesmal sind allerdings nicht alle 70 Mitglieder anwesend, sondern nur eine ausgewählte Minderheit. Ihre Aufgabe ist es, unvorhergesehene Ereignisse zur Kenntnis zu nehmen und die Zusammenkunft des Plenums vorzubereiten.

Heute wird es um die Frage gehen, wie man im Fall Lysias verfahren soll. Doch zuvor will man den jungen Paulus aus Tarsus anhören, der wegen seines Eifers für den Glauben bei den Ratsmitgliedern bereits einen guten Leumund hat.

„Ich freue mich, in einem so illustren Kreis reden zu dürfen“, beginnt der Schüler Gamaliels. „Ich möchte mich schon jetzt dafür bedanken, daß man in einer so ernsthaften Angelegenheit die Ansicht der Jugend hören will. Meine Freunde und ich haben lange hin und her überlegt und sind zu dem Schluß gekommen, daß man in mehreren Punkten unserer Tradition die Schrauben fester anziehen müßte. Wir beziehen uns dabei weder auf die Beschneidung noch auf die Beobachtung des Sabbatgebotes, sondern auf andere Säulen unserer Identität, die am Abbröckeln sind und einer schnellen Reparatur bedürfen, wenn unser Glaubensgebäude nicht einstürzen soll.“

Gamaliel streicht sich bedächtig den Bart und blickt aufmerksam auf seinen Musterschüler. Paulus hat den Mut, von „uns“ zu sprechen, von seiner Gruppe, den „Eiferern“, wie man sie wegen ihrer Hitzköpfigkeit nennt.

„Gestern, während ich an der Mauer der Burg Antonia saß“, sagt Paulus, „kam einer unserer Priester vorbei, der jetzt in Elephantine, Nil aufwärts, dort in Ägypten, ansässig ist. Ich fragte ihn, wie es möglich sei, daß sich so weit vom Tempel entfernt und während so vieler Jahre unsere Gebräuche intakt halten konnten. Er gab mir eine plausible Erklärung: ‚Weil niemals ein Fremder unsere Häuser betreten hat und wir nicht seines!‘ Welche Folgerung ist daraus für uns zu ziehen? Keine andere als diese: Wir müssen unsere Heimstätten abschirmen gegen Sitten und Gebräuche, die nicht die unseren sind, und dürfen uns nicht von fremder Art anstecken lassen. Aber viele unserer Leute nehmen diese Regel zu locker. Hier gilt es, die Schrauben anzuziehen.“

Mit geneigtem Kopf hören die Ratsmitglieder die Forderung an. Auch Gamaliel ist ganz in sich versunken.

„Sogar unsere Essenssitten beginnen zu erschlaffen“, fährt Paulus fort, „egal, ob wir uns auf dem Markt oder bei der Arbeit befinden. Die Angebote ringsum sind einfach zu verlockend. Wir haben festgestellt, daß verschiedene Juden unsere traditionellen Speisevorschriften nicht mehr einhalten und sich neuen kulinarischen Genüssen zuwenden. Für einen Außenstehenden scheint dies normal und vernünftig. Nicht so für uns! Gott selbst hat von uns verlangt, uns an ganz spezielle Essensvorschriften zu halten. Unsere Väter haben versprochen, diese Anweisungen, die uns von unseren Nachbarn unterscheiden, zu befolgen, und wir müssen diesem Versprechen treu bleiben.“

Paulus nimmt einen Schluck Wasser. „Nicht zuletzt müssen wir auch rücksichtslos gegen Mischehen vorgehen. Mitleid und Verständnis wären hier fehl am Platz. Nur wenn wir unter uns bleiben, wird uns die Kraft unserer Vorfahren bewahren.“

Als Gamaliel merkt, daß Paulus mit seiner Rede zu Ende ist, gibt er ein Zeichen, um sich zu Wort zu melden. Paulus sieht es und sagt: „Das ist es, was mir am Herzen liegt und was meine Freunde und ich für unabdingbar halten, wenn wir auch künftig Gottes auserwähltes Volk bleiben wollen.“

Der Zeremonienmeister dankt dem Redner für seinen Eifer für die Tradition und erteilt Gamaliel das Wort.

„Die Vorschläge der Gruppe um Paulus geben mir Gelegenheit, ein Problem anzusprechen, das schon seit Esras Zeiten, also schon seit mindestens fünf Jahrhunderten mitgeschleppt und nie gelöst wurde: unser Verhältnis zu den anderen", sagt Gamaliel. „Solange es uns nicht gelingt, in entsprechender Weise eine gute Nachbarschaft mit den Nichtjuden zu pflegen, werden wir immer wieder Widersetzlichkeiten provozieren. Deshalb scheint es mir notwendig, das Problem in einen rechten Zusammenhang zu stellen."

Gamaliel sieht Paulus ins Gesicht und merkt, wie dessen Augenbrauen enger werden. „Ich sage das deshalb", fährt er fort, „weil die Vorschläge der Paulusgruppe sehr gut zu einer Gemeinschaft passen, die isoliert von ihren Nachbarn lebt, wie die der Essener und mehr noch zu einer, die auf einer fernen Insel haust, auf der es nur Juden gibt. Diese harte Linie jedoch in einer Stadt wie Jerusalem anzuwenden, die von Besuchern überquillt, sollte das angebracht sein? Das Problem stellt sich aber nicht nur hier, sondern auch in anderen Städten – etwa in Alexandria und selbst in Antiochia, wo wir fast ein Drittel der Bevölkerung bilden. Ebenfalls in Rom, wo wir in einigen Vierteln die Mehrheit haben. Obgleich wir augenscheinlich an Boden gewinnen, leben wir in diesen Orten abgesondert vom Rest der Bevölkerung. Logischerweise ruft diese physische und geistige Separation Mißtrauen hervor. Was geschieht, wenn wir uns noch mehr absondern?"

Der Zeremonienmeister weiß nicht, was er zu dieser eklatanten Meinungsverschiedenheit zwischen dem Meister und seinem Schüler sagen soll. Da meldet sich Natan zu Wort, ein junger Schriftgelehrter mit dichtem, schwarzem Bart, und beginnt mit gedämpfter Stimme zu reden.

„Es geht nicht nur darum!" sagt er. „Das Problem fällt noch mehr ins Gewicht, wenn man bedenkt, daß wir von

Rom vier Privilegien von großer Bedeutung für unser ziviles Leben erhalten haben. Jeder von uns kennt diese Sonderrechte. Wir können unsere eigenen Gruppen bilden, uns in den Synagogen treffen, brauchen nicht am Kaiserkult teilzunehmen und sind vom üblichen Militärdienst befreit. Das weckt den Neid der anderen Volksgruppen. Wenn jetzt auch noch diese radikalen Separationsvorschläge hinzukommen, wie sie die ‚Eiferer' empfehlen, dann schüren wir nicht nur neue Querelen, sondern provozieren auch die so gefürchteten Pogrome. Ja, wir selber provozieren sie, wenngleich wir hernach den andern die Schuld in die Schuhe schieben!"

Gamaliel sieht sich bestätigt. „Es scheint mir notwendig zu sein", sagt er, „neue Normen zu suchen. Praktischere als die, welche der Kreis um Paulus vorgeschlagen hat. Etwas, das uns hilft, die Welt mit denen zu teilen, die neben uns leben, ohne deshalb unsere Identität und unseren Schwung aufgeben zu müssen. Das ist es, was zur Diskussion steht. Es ist löblich, das Unsere zu sichern, aber nicht um den Preis, uns in unseren Traditionen einzuigeln und uns immer mehr von unseren Nachbarn abzusondern."

Der Zeremonienmeister ergreift das Wort: „Gut, lassen wir dieses Thema für heute. Wir werden bei einer der nächsten Zusammenkünfte weiter darüber diskutieren. Gehen wir nun zum Fall Lysias über." Die Anwesenden nicken. Wieder meldet sich Gamaliel zu Wort.

„Bevor wir über Lysias urteilen, möchte ich euch darüber informieren, daß ich vor einigen Tagen in der Burg Antonia war, wegen der Schuhe des Hohenpriesters, die für das Fest benötigt werden. Die Römer haben mich sehr höflich behandelt und mir das Erbetene ohne Verzug gegeben, allerdings wäre ich fast die Treppe hinuntergefallen, weil eine Stufe beschädigt ist. Da die Angelegenheit nicht neu ist, frage ich euch: Scheint es euch nicht angebracht, daß ich ihnen den Namen eines guten Handwerkers nenne, der in der Lage wäre, den Schaden endgültig zu beseitigen?"

„Keinesfalls!“ ruft Natan. „Unser Leute würden das als Kollaboration mit den römischen Autoritäten auslegen. Und die ist für sie untragbar.“

„Wieder ein Beispiel dafür, wie unser Verhältnis zu den andern aussieht. Es ist dermaßen inflexibel, daß es uns schwerfällt, eine Steinstufe auszubessern“, seufzt Gamaliel. „Dann legen wir eben auch diese Angelegenheit aufs Kopfkissen und sprechen über den Fall Lysias. Meine Nachforschungen haben ergeben, daß der junge Mann von einer gewissen Agrippina protegiert wird. Sie ist es, die ihn hierher geschickt hat, um Informationen zu sammeln. Ihn zu beseitigen hieße, sich mit den höchsten Kreisen Roms anzulegen.“

Die Zuhörer sind von dieser Mitteilung keineswegs überrascht. Anscheinend hat es sich auch schon in Jerusalem herumgesprochen, was in Rom kein Geheimnis mehr ist: daß die ehrgeizige Agrippina, die Enkelin des Kaisers Augustus, Interesse dafür zeigt, was in dieser Region geschieht, vor allem, seit ihr Mann Germanicus, der das Kommando über Syrien, Judäa und die Nachbarprovinzen innehatte, unter ungeklärten Umständen in Syrien gestorben ist.

„Ihr wißt, wovon ich rede“, fährt Gamaliel fort. „Also gut. Rollen wir nochmals auf, was an jenem Tag geschehen ist. Ich befand mich ungefähr in der Mitte des Tempelplatzes, als ich ohnmächtig wurde. Lysias war der erste, der mich gesehen hat. Er lief zu mir und bemühte sich, mir zu helfen. Er lagerte meine Beine hoch, was mir das Atmen erleichterte. Im anschließenden Tumult hat er die Zeremonialschuhe gerettet. Er hätte mit ihnen verschwinden und sie dem Meistbietenden verkaufen können, aber er hat es nicht getan. Vielleicht ist er bei dem Durcheinander verbotenerweise in den heiligen Bezirk eingetreten. Doch dafür fehlt jeder Beweis, wir haben keinen Zeugen, der dieses Namens würdig wäre. Deshalb denke ich, wir sollten den Fall ganz anders lösen. Es hilft nicht viel, wenn wir darüber fluchen, daß uns der Wind ins Gesicht bläst. Besser wäre es, Segel aufzuziehen und den Wind für unsere Zwecke zu nutzen."

Gamaliel macht eine Pause und läßt seine Worte wirken, während er bedächtig einen Schluck Wasser zu sich nimmt.

„Wie allgemein bekannt ist, sind die Jünger des Nazareners aus Jerusalem verschwunden. Sie treffen sich weder im Haus der Maria noch in der Synagoge, wo sie sich sonst immer versammelt haben. Wie es scheint, haben sie sich in den Norden – nach Galiläa – abgesetzt und sich um Petrus, ihren neuen Anführer, geschart. Leider wissen wir nur wenig über sie. Wir wissen nicht, was sie denken, und noch weniger, was sie im Schilde führen.

Wie ihr wißt, ist die Angelegenheit heikel. Die Galiläaer sind sich schon immer als etwas anderes vorgekommen und hatten nie wirklich das Gefühl, zu uns zu gehören. Das müssen wir zur Kenntnis nehmen. Die Makkabäer haben dieses Gebiet erobert und dort eine Reihe von Siedlungen errichtet. Aber als die Römer kamen, wurde diese Aktion von den Besatzern gestoppt. So ist es in keiner Weise erstaunlich, daß die jüdischen Siedlungen in diesem Gebiet nach und nach unsere Traditionen verlieren, wie die ‚Eiferer' ganz richtig festgestellt haben. Die Maßnahmen, die Paulus vorgeschlagen hat, beziehen sich meines Erachtens auf diese Region und nicht auf die großen, entfernter liegenden Städte in der Diaspora.

Ich schlage deshalb vor, gerade wegen der komplizierten Lage in dieser Zone im Norden, daß wir den jungen Lysias nicht aburteilen, sondern seine Strafe in einen Dienst umwandeln. Wir haben weit mehr davon, wenn wir mit ihm eine Art Abkommen treffen. Er soll – so lautet mein Vorschlag – nach Galiläa gehen und uns berichten, was dort vorgeht. Wahrscheinlich wird ihn das Angebot, Informationen über die neue jüdische Bewegung zu sammeln, um so mehr interessieren, als es ihm gleichzeitig Material für den Auftrag liefert, den ihm die Agrippina gegeben hat."

Der Zeremonienmeister unterbricht die Sitzung, um den Männern Gelegenheit zu geben, während der Pause in den Wandelgängen miteinander über den Vorschlag zu reden. Als alle wieder in den Saal zurückgekehrt sind, ist man sich in dieser Frage einig. Gamaliels Vorschlag wird akzeptiert. Außerdem meint man, es wäre das Beste, den jungen Paulus mit der heiklen Aufgabe zu betrauen, in das Gefängnis zu gehen und Lysias für eine Zusammenarbeit zu gewinnen. Gamaliel ist dagegen. „Ich glaube nicht, daß das eine gute Idee ist“, meint er. „Denn das würde bedeuten, daß einer, der dafür ist, mit dem Häftling kurzen Prozeß zu machen, über seinen eigenen Schatten springen müßte. Nein, ich selber werde der Überbringer des Vorschlags sein und mich dem jungen Helfer als einer zeigen, der es versteht, sich dankbar zu erweisen und Gnade vor Recht ergehen zu lassen, statt unnachsichtig auf die Einhaltung der Gesetze zu bestehen.“

4. Reden

Fünfzehn Tage sind vergangen. Es wird Zeit, meinen entfernt lebenden Freunden meinen schlechten Gesundheitszustand mitzuteilen und ihnen zu erklären, daß ich in München gelandet bin, wo man mir eine zu Unzeit aufgetauchte „Perle" entfernen muß, die oberhalb der Nase festgestellt wurde.

„Ist sie groß?" fragte ich den Arzt, der die Computertomographie durchgeführt hatte. – „Im Bauch wäre sie ein Floh, im Kopf ist sie jedoch ein kleiner Elefant", erwiderte er. „Man kann sie nicht operieren, aber wir können sie gezielt angreifen. Nehmen Sie diese Bilder für den behandelnden Arzt mit. Ich werde ihn anrufen, um die Sache zu beschleunigen."

Zwei Tage später hing ich im Krankenhaus für sechs Stunden am Tropf, wobei man mehrere Flüssigkeiten, eine nach der anderen, in meinen Körper einflößte. Es war ein immenser Korridor, in den zehn Zimmer mündeten. Die Atmosphäre war weder trist noch trostlos. Ganz im Gegenteil. Es gab Blumenschmuck, Bilder waren an den Wänden – und vor allem: uns gegenüber lag ein Garten. Darin gab es Vögel, die Nester bauten und den Frühling ahnen ließen.

Ich blätterte wieder in meinen ersten Aufzeichnungen zum Projekt über die ersten Christen. Die Szenen, die ich über Claudius Lysias geschrieben hatte, sollten nicht nur ein wenig von der Atmosphäre der damaligen Zeit kurz nach der Hinrichtung Jesu in Jerusalem wiedergeben, sondern auch zwei wichtige Persönlichkeiten vorstellen, die in der Anfangsphase des Christentums – in den Jahren zwischen 30 und 50 – eine wichtige Rolle spielten. Auf der einen Seite Gamaliel, einen Gesetzeslehrer mit einem gutmütigen und versöhnlichen Geist, und auf der anderen Seite Paulus, den

Anführer einer Gruppe junger Fanatiker. Als dritter kam Lysias dazu, der spätere Tribun einer Kohorte in Jerusalem. Ihn hatte ich ausgewählt, weil er, ohne mit einer der beiden Parteien verbunden zu sein, originelle Gesichtpunkte in meine Erzählung bringen konnte. Als ein Doppelagent, der seine Informationen gleichzeitig nach Rom und Jerusalem liefert, ist er natürlich die interessanteste Figur der Szene.

Nun holte ich die Bibel hervor. Ich schlug die Apostelgeschichte auf – dieses Mußdokument, um etwas über das Leben und Agieren der ersten Christen zu erfahren. Die Evangelien konnten mir bei meinen Recherchen nicht dienlich sein, da sie mit den Berichten von der Auferstehung und der Himmelfahrt Jesu enden und nichts mehr über die Entstehung der ersten christlichen Gemeinden berichten.

Kaum hatte ich begonnen, die Apostelgeschichte mit kritischeren Augen zu lesen als früher, stieß ich schon auf einen ersten Stolperstein. Mir fielen gewisse Merkwürdigkeiten an der Rede auf, die Stephanus, der erste Märtyrer, angesichts der drohenden Steinigung hält. Wie ist es möglich, fragte ich mich, daß der Autor den Text dieser Rede Wort für Wort niederschreiben konnte, ohne dabeigewesen zu sein? Wer hat ihm die Worte mitgeteilt? Die Frage ist berechtigt, denn Lukas – oder wie immer der Autor, der diesen Text verfaßt hat, geheißen haben mag – hat die Apostelgeschichte erst Jahrzehnte nach dem Ereignis geschrieben, von dem er berichtet. Wie und vom wem könnte Lukas den Wortlaut der Rede, die Stephanus bei seinem Blutzeugnis hielt, erhalten haben?

Auf der Suche nach einer plausiblen Erklärung fand ich bei der Durchsicht meiner Notizen eine gute Antwort. Sie stammt von Thukydides (460–396 v. Chr), dem berühmten griechischen Geschichtsschreiber. Er schreibt in seinem Buch über den Peloponnesischen Krieg: „In bezug auf die Reden, die in meinem Bericht stehen, fanden einige bereits vor Kriegsbeginn statt und andere während der Handlungen.

Einige habe ich selbst gehört, andere hat man mir erzählt. Da es schwierig gewesen wäre, sich in jedem einzelnen Fall an den gesamten Text Wort für Wort zu erinnern, lege ich in den Mund der Redner das, was meiner Meinung nach in diesem Augenblick ausgedrückt werden sollte."

Auch Josephus Flavius, der Chronist der jüdischen Geschichte, der im Jahr 37 n. Chr. geboren wurde, hat diese literarische Technik in seinen Schriften verwendet. Es ist deshalb keineswegs absonderlich, daß auch der Autor des lukanischen Doppelwerkes so vorgeht. Er stellt sich eine Begebenheit, von der er gehört hat, vor und formuliert dazu den entsprechenden Text. Um den Sinn eines Ereignisses hervorzuheben, opfert er die historische Genauigkeit. Statt ein leidenschaftsloser Berichterstatter zu sein, gibt er einen Teil seines Herzbluts in die Rede des Stephanus. Statt auf die chronologische Reihenfolge zu achten, verlegt er Geschichten, die erst zu einem späteren Zeitpunkt stattgefunden haben, um Jahre vor, andere dagegen, zwischen denen eine große Zeitspanne liegt, verknüpft er miteinander, als wären sie gleichzeitig erfolgt.

Aber bei allem Respekt für eine damals übliche Form der Geschichtsschreibung mußte ich mich doch fragen: War die Situation, in der sich Stephanus befand, dazu angetan, eine solche Rede zu halten? Immerhin ist sie die längste aller Reden, die uns die Apostelgeschichte übermittelt (Apg 7,1–53). Kann man sich wirklich vorstellen, daß Leute, die in ihrer Wut entschlossen waren, Stephanus ohne langes Federlesen zu lynchen, sich geduldig angehört haben, wie die ganze Geschichte des Volkes Israel aufgerollt wird, angefangen bei Abraham über Isaak, Jakob, Josef, Mose und die Propheten bis zu Jesus? Wozu mußte Stephanus des langen und breiten über die großen Gestalten des Gottesvolkes reden? Was wollte Lukas mit dieser langen Rede bezwecken? Warum plaziert er an entscheidenden Punkten seiner Schilderungen immer wieder eine Rede? Folgte Lukas nur einer damaligen Gepflogenheit? Warum benützt er so oft dieses literarische Requisit? Immerhin machen die Reden mehr als ein Viertel des gesamten Textes der Apostelgeschichte aus.

Eine mögliche Erklärung fand ich in der Person des Autors selbst. Lukas war ein gebildeter Heiden-Christ. Offenkundig verfolgte er mit seiner Schrift in erster Linie theologische Absichten. Und die Adressaten seiner Botschaft waren vorrangig die sogenannten „Heidenchristen" – also Leute, die im hellenistischen Kulturkreis aufgewachsen waren und keine Ahnung davon hatten, wie der Gott, den der Nazarener „Vater" nannte, schon zu Zeiten der jüdischen Patriarchen und Propheten und zuletzt in Jesus gehandelt hat. Mir wurde klar, daß der Autor der Apostelgeschichte den Lesern seines Werkes zeigen wollte, woher ihr Glaube kommt und wie er zu ihnen gelangt ist. Auf ihre Fragen geht Lukas in dieser Rede ein, die in der Erzählung auftretenden Personen sind nur Stichwortgeber für seine Ausführungen.

Die Antwort auf die Frage nach der Realität oder dem Sinn eines Berichtes ließ mich sogleich die nächste Frage stellen: Hat Lukas diese Vorgangsweise auf alle Erzählbereiche angewendet? Sind sämtliche Ereignisse, die er schildert, in seiner kreativen Vorstellungskraft gebadet? Bis zu welchem Grad spiegeln seine Texte die Wirklichkeit der Ereignisse wider?

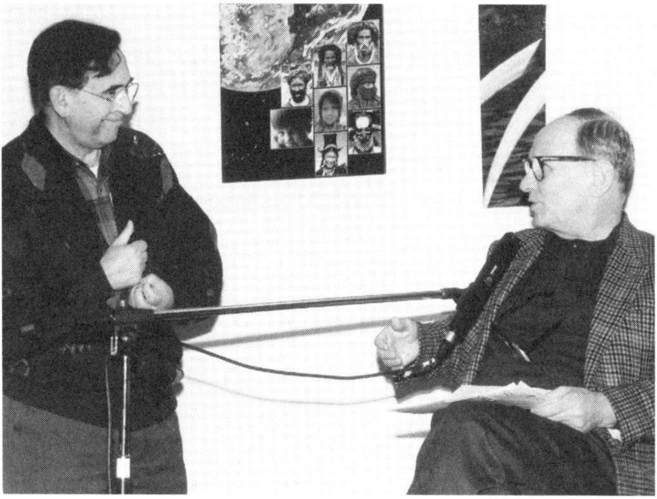

Manuel Olivera im Gespräch mit dem Komponisten und Oscarpreisträger Ennio Morricone, der zu ungefähr 300 Filmen die Musik geschaffen hat.

Manuel Olivera unterhielt stets guten Kontakt zu Leuten des Theaters und des Films. Schon als Student gründete er den Filmclub „Panorama", und während seiner Ausbildungszeit ermöglichte ihm die Universität Fordham, Cleveland, ein achtmonatiges Praktikum in bedeutenden amerikanischen Produktionszentren, u. a. in Hollywood. Als das Uruguayische Fernsehen seine Sendungen aufnahm, war er daran mitbeteiligt und produzierte für mehrere Sparten regelmäßig Programme. Das Produktionszentrum, dem er angehörte, war eine echte Ideen- und Initiativenküche für Christen auf der Suche nach einem konkreten und klaren Engagement in der harten Wirklichkeit der uruguayischen und lateinamerikanischen Gesellschaft der siebziger Jahre. Manuel Olivera zählte in Lateinamerika zu den Pionieren auf dem Sektor der Kommunikationsmedien und prägte diesen. Viele Jahre war er Direktor von UNDA-Lateinamerika, einer internationalen katholischen Vereinigung für

Rundfunk. Sechs Jahre lang leitete er das Sekretariat für Medien im Generalat der Jesuiten in Rom und fünfunddreißig Jahre war er der Hauptkoordinator von SERPAL, einem vom Arbeitskreis für Christlich-soziale Bildung betriebenen Radiodienst für Lateinamerika.

5. Die Zwölf

Ein brasilianischer Arzt, der sich auf das Gebiet der Tumore des lymphatischen Systems spezialisiert hatte, trat zu mir und setzte mir eine Nadel.

„Welche dieser Flüssigkeiten ist die berühmte Chemotherapie?" fragte ich und deutete auf die vier Flaschen am Gestell.

„Alle zusammen. Diese vier sind dazu da, die Hauptorgane zu schützen, aber das Gegengift für Ihre Perle habe ich hier." Er lachte und zeigte mir ein kleines Fläschchen, nicht größer als mein kleiner Finger. „Ich selbst habe es zubereitet. Die Dosis muß angepaßt sein. Ist sie zu gering, verschwindet der Tumor nicht, ist sie zu hoch, kann sie Ihnen schaden."

Er nahm den Verschluß vom Fläschchen ab, injizierte mir den Inhalt und verabschiedete sich.

„Wie geht es nun weiter?" fragte ich, als er bereits an der Tür stand.

„Der Vorgang dauert fünf bis sechs Stunden, dann wird Ihnen die Krankenschwester die Nadel herausnehmen und Sie können nach Hause gehen. Ihr Arzt wird Ihnen mitteilen, wann Sie wiederkommen müssen, denn wir sind ja erst bei der ersten Dosis."

Es ist wie ein Traum: Als ich mich von meinen Freunden verabschiedet hatte, geschah dies in der festen Überzeugung, daß ich einen Wettlauf mit dem Tod angetreten hatte. Sie werden von der schnellen Wendung zum Guten überrascht sein.

Mein Interesse, die stilistischen Hilfsmittel zu entdecken, die der Autor der Apostelgeschichte gebraucht, führte mich von Claudius Lysias etwas weg. Trotzdem wollte ich diese eingeschlagene Spur weiterverfolgen. Die kraftvolle Phantasie des Lukas konnte zwar viele Worte und Taten der ersten Christen dem Vergessen entreißen. Wurden aber dabei nicht einige Tatsachen entstellt? Ich entschloß mich zu einer eingehenden Lektüre der Apostelgeschichte.

Der Titel „Apostelgeschichte" weckt die Erwartung, in ihr die Spuren der zwölf engsten Mitarbeiter des Nazareners verfolgen zu können. Elf von ihnen werden gleich im ersten Kapitel namentlich genannt: Petrus, Johannes, Jakobus, Andreas, Philippus, Thomas, Bartholomäus, Matthäus, Jakobus, der Sohn des Alphäus, Simon der Zelot und Judas, der Sohn des Jakobus (Apg 1,12–14). Diese Namen werden im weiteren Text bestätigt, wenn von der Wahl des Matthias die Rede ist, der die Stelle des Judas Iskariot einnehmen sollte, der sich nach Jesu Tod erhängt hatte.

Trotz dieser so klaren und frühzeitigen Präsentation der Protagonisten beschränkt sich Lukas im folgenden darauf, fast ausschließlich von Petrus zu erzählen. Die übrigen Elf werden nur beiläufig erwähnt, sozusagen als Komparsen, ohne auf Einzelheiten ihrer Aktivitäten oder auf ihre Stärken und Schwächen einzugehen. Und dies, obwohl sie der neuen Bewegung einen mächtigen Schwung gegeben haben müssen, denn sonst wäre es ihnen nicht gelungen, in kurzer Zeit in den jüdischen Gemeinden in Rom, Ägypten, Zypern, Syrien und Kleinasien Fuß zu fassen. Trotzdem: Lukas ignoriert sie.

Diese Ungereimtheit ging mir gegen den Strich. Zu gerne hätte ich erfahren, was hinter den Legenden steckt – wenn zum Beispiel vom Apostel Thomas erzählt wird, er habe bei den Parthern und in Indien gewirkt. Kein Wort davon bei Lukas. Auch hätte mich interessiert, ob das sogenannte „Thomas-Evangelium", das im Jahr 1945 in der oberägyptischen Wüste nahe bei Nag Hammadi gefunden wurde und eine Sammlung von Jesusworten aus der Anfangszeit des Christentums enthält, etwas mit dem „Zweifler" zu tun hat.

Es widerstrebte mir auch, daß in der Apostelgeschichte keine Details über den Apostel Johannes berichtet werden.

Sicher, manchmal wird er als Gefährte des Petrus erwähnt, gleichsam als sein Schatten, aber ohne die geringste Aktion. Was aber ist daran an der Aussage des Irenäus von Lyon (um 180), Johannes habe in Ephesus gewirkt?

Jakobus, der in den Evangelien zusammen mit seinem Bruder Johannes und mit Petrus den Kreis der Vertrauten des Nazareners bildete, widerfährt das gleiche Schicksal. Nur ein Satz findet sich über ihn in der Apostelgeschichte: der Bericht von seiner Hinrichtung. Herodes Agrippa ließ Jakobus, um den Autoritäten des Tempels zu gefallen, im Jahr 44 exekutieren. Doch nicht ein Wort verliert Lukas darüber, was dieser Jakobus bis dahin für die Jesusbewegung getan hat.

Es zeigt sich, daß die Apostelgeschichte keine Fundgrube für die Biographien der Apostel darstellt und man in ihr vergebens den speziellen Beitrag jedes einzelnen zur Verkündigung sucht. Aus diesem Grund liegt es nahe, den Schluß zu ziehen, daß die Gruppe der Zwölf nicht historisch, sondern theologisch zu verstehen ist. Das Kollegium der Apostel ist ein neutestamentliches Gegenstück zu den zwölf Stämmen Israels, die die tragenden Pfeiler des Gottesvolkes im Alten Bund waren.

Bei der Wahl des Matthias, so wie sie Lukas darstellt, wird Wert darauf gelegt, daß einer, der zum erlesenen Zirkel der Apostel gehören darf, bestimmte Anforderungen zu erfüllen hat. Es wird nämlich verlangt, daß es einer von jenen Männern sein müsse, welche „die ganze Zeit mit uns zusammen waren, als Jesus, der Herr, bei uns ein und aus ging, angefangen von der Taufe durch Johannes bis zu dem Tag, an dem er von uns ging und in den Himmel aufgenommen wurde." (Apg 1,21–22) Als ich dies las, beschlich mich das Gefühl, damit werde ein gewisses Ausschlußverfahren angewandt, um einigen Hauptfiguren des Urchristentums den Titel eines Apostels abzusprechen. Zum Beispiel Jakobus, dem Bruder Jesu, der später eine entscheidende Führungsrolle in der Christengemeinde in Jerusalem gespielt hat, oder Paulus, dem „Völkerapostel". Wie mir schien, sträubt sich Lukas geradezu mit Händen und Füßen dagegen, Paulus „Apostel" zu nennen, während Paulus selber nicht müde wird, immer wieder zu betonen, er sei vom Auferstandenen selbst zum Apostel berufen worden. Die Vermutung liegt nahe, daß sich hier eine Auseinandersetzung widerspiegelt, die in der allerersten Zeit des Christentums stattgefunden hat und bei der es um die Vorrangstellung in den Gemeinden ging. Paulus selbst gebraucht den Titel „Apostel" nicht so eng. In seinem Brief an die Römer grüßt er Andronikus und Junia, zwei „angesehene Apostel." (Röm 16,7) Früher wurde vielfach angenommen, daß Junia in Wirklichkeit ein Junias war, weil man sich einfach nicht vorstellen konnte, daß Paulus eine eifrige Verkünderin des Evangeliums zu Recht eine Apostelin nennen könnte.

Wenn nun die Apostelgeschichte selber von den Zwölfen dermaßen wenig Notiz nimmt – von den anderen Glaubensboten ganz zu schweigen – und uns auch im unklaren darüber läßt, ob außer Petrus überhaupt noch andere der Zwölf über Jerusalem hinaus missioniert haben, dann ist das ein Beweis dafür, daß weder fulminante Ereignisse noch irgendwelche Berühmtheiten bei den Anfängen des Christentums Pate standen, sondern daß viele namenlose Wanderprediger in mühsamer Kleinarbeit die Gute Nachricht verbreitet haben.

Petrus allerdings hebt sich aus dieser anonymen Schar ab. Einhundertneunundfünfzigmal wird sein Name im Neuen Testament erwähnt. Auch für Lukas ist Petrus von der ersten Stunde an der Wortführer. Möglicherweise ist es ein sinnreicher Einfall der kreativen Phantasie des Autors, anstatt die Taten jedes einzelnen Apostels aufzuzählen, sie in denen des Petrus zusammenzufassen.

Auf der Suche nach einer Antwort auf die Frage, wo und wann Petrus seinen ersten Auftritt in seiner neuen Rolle hatte, braucht man nicht lange zu blättern. Bereits im 15. Vers des ersten Kapitels steht zu lesen: „In diesen Tagen erhob sich Petrus im Kreis der Brüder – etwa hundertzwanzig waren zusammengekommen." (Apg 1,15) Hier wird einem deutlich vor Augen geführt, wo das eigentliche Urgestein des Christentums zu finden ist. Petrus erhebt sich nicht inmitten der Elf, sondern im „Kreis der Brüder". Dieser Kreis ist weit größer. Die hundertzwanzig Leute, die hier genannt werden, waren die Protagonisten der ersten Stunde. Sie sind die ursprünglichen „Sendboten", wie die Übersetzung des griechischen Wortes „apostolos" lautet. Mit diesem Hinweis auf die Hundertschaft wird der Zwölferkreis gesprengt. Das heißt, es werden auch jene Männer und Frauen, die in der allerersten Zeit nach Jesu Tod dessen Worte und Taten weitererzählten, als Apostel verstanden.

Die Apostelgeschichte gibt keine Auskunft darüber, wer jene Frauen und Männer gewesen sein könnten, die an den Erscheinungen des Auferstandenen und an der Geistsendung teilhatten und die den Auftrag erhielten, Zeugen bis an die Grenzen der Erde zu sein. Vielleicht waren jene „Zweiundsiebzig" darunter, von denen Lukas in seinem Evangelium berichtet, daß sie der Nazarener selbst für die Gottesreichverkündigung in vorderster Linie vorbereitet hat (Lk 10,1).

Zur Urgemeinde gehörten sicherlich auch einige von denen, die Jesus von ihren körperlichen und seelischen Krankheiten kuriert hatte und die schon zu Lebzeiten ihres Wohltäters die Nachricht von ihrer Genesung verbreiteten und sich Jesus anschlossen, wie zum Beispiel der blinde Bettler Bartimäus, der von seinem Gebrechen befreit wurde und Jesus auf seinem Weg folgte (Mk 10,46).

Eine andere Gruppe von Leuten, welche die Jesusbewegung vorangebracht haben, waren die Außenseiter; jene, die von den Mitmenschen links liegengelassen wurden, vom Nazarener jedoch angenommen worden sind. Der Zöllner

Zachäus war einer von ihnen. Jesus scheute sich nicht, das Haus dieses „Unreinen“ zu betreten und mit ihm zu essen.

Nicht zu vergessen sind auch die mutigen Frauen, die selbst beim Sterben Jesu, als keiner der Jünger mehr zu sehen war, so nahe am Kreuze standen, wie es die militärische Absperrung zuließ. Diese Frauen waren ebenfalls wichtige Zeuginnen, denn sie konnten aus eigener Anschauung berichten, was auf Golgota geschehen war.

In der Apostelgeschichte selbst finden sich weitere Hinweise auf erste Gemeindemitglieder. Im fünften Kapitel wird von Hananias und Saphira berichtet. Die Pointe der Geschichte ist, daß Petrus wegen des Einbehaltens eines Teils des Erlöses eines Grundstückverkaufs dermaßen erbost ist, daß seine ungestümen Worte den Tod des Ehepaars provozieren. Die Episode macht sichtbar, daß in der Schar der ersten Christen nicht alles Gold war, was glänzte, und daß es sich um keine homogene Gruppe gehandelt hat, sondern um eine zusammengewürfelte Gemeinschaft.

Zur Urgemeinde im weiteren Sinn zählt zweifelsfrei die Gruppe um Stephanus, das sogenannte Siebenergremium, welches laut Apostelgeschichte von den Zwölfen zur Speisenverteilung eingesetzt worden ist (Apg 6,1–6). Die Verteidigungsrede, die Lukas dem Leiter dieses Gremiums in den Mund legt, läßt darauf schließen, daß es sich bei Stephanus nicht um einen Novizen gehandelt haben kann, der lediglich Speisen serviert hat, sondern um einen der führenden Leute in der Urkirche.

Eine weitere wichtige Figur unter den Urzeugen, ja geradezu eine der Hauptpersonen ist ein Mann, der ebenfalls nicht dem Zwölferkreis angehörte. Wegen seiner verwandtschaftlichen Beziehung zu Jesus hatte er aber eine besondere Stellung in der Jerusalemer Urgemeinde inne. Es ist Jakobus, der „Herrenbruder“, wie man ihn nannte, um ihn von den beiden Aposteln des Zwölferkreises, die ebenfalls Jakobus hießen, zu unterscheiden. Wegen der Tradition des Glaubens an die Jungfrauschaft Marias haben manche Kirchen Scheu, ihn einfach unbefangen als leiblichen Bruder Jesu zu betrachten. Für sie ist er dann entweder der Stiefbruder Jesu, ein Sohn Josefs aus erster Ehe, oder einfach ein Bruder im weiteren Sinn – ein Verwandter des Nazareners. Markus erwähnt Jakobus zu Beginn des sechsten Kapitels seines Evangeliums zusammen mit weiteren Brüdern Jesu – Joses, Judas und Simon – und mit Schwestern, deren Zahl und Namen er nicht angibt.

Es ist eigentlich ziemlich erstaunlich, daß Jakobus offensichtlich bald nach dem Tod seines Bruders der Leiter der Jerusalemer Christengemeinde wurde. Denn zu Jesu Lebzeiten war er kein Anhänger des Nazareners, genauso wenig wie die anderen Familienangehörigen. Im Gegenteil, sie haben Jesus sogar für verrückt erklärt und wollten ihn mit Gewalt nach Hause holen. Trotzdem konnte sogar ein Mann wie der Herrenbruder Jakobus später zum Apostel werden. Paulus hat ihn in seinem ersten Brief an die Gemeinde in Korinth in die Schar derer eingereiht, denen der Auferstandene erschienen ist: dem Kephas, den Zwölf, dem Jakobus, allen Aposteln (1 Kor 15,5–7). Denn Jakobus und alle anderen vorhin genannten Personen waren, wie auch Paulus meint, Apostel im weiteren Sinn. Es waren Frauen und Männer, die in irgendeiner Weise erfahren hatten, daß Jesus lebt, und sie lebten aus der Gewißheit, daß mit dem Kreuzestod die Jesusbewegung – der „neue Weg“, wie sie später sagten – nicht zu Ende war, sondern erst so recht anfing.

6. Das Ambiente

Ich habe die Sorge um meine Gesundheit vollständig in die Hände der Ärzte und der zwei Pflegerinnen gegeben, die meinen Krankheitsverlauf mit Ausdauer und Hingabe verfolgen. Obgleich es seltsam erscheint, ziehe ich es vor, weder an meine „Perle" zu denken noch an die Behandlung, die ich noch vor mir habe. Auch mache ich es mir keineswegs zur Aufgabe, den Rest meines Lebens nur noch damit zuzubringen, mich auf ein gutes Sterben vorzubereiten, oder die letzten Augenblicke meiner Existenz vor dem letzten Gericht noch in vollen Zügen zu genießen. Ich widme lieber die paar Stunden, in denen ich hellwach bin, dem Bemühen, die Spuren, die die ersten Christen hinterlassen haben, in eine logische Folge zu bringen.

Die meisten der Autoren, die sich für die Zeit der Urkirche interessieren, möchten einfach herausfinden, wie die wichtigsten Dogmen des Christentums entstanden sind und definiert wurden. Ich dagegen möchte dem „Aufeinanderfolgen der Ereignisse" nachspüren, wie wir im Geschichtsunterricht gesagt haben. Das ist mein Ziel, und ich wäre glücklich, wenn es mir gelänge, so weit zu kommen, daß ich sagen kann: „Es ist möglich daß sich die Ereignisse auf diese oder ähnliche Weise abgespielt haben." Nach mehr trachte ich nicht.

Die zahlreichen Reden und der frühzeitige Bezug auf die Zwölf waren die ersten Spuren, die ich bei meiner Annäherung an die Apostelgeschichte entdeckte. Noch boten sie mir nicht genügend Elemente, um Lysias dem von Gamaliel skizzierten Auftrag entsprechend handeln zu lassen, aber ich sah deutlich, daß es Lukas nicht an literarischen Techniken fehlte. Ganz im Gegenteil: Er hatte sie im Übermaß, und sie waren vollkommen verschiedenen von denen unserer westlichen Welt.

Diese Einsicht ermutigte mich. Doch schon bald stieß ich auf einen verblüffenden Widerspruch. Auf der einen Seite versetzt der Autor die Jünger des Nazareners in ein fröhliches, friedfertiges, siegesgewisses, gutmütiges – ja, einfältiges Ambiente, auf der anderen zeigt er sie in Situationen höchster Bedrängnis, wie sie gleichsam in stürmischer, von hohen Wogen aufgepeitschter See unterwegs sind.

Betrachten wir zunächst das positive Bild, das Lukas zeichnet. Demzufolge durchzieht eine gefühlvolle, herzliche Atmosphäre den gesamten Lauf der Ereignisse in den ersten Jahren des Christentums. Die Apostel genießen wegen ihres Zeugnisses von der Auferstehung des Herrn große Anerkennung. Der Zuspruch, den sie finden, ist dermaßen lebhaft, daß man nicht nur aus der Stadt, sondern auch aus der Umgebung Jerusalems Kranke zu ihnen bringt, damit auf sie zumindest der Schatten des Petrus fällt und sie so geheilt werden.

Durch solche Wunder werden viele Leute angezogen. Obgleich es welche gibt, die sich trotz allem nicht entschließen können, der neuen Gruppe beizutreten, schließen sich andere mit Freuden den „Nazarenern" an – manchmal gleich in ganzen Scharen. Zum Beispiel nach der Rede des Petrus, wo Lukas von 3000 berichtet, die sich taufen lassen. Das ist kein Einzelfall. Bei anderer Gelegenheit ist von 5000 Männern die Rede. Gemessen an der damaligen Einwohnerzahl Jerusalems bedeutet das immerhin, daß sich ungefähr jeder fünfte Einwohner zum christlichen Glauben bekehrt hätte! Darüber hinaus spricht Lukas auch noch von einer „großen Menge", zu der selbst eine beachtliche Anzahl jüdischer Priester gehörte (Apg 6,7).

Die ersten Christen sind, wie der Autor sagt, „ein Herz und eine Seele". Keiner der Gläubigen leidet Not. Alle stellen ihre Habe in den Dienst der anderen. Sie gehen täglich zum Tempel, um zu beten und die Lehren der Apostel zu hören. Sie versammeln sich in den Häusern, brechen gemeinsam das Brot und loben Gott aus frohem Herzen.

Lukas malt in idyllischen Farben das Leben der ersten Christen und schreibt ihr harmonisches Miteinander dem Umstand zu, daß Jesu Geist unter seinen Nachfolgerinnen und Nachfolgern anwesend ist. Er zeigt: Obgleich der Meister von ihnen gegangen ist, bleibt sein Ansporn da. Sie nennen ihn den „Heiligen Geist". Mehr als sechzigmal erwähnt Lukas diesen Geist, so daß man die Apostelgeschichte eigentlich weniger eine „Apostelgeschichte", sondern eher die „Geschichte des Geistes des Nazareners" nennen sollte. Die Überzeugung von der Anwesenheit des Geistes unter den Gläubigen hat im Lauf der Kirchengeschichte immer wieder die trostvolle Gewißheit gegeben: Auch wenn die kirchlichen Oberen nicht gerade die angemessensten sind, spielt das eigentlich keine entscheidende Rolle, denn letztlich ist es Jesus selbst, der seine Kirche leitet.

Lukas zeichnet also ein frühlingshaftes Stimmungsbild. Aber diese Idylle kontrastiert äußerst stark mit der Frostperiode, die ihren Höhepunkt im Jahr 70 erreichte, als Jerusalem nur noch ein Trümmerhaufen war. Die Berichte der zeitgenössischen Historiker sprechen eine andere Sprache als die Apostelgeschichte. Sie berichten von Turbulenzen in jenen Jahren und in dieser Gegend, die auch die ersten Christen nicht kalt gelassen haben können – es sei denn, wir wollten annehmen, daß sie in einem luftleeren Raum gelebt haben.

Pilatus, der von 26 bis 36 Roms Statthalter in Judäa war, hat mitgewirkt, die Katastrophe vorzubereiten. Denn obgleich es ihm gelang, den Frieden in jener aufrührerischen Region aufrechtzuerhalten, war die Art und Weise, wie er mit den religiösen Gefühlen der dort lebenden Bevölkerung umging, alles andere als zimperlich, und sein militärisches Vorgehen äußerst brutal. Entgegen dem jüdischen Bilderverbot wollte er die kaiserlichen Insignien in Jerusalem einführen und verwendete zum Bau eines Aquädukts Geld aus dem Tempelschatz. Beim jüdischen Geschichtsschreiber Josephus Flavius kann man nachlesen, was für Konsequenzen diese Vorgangsweise hatte: Die Juden widersetzten sich der Profanierung des geheiligten Geldes, und eine große Menge protestierte mit Schreien und Beschimpfungen. Daraufhin ordnete der Prokurator einigen Soldaten an, sich als Juden zu verkleiden, ihre Schlagstöcke in den Kleiderfalten zu verbergen und sich unter die Leute zu mischen. Nachdem diese Vorbereitung getroffen war, befahl er, die Manifestanten zu zerstreuen. Da diese aber nicht mit ihren Protestrufen aufhörten, gab er den Soldaten das verabredete Zeichen und diese stürzten sich auf die Menge und schlugen auf die Leute ein, gleichgültig, ob diese geschrieen hatten oder nicht. Die Juden, von dieser Aktion überrascht und ohne Waffen, konnten nicht den geringsten Widerstand leisten. Die meisten starben, und jene, die nur verwundet worden waren, versuchten, durch Flucht zu entkommen.

In ähnlicher Weise ging Pilatus im Jahr 36 vor. Ein Scharlatan, der um die Gunst des Volkes buhlte, hatte Schaulustige aus Samaria zum Berg Garizim gelockt, wo er sich zum Messias ausrief und behauptete, er werde ihnen die heiligen Gefäße zeigen, die Mose dort einst vergraben hätte. Pilatus veranstaltete ein dermaßen furchtbares Massaker unter der Menge, daß er nach Rom zitiert wurde und sich dafür rechtfertigen mußte.

Die brutale Amtsführung des Römers, die das Land knebelte, konnte auch die ersten Christen nicht unberührt gelassen haben. Es wird allerdings nirgends berichtet, daß die Anhänger Jesu unter Pilatus besonders zu leiden gehabt hätten, und es mag durchaus sein, daß die Evangelien deshalb so positiv über ihn sprechen – obwohl ihr Meister immerhin durch den Richterspruch des Prokurators zum Kreuzestod verurteilt worden war. Der Grund für dieses scheinbar widersprüchliche Verhalten wird einfach darin zu finden sein, daß einen Mann wie Pilatus jüdische Querelen nicht interessierten, solange die römische Ordnung davon nicht tangiert wurde.

Ungefähr um die gleiche Zeit mußte Herodes Antipas, der jüdische Landesherr von Galiläa und Peräa, an der Ostgrenze Palästinas eine schmerzliche militärische Niederlage einstecken. Mit ein Grund für die Auseinandersetzung war die verletzte Ehre der Tochter des Nabatäerkönigs Aretas IV. Antipas hatte sich nämlich in Herodias verliebt, die Frau seines Halbbruders Philippus. Seine erste Frau, die nabatäische Königstochter, verstieß er. Sie fürchtete zurecht um ihr Leben und floh zu ihrem Vater. Dieser ließ seine Soldaten gegen den ehebrecherischen Schwiegersohn aufmarschieren – und gewann gegen ihn.

Die Karten der Weltgeschichte und in Palästina wurden neu gemischt, als Kaiser Tiberius im Jahr 37 n. Chr. starb und Caligula sein Nachfolger wurde. Der Name des neuen Kaisers war eigentlich Gaius. Er wurde aber, da er sich als Kind im Heerlager in Germanien herumtrieb, wo sein Vater Germanicus Befehlshaber war, von den Soldaten liebevoll „Caligula“ – „Soldatenstiefelchen“ – genannt. An ihn wandte sich Herodes Antipas, angetrieben von seiner ehrgeizigen Frau Herodias, damit er ihm den Titel eines Tetrarchen, eines „Herrschers der Region“, in den eines Königs umwandle. Ein Neffe von Herodes Antipas machte ihm jedoch einen Strich durch die Rechnung. Herodes Agrippa, der ein Jugendfreund des Kaisers war, schwärzte seinen Onkel beim Kaiser an, so daß Caligula dem Antipas nicht nur seinen Wunsch nicht erfüllte, sondern ihn in die Verbannung schickte – und zwar nach Lugdunum, in das heutige Lyon. Herodes Agrippa wurde von Kaiser Caligula zum König von Judäa gemacht. Dieser Agrippa war es, der den Apostel Jakobus enthaupten und Petrus in einem Hochsicherheitstrakt hinter Gitter bringen ließ. Er tat dies, um bei den

Juden nicht den Eindruck zu erwecken, seine mächtigen Freunde und seine Jugendzeit, die er in Rom verbracht hatte, hätten aus ihm einen Römer gemacht – oder, wie die Bibel sagt (vgl. Apg 12,1–3) – um den Juden, genauer gesagt der Gruppe der Sadduzäer, zu gefallen.

Um das Jahr 45 hatte sich das Blatt abermals gewendet. Nach dem Tod von Herodes Agrippa war Judäa wieder römische Provinz geworden. In dieser Zeit nahm sich ein gewisser Theudas heraus, sich mit Mose zu vergleichen. Er machte sich anheischig, das Wasser des Jordan zu stauen, um den Fluß trockenen Fußes zu durchqueren. Von dort aus, sagte er, könnten die Juden von neuem das verheißene Land erobern. Die vielen Neugierigen, die ihm folgten, tauchte der Prokurator Cuspius Fadus mit seinen Reiterschwadronen in ein Blutbad. Davon lesen wir auch in der Apostelgeschichte in der Rede des Gamaliels vor dem Hohen Rat: „Vor einiger Zeit trat Theudas auf und behauptete, er sei etwas Besonderes. Ihm schlossen sich etwa vierhundert Männer an. Aber er wurde getötet, und sein ganzer Anhang wurde zerstreut und aufgerieben.“ (Apg 5,36)

Diese wenigen Hinweise genügen, um zu verstehen, daß die ersten Christen in einer von Erschütterungen geprägten Atmosphäre lebten. Doch nicht nur die Besatzungsmacht und Kriege machten den ersten Christen das Leben schwer, sondern auch interne Probleme. Es gab Schwierigkeiten mit den jüdischen Glaubensbrüdern und Spannungen unter den Anhängern des Nazareners selber. Derselbe Paulus, den ich zusammen mit Gamaliel vorgestellt habe, ist dafür Zeuge. „Von allen Seiten werden wir in die Enge getrieben und finden doch noch Raum“, schreibt er an die Gemeinde in Korinth. „Wir wissen weder aus noch ein und verzweifeln dennoch nicht. Wir werden gehetzt und sind doch nicht verlassen. Wir werden niedergestreckt und sind doch nicht vernichtet.“ (2 Kor 4,8–10) Von seinen jüdischen Glaubensgenossen sagt er: „Fünfmal erhielt ich von den Juden die neununddreißig Hiebe; dreimal wurde ich ausgepeitscht, einmal gesteinigt.“ (2 Kor 11,24–25) Und von seinen Reisen berichtet Paulus: „Dreimal erlitt ich Schiffbruch. Eine Nacht und einen Tag trieb ich auf hoher See. Ich war oft auf Reisen, gefährdet durch Flüsse, gefährdet durch Räuber, gefährdet durch das eigene Volk, gefährdet durch die Heiden, gefährdet in der Stadt, gefährdet in der Wüste, gefährdet auf dem Meer, gefährdet durch falsche Brüder.“ (2 Kor 11,25–26)

Auch Lukas selber kann – trotz seiner optimistischen Einstellung – nicht ganz verschleiern, welche heftigen internen Spannungen unter den Nazarenern bestanden, weil die Vorstellungen, wie eine christliche Gemeinde auszusehen habe, einander widersprachen. Im 15. Kapitel der Apostelgeschichte berichtet er, daß es unter den ersten Christen welche gab, die die Auffassung propagierten, ohne Beschneidung könne keiner Christ werden. Dies rief, wie Lukas wörtlich sagt, eine „große Aufregung“ und „heftige Auseinandersetzungen“ hervor (Apg 15,2).

Paulus bestätigt diese Auseinandersetzungen in seinem Brief an die Galater. Er redet von „falschen Brüdern“, von „Eindringlingen“, die sich eingeschlichen hätten, um die Freiheit, die die Gläubigen in Christus haben, „argwöhnisch zu beobachten“ (Gal 2,4), und er findet recht deftige Worte, wenn es gilt, gegen Unruhestifter zu wettern: „Diese Leute, die Unruhe bei euch stiften, sollen sich doch gleich entmannen lassen!“ (Gal 5,12)

Die ersten Christen – eine harmonische Familie voller Eintracht, stets nur ein Herz und eine Seele? Keine Rede davon. Die Wirklichkeit war offensichtlich eine ganz andere. Wenn von „Aufwieglern“, „Intriganten“, „falschen Brüdern“ usw. die Rede ist, so bezeugen solche Ausdrücke zweifellos einen harten und langen internen Kampf. Auch in der zweiten Generation der Urkirche geht es in dieser Tonart weiter. Wenn zum Beispiel der Autor des zweiten Briefes an Timotheus von „bösen Menschen", „Schwindlern" und „betrogenen Betrügern" redet (2 Tim 3,13), dann hat er nicht irgendwelche äußeren Feinde im Auge, sondern meint niemand anderen als die eigenen Glaubensbrüder.

Wenn man die Fülle dieser Zeugnisse, die von Konflikten unter den Christen berichten, vor Augen hat und sie mit der Darstellung vergleicht, die Lukas liefert, dann könnte man fast meinen, daß die optimistischen Schilderungen vielleicht gar nicht aus der Feder des Lukas stammen, sondern daß ein späterer Herausgeber sie in den Originaltext eingefügt hat, um die Aufmerksamkeit von den Zusammenstößen, welche die Kämpfer der ersten Stunde erlitten haben, abzulenken. Oder es war eben doch Lukas selber, der mit seinem harmonischen Bild das Modell einer Idealgemeinde zeichnen wollte, nach dem sich alle künftigen auszurichten haben. In unserer Zeit würde man von „Schönfärberei" und „Geschichtsklitterung" reden, wenn ein Autor so vorgeht, und man würde so ein Vorgehen für höchst tadelnswert halten.

7. Spektakuläre Wunder

Die wenigen klaren Stunden meiner dunklen Tage habe ich in verschiedene Aktivitäten aufgeteilt. Die besten Stunden verwende ich zum Schreiben und zum Lesen. Die Stunden der Erholung nutze ich, um klassische Musik zu hören und mich mit der Biographie der Komponisten und Interpreten zu beschäftigen. Außerdem mache ich täglich Spaziergänge und verbringe all die Zeit, die meine Entkräftung fordert, im Bett. Ein bißchen Zeit widme ich auch dem Fernsehen, aber ohne der Versuchung zu erliegen, durch die Programme zu zappen. Beim Aufwachen und Schlafengehen erzähle ich dem himmlischen Vater meine kleinen Narreteien. Und ich lege mir eine ganz strikte Regel auf: Ich will mich nicht überanstrengen, um die wenige Kraft, die ich habe, nicht zu erschöpfen. Natürlich handelt es sich bei all diesen Dingen nicht um strenge Normen, sondern um eine Art und Weise, mein tägliches Handeln besser zu orientieren und in den Griff zu bekommen.

Bald mußte ich meine Prinzipien auch schon korrigieren, denn ich wache schon um vier Uhr morgens auf, mit der Wachheit, die sechs oder sieben Stunden Schlaf geben. Dann stehe ich auf, von der Stille einer schlafenden Stadt umgeben, und gehe, von guter Musik begleitet, an meine Schreibarbeit. Wenn ich mich müde fühle, ziehe ich mich wieder in mein Schlafgemach zurück.

Je mehr man sich mit der Apostelgeschichte beschäftigt, um so mehr wird einem klar, daß Lukas die stilistischen Eigenheiten der orientalischen Ausdrucksweise benutzt. Deshalb darf man sich nicht von der augenscheinlichen Bedeutung eines Satzes verführen lassen, sondern muß versuchen, den Sinn der Szene zu entdecken. Dies gilt vor allem von den wunderbaren Phänomenen, von denen es in der Apostelgeschichte nur so wimmelt. Gleich im ersten Kapitel, in dem vom Abschied Jesu von seinen Jüngern die Rede ist, stoße ich auf eines der bekanntesten Wunder. Die Szene von der Himmelfahrt beginnt mit einem interessanten Pinselstrich voller Realismus. Die Apostel sitzen mit Jesus beim Mahl. Halsstarrig, einem kleinkarierten Nationalismus verhaftet, denken sie immer noch an die Wiederherstellung der Grenzen des alten Israel.

Sie sind so von diesem Gedanken eingenommen, daß sie selbst in dem einzigartigen Augenblick, da sie den Auferstandenen sehen, nur ihren nationalen Traum im Kopf haben, wie Lukas erzählt, und Jesus nichts Wichtigeres zu fragen wissen als: „Herr, wirst du jetzt das Reich Israel wieder aufrichten?"

Anhand dieser Frage läßt sich gut zeigen, in welcher Erwartung die ersten Christen gelebt haben. Das Ideal, dem sie alle noch anhingen, war ihr kleines Vaterland. Dieses Israel war in der Stunde, in der es galt, Abschied von ihrem Freund zu nehmen, ihr letzter Gedanke, und es war der erste, als Jesus nicht mehr bei ihnen war.

Nach dieser erdverhafteten, diesseitsorientierten Frage kippt die Geschichte ins Außerordentliche um: Jesus erhebt sich vor den Augen seiner Jünger zum Himmel. „Zum Himmel auffahren" – dieser Ausdruck deutet auf die alte Sicht einer ebenen Welt hin, über welcher sich eine mit Sternen besetzte Halbkugel wölbt. Über diesem gewaltigen Himmelszelt siedelte man die Wohnung Gottes an, wohin sich Jesus zu seinem Vater begeben hatte. Heute, da das Weltall von Satelliten und Raumschiffen bevölkert ist, stellt sich die Frage: Ist diese wunderbare Himmelfahrt Realität oder handelt es sich um ein zeitbedingtes literarisches Bild?

Als ich überlegte, wie ich die Sache in Angriff nehmen sollte, kam mir ein Roundtable-Gespräch in den Sinn, das wir in der Universität in Montevideo veranstaltet hatten.

Wir sprachen über den Film „Mission“, der den Versuch der Evangelisierung der Indios in dem heutigen Länderdreieck Paraguay, Brasilien und Argentinien zum Gegenstand hat. Einer der Teilnehmer, ein bekannter Historiker, lehnte den Film komplett ab. Für ihn war er viel zu weit davon entfernt, das wiederzugeben, was damals wirklich geschah. Als Beispiel für den phantastischen Charakter des Werkes führte er den verwegenen Aufstieg der Missionare im Wasserfall des Iguazú an, der einige Male im Film gezeigt wird. „Es ist nicht nötig, zweimal darüber nachzudenken, um zu merken, daß selbst Sportler diesen Weg nicht nehmen würden“, sagte er. „Jedem normalen Menschen würde es reichen, auf trockenem Land die Gewässer entlang zu gehen, um in kürzerer Zeit und bei weniger Risiko nach oben zu gelangen, noch dazu, wenn dabei, wie im Film gezeigt, schweres Material transportiert werden muß.“

Wir waren alle bestürzt über diese Wortmeldung des Historikers. Glücklicherweise hatte ein Student den Mut, ihm zu widersprechen. Er tat es ganz ausgezeichnet. „Man kann die Dinge auch von einem anderen Blickwinkel her sehen, statt sie nur vom Dokumentarischen her zu betrachten“, erklärte er. „Wenn der Regisseur diesen steilen, gefährlichen Weg durch die tosenden Wasser gefilmt hat, so hat er dies getan, um symbolisch die riesige Leistung jener Missionare zu zeigen – und um das Ausmaß des Verlustes deutlich zu machen, den die Vernichtung der von den Jesuiten gegründeten ‚Reduktionen‘ darstellte.“ Der Student bekam viel Applaus.

Wie mir scheint, hat Lukas ein ähnliches Hilfsmittel gebraucht, um den Abschied Jesu zu erzählen. Er konnte dabei auf alte Vorstellungen und Legenden zurückgreifen, die seinen Lesern bekannt waren – von der Entrückung des Romulus, des Gründers von Rom, angefangen bis zur Reise des Propheten Elija, der mit feurigem Wagen zum Himmel fuhr. Dank der „Himmelfahrt“, die der Autor der Apostelgeschichte von Jesus erzählt, gelingt es ihm, anschaulich zu erklären, daß sich der Nazarener nunmehr von der Erde verabschiedet hat und in den Bereich des Allerhöchsten eingegangen ist. Ein Zeitabschnitt ist abgeschlossen und ein neuer hat begonnen. Lukas hätte es kaum in eloquenterer Form ausdrücken können.

Doch mit dieser Himmelfahrt hat sich Lukas eine große Schwierigkeit eingehandelt. Sie trennt nämlich Jesus von den Seinen, sie entfernt ihn endgültig von ihnen. Deshalb tut Lukas etwas, das seines kreativen Geistes würdig ist: Er läßt auf die Schilderung der Himmelfahrt die Sendung des Geistes folgen.

Die Szene spielt ebenfalls in Jerusalem. Als der Pfingsttag gekommen ist, sind die Mitglieder der Urgemeinde vollzählig versammelt. Da kommt plötzlich ein heftiger Sturm auf und das ganze Haus dröhnt. Etwas wie züngelnde Flammen läßt sich auf jeden von ihnen nieder. In der Umgebung logieren Jerusalemtouristen aus verschiedenen Ländern. Als sie das Getöse hören, laufen sie herbei, um erste Hilfe zu leisten. Doch sie halten erstaunt inne.

„Sind das nicht alles Galiläer? Wieso hören wir sie dann in unserer Sprache sprechen? Denn hier sind Parther, Meder und Elamiter, Leute aus Mesopotamien und Kappadozien, Pilger von Pontus, Ägypten und Rom. Und nicht nur Juden, sondern auch Kreter und Araber."

Und während die einen staunen, machen sich andere über die begeisterten Frauen und Männer lustig und halten sie für besoffen.

Diese „Besoffenen", ausgezeichnet hier eingefügt, geben dem Bericht einen realistischen Anstrich. Das Brausen hingegen, die kleinen Feuerzungen, eine Menge, die sich nach einer soliden, spirituellen Orientierung sehnt, und vor allem die simultane Übersetzung in verschiedene Sprachen suggerieren eine magische Atmosphäre. Da sich das Wunder der Geisterfüllung nachher mehrfach wiederholt – in Jerusalem, in Cäsarea und in Ephesus (Apg 4,31; 10,44; 11,15; 15,8 und 19,1–9) –, stellt sich wiederum die Frage, wie weit es sich dabei um eine Realität handelt, oder ob hier nicht eher eine bestimmte Realität in gut orientalischer Weise in einem literarischen Bild ausgedrückt wurde.

Wer es sich einfach machen will, kann natürlich sagen, daß sich alles genau so zutrug, wie es der Bericht schildert. So hat man es denn auch viele Jahrhunderte lang gepredigt. Eher anzunehmen ist jedoch, daß es sich um eine weitere Antwort auf die Scheuklappenmentalität der Jünger handelt. Jedenfalls gewinnt die Szene bedeutend an Kraft, wenn man sie der Legende vom Turmbau zu Babel gegenüberstellt. Diese alte Geschichte erzählt von Leuten, die einen Bau errichten wollten, hoch genug, um am Firmament zu kratzen. Gott bestraft sie, indem er ihre Sprache verwirrt, wie die Bibel sagt. So können sich die Leute nicht mehr verstehen und müssen getrennte Wege gehen. Am Pfingsttag geschieht genau das Gegenteil. Selbst Sprachverschiedenheit bildet keine unüberwindliche Barriere mehr.

So gesehen zieht Lukas als guter Schriftsteller Gewinn aus den populären Mythen und benützt alttestamentliche Bilder – Blitze, Feuersäulen, Wolken, Donnergrollen usw. –, um einen wichtigen Augenblick in der Weltgeschichte, nämlich den Wechsel des Zeitalters, verständlich zu machen, der mit normaler Alltagssprache schwer zu erklären wäre.

Geht man noch einen Schritt weiter, so wird man erkennen, daß das Pfingstereignis kein einmaliges historisches Geschehen ist, sondern der Beginn eines Prozesses, der sich nach und nach vollzieht. Der Geist Gottes breitet sich in der enthusiastischen Urgemeinde aus und ist durch nichts einzudämmen. Lukas faßt in einem Bild zusammen, was in einem längeren Prozeß geschehen ist. Indem er den Anfang dieses Prozesses auf den Tag des jüdischen Erntefestes verlegt, an welchem zahlreiche Besucher aus allen Teilen des Landes nach Jerusalem kommen, schafft er sich den geeigneten Hintergrund für eine grenzenüberschreitende Verkündigung. Interpretiert man den Text dagegen wörtlich, so heißt das, daß man ihn mißversteht. Man kürzt ihm die Flügel und verwässert die kommunikative Kraft seiner Botschaft.

Immer unterwegs

Manuel Olivera war kein Schreibtischmanager, sondern schätzte den unmittelbaren menschlichen Kontakt. Immer wieder war er unterwegs, von Ecuador bis Indonesien, um angehende Medienspezialisten bei ihren ersten Gehversuchen auf dem schwierigen Terrain der Produktion zu begleiten. Er holte die Kursteilnehmer nicht aus ihrer Umgebung weg, sondern orientierte seine Anleitungen vor Ort an ihren Bedürfnissen und den lokalen Möglichkeiten, die von Fall zu Fall variierten. Dementsprechend weit gefächert waren die Themen, dementsprechend flexibel mußte der Leiter sein, um sich dem unterschiedlichen Ausbildungsgrad der Teilnehmer und deren Erwartungen anzupassen.

8. Gefängnisse

Es sind einige Wochen vergangen, und wie die Ärzte angekündigt hatten, begannen mir viele Haare auszufallen. Trotz meiner vorsichtigen Bewegungen konnte ich nicht verhindern, daß ausgefallene Strähnen überall sichtbar machten, daß die Chemotherapie gewirkt hatte.

Ich beschloß mit offenen Karten zu spielen. Als erstes schrieb ich an meine Verwandten und Freunde und berichtete ihnen vom Verlust meiner Haarpracht. Dann ließ ich mir den Kopf kahl scheren. Sodann erzählte ich den Nachbarn von meiner neuen Situation. Ich weiß nicht, ob das sehr klug war, denn einige von ihnen waren sehr irritiert. Immerhin hatte es zur Folge, daß sie mich mit großer Rücksicht behandelten, und ich konnte mich in meiner Umgebung zeigen, ohne meine Glatze verheimlichen zu müssen.

Eine meiner freundlichen Pflegerinnen kam auf die Idee, mir einen Hut zu schenken. Als ich ihr sagte, daß ich nichts zu verbergen hätte, lachte sie.

„Es stimmt, daß Sie nichts zu verbergen haben", sagte sie, „aber Sie haben viel zu verteidigen, denn jetzt werden Sie die Kälte auf dem Kopf spüren. Wenn Sie ohne Kopfbedeckung umherlaufen, wird Sie zwar nicht der Krebs, aber die erste Grippe umbringen."

Diese Aufmerksamkeit und das praktische Geschenk vermittelten mir die nötige Ruhe, mich wieder meinen Nachforschungen zu widmen. Nur merke ich immer mehr, wie ich an Kraft und Konzentrationsfähigkeit verliere. Aber so schnell gebe ich mich nicht geschlagen.

Ich gestehe, daß es mir etwas mulmig wurde, als ich sah, daß ich aufgrund meiner Überlegungen Mythen eine größere

Bedeutung beizumessen hätte. Früher waren mir Mythen immer als etwas Irreales erschienen, als etwas Falsches, als Märchen, wie sie Großmütter Kindern als Gute-Nacht-Geschichten erzählen. Jetzt aber begriff ich, daß Mythen eine Ausdruckskraft haben, die auf andere Weise schwerlich zu erreichen ist. Dieser allegorische, figurative Weg ist keine Flucht vor der Wirklichkeit, sondern ein literarisches Hilfsmittel, um die Breite, Höhe und Tiefe eines Geschehens zu ermessen.

Mit dieser Einsicht im Hinterkopf machte ich mich auf die Suche nach weiteren außergewöhnlichen Phänomenen und stieß dabei auf drei Szenen, in denen die Jünger Jesu auf wunderbare Weise aus dem Gefängnis befreit werden.

Nach den Erzählungen des Lukas in den ersten vier Kapiteln der Apostelgeschichte vollbringen die Apostel zahlreiche Wunder, was ihnen zwar viele Leute zuführt, sie aber auch ins Gefängnis bringt.

Lukas erzählt es so: Die enorme Anziehungskraft der Botschaft Jesu erweckt den Unwillen des Hohenpriesters und seiner Berater, der Sadduzäer. Sie beschließen, die Apostel hinter Schloß und Riegel zu bringen, um ihnen einen Denkzettel zu verpassen. Ein müßiges Unterfangen, denn in der Nacht kommt ein Engel und holt die Apostel heraus. „Geht zurück zum Tempel“, sagt er ihnen, „und fahrt fort, den Leuten den neuen Weg zu erklären.“

So finden sie sich bei Tagesanbruch wieder in der Halle des Salomo ein, als wäre nichts geschehen. Als der Hohepriester befiehlt, die Gefangenen dem Hohen Rat vorzuführen, müssen die Diener gestehen: „Sie sind nicht mehr da. Die Wachen standen auf ihren Posten und das Gebäude war sorgfältig verschlossen. Aber die Gefangenen sind verschwunden.“

Der Tempelhauptmann und der Hohe Rat versuchen zu verstehen, was vorgefallen ist, da kommt jemand mit der Meldung: „Die Flüchtigen aus dem Gefängnis sind bereits wieder im Tempel und sprechen zu den Leuten.“ Auf diese Auskunft hin zieht der Tempelhauptmann mit seinen Männern los und nimmt sie fest. Die Menge der Zuhörer läßt es ihm geraten erscheinen, ohne Gewaltanwendung vorzugehen. Sobald sie vor den Hohen Rat gebracht worden sind, werden sie vom Hohepriester angefahren: „Wie sind wir verblieben? Haben wir euch nicht verboten, im Namen des Nazareners zu lehren? Und was macht ihr? Ihr erfüllt ganz Jerusalem mit eurer Quasselei und wagt es auch noch, uns für seine Kreuzigung verantwortlich zu machen.“

Petrus und die Apostel entgegnen: „Dich wundert das? Wir müssen Gott mehr gehorchen als den Menschen. Gott hat diesen Jesus, den ihr umgebracht habt, auferweckt, und das müssen wir den Leuten sagen.“

Die Erzählung hat einen köstlichen, spitzbübischen Ton. Der Hauptdarsteller ist, wie gehabt, wieder Petrus, die Namen seiner Gefährten werden überhaupt nicht genannt. Dieser Naturbursche aus Galiläa bietet den höchsten jüdischen Autoritäten in Jerusalem die Stirn, so als würde er mit seinen Kunden auf dem Fischmarkt verhandeln. Ohne zu zaudern nennt er Roß und Reiter. Der Anfang jedoch, das Auftreten des befreienden Engels, läßt vermuten, daß sich die Sache nicht ganz so abgespielt hat, wie sie berichtet wird. Wer war dieser gute Mittler? Ich hätte ihn gern gekannt.

Einige Zeit später finden wir eine ähnliche Szene. Paulus und Silas sind im Gefängnis, und diesmal wird der Engel durch ein ihnen gelegen kommendes Erdbeben ersetzt (Apg 16,26).

Um Mitternacht, während sie beten und Loblieder singen und die anderen Gefangenen ihnen dabei zuhören, erschüttern starke Erdstöße das Gebäude. Nachdem der Schrecken sich gelegt hat, sehen die Gefangenen, daß ihre Ketten zerbrochen sind und die Türen des Gefängnisses offenstehen.

Der Gefängniswärter benötigt einige Zeit, um zu sich zu kommen. Als er das Ausmaß der Zerstörung feststellt, die offenen Türen sieht und daraus folgert, daß die Gefangenen geflüchtet sein müssen, zieht er das Schwert, um Selbstmord zu begehen. Paulus hält ihn an und schreit: „Tu dir nichts an. Wir sind alle hier."

Der Gefängniswärter sieht, daß die Gefangenen tatsächlich vor ihm stehen. Er wirft sich Paulus und Silas zu Füßen, bittet an Ort und Stelle um die Taufe für sich und seine Familie, nimmt die beiden mit nach Hause, bewirtet sie und schmiert Salbe auf ihre Striemen.

Kann sich das Ganze wirklich so zugetragen haben? Die frommen Gesänge würden besser zu einem Sonnenaufgang passen als zu einer dunklen Gefängniszelle um Mitternacht. Auch hätten Paulus und Silas imstande sein müssen, mindestens genauso gut wie Orpheus zu singen, um zu erreichen, daß ihnen die übrigen Gefangenen so geduldig zuhören, ohne sie wegen nächtlicher Ruhestörung zum Schweigen zu bringen. Aber solche Einwände sind geringfügig, wenn man an das Erdbeben denkt, das die wunderbare Eigenschaft hat, die Ketten zu sprengen, oder an den noch wunderbareren Umstand, daß die Gefangenen die ausgezeichnete Gelegenheit zur Flucht ungenützt lassen. Die sofortige Bekehrung des Gefängniswärters schließlich ist der Gipfelpunkt an Unwahrscheinlichkeit. Es scheint somit erwiesen, daß es sich um keinen Tatsachenbericht handeln kann.

Daß diese Interpretation richtig ist, zeigt uns eine andere Episode, wo Lukas das gleiche Stilmittel gebraucht (Apg 12,6–11). Dieses Mal ist das Gefängnis eine Art Hochsicherheitstrakt. Petrus ist an Händen und Füßen angekettet und wird von vier Abteilungen zu je vier Soldaten bewacht. Zusätzlich zu dieser sechzehnköpfigen Wachmannschaft sind noch zwei Soldaten rechts und links von ihm postiert, die gleichsam wie Leibwächter dafür sorgen, daß er unter keinen Umständen entkommen kann.

Als die Gemeinde erfährt, daß Petrus im Gefängnis ist, betet sie inständig für ihn. In der Nacht, ehe er vorgeführt werden soll, schläft Petrus. Da tritt ein Engel in die Zelle. Weil der Gefangene nicht aufwacht, stößt ihn der Engel in die Seite, bis er zu sich kommt, und befiehlt ihm: „Steh sofort auf!“ Schlaftrunken merkt Petrus, daß seine schweren Ketten herunterfallen. „Wirf dir deinen Mantel um“, fährt der Engel fort, „und leg den Gürtel an! Schnüre dir deine Sandalen!“ Traumwandlerisch folgt Petrus den Anweisungen.

„Jetzt geh mir hinterher.“ Petrus folgt dem Engel, ohne zu wissen wohin. Sie gehen ohne Schwierigkeit an der ersten und zweiten Wache vorbei und gelangen an das Eingangstor. Es öffnet sich von selbst. Die Gassen sind leer. Als sie eine Weile gegangen sind, verschwindet der Engel. Petrus kneift sich am Arm, um zu prüfen, ob er nicht träumt. „Nun, dann ist es wahr“, sagt er zu sich, „der Engel des Herrn hat mich aus dem Gefängnis herausgeholt.“

Ohne Zeit zu verlieren, geht er zum Haus der Maria, der Mutter des Markus, wo sich seine Freunde zum Beten versammelt haben. Er klopft an die Haustüre, und Rhode, die Magd, kommt, um zu öffnen. Doch vergebens. Denn als sie die Stimme des Petrus erkennt, ist sie so außer sich vor Freude, daß sie statt die Türe zu öffnen, zu den andern läuft, um die gute Nachricht zu bringen.

„Jetzt ist sie verrückt geworden“, meinen die Jünger voll Mitleid. Da sie weiterhin darauf besteht, Petrus gehört zu haben, vermuten sie, es handle sich um eine Erscheinung seines Engels. Petrus aber klopft noch immer. Als sie öffnen und ihn sehen, schreien sie vor Freude. Petrus sieht erschrocken um sich und gibt ihnen ein Zeichen, stille zu sein. Dann erzählt er ihnen, was geschehen ist. „Berichtet es dem Jakobus und den anderen Brüdern“, sagte er. „Ich muß mich an einem sichereren Ort verstecken.“ Und er verschwindet in der Dunkelheit.

Auch im Gefängnis bleibt das wunderbare Eingreifen Gottes nicht ohne Folgen. Als sich am folgenden Tag herumspricht, was geschehen ist, läßt Herodes Agrippa die Wachen festnehmen und hinrichten.

Auffällig an dieser Version ist, daß Lukas hier gleichsam nahtlos von einem possenhaften Beginn in eine todernste Situation hinüberwechselt. Welches Durcheinander und welche Freude verursacht das unerwartete Auftauchen des Petrus im Haus der Maria! Die Magd Rhode scheint einer verzwickten Komödie entsprungen zu sein. Den Schlüssel zum Verständnis dieses neuen Wunders finden wir hingegen am Schluß der Geschichte: in der Hinrichtung der achtzehn Wachsoldaten, die in die Angelegenheit verwickelt sind. Es bedarf keines besonderen Scharfblicks, um zu sehen, daß Herodes Agrippa die Flucht des Petrus der Beihilfe der Wachen zuschreibt. Nach damaliger Gewohnheit müssen sie die gleiche Todesart erleiden wie der, den sie entkommen lassen haben.

Ich meine, die drei Befreiungswundergeschichten, die wir uns bisher angesehen haben, zeigen ganz klar: Sowohl das Erdbeben als auch die rettenden Engel sind poetische Hilfsmittel, um zu zeigen, daß die Nachfolger Jesu der ersten Stunde Gefängnis, Wachen und Fesseln zu ertragen hatten, aber überlebten, weil letztendlich Gottes rettende Hilfe stärker war als die weltliche Macht, und daß sie sich trotz allem die Freude bewahrten.

Dem Stil seiner Zeit entsprechend schmückt Lukas seine Geschichten mit einem wunderbaren Eingreifen Gottes aus. Solche Interventionen waren damals ein Attribut der großen Heiligtümer und heiliger Personen. Man konnte weder von einem bedeutenden Ort noch einem glaubwürdigen Menschen sprechen, wenn sie nicht mit solchen Erscheinungen imprägniert waren.

Die Art und Weise, wie scheinbar ausweglose Probleme überraschend gelöst werden, erinnern mich auch an die Stilmittel in der griechischen Tragödie. Dort lassen die Autoren einen der Götter auftreten, der eine komplizierte Situation von einem Moment zum andern in Ordnung bringt. Einen „Deus ex machina“, einen „Gott aus der Theatermaschine“, nennt der Lateiner einen solch unverhofften Retter. Ich finde, daß es Lukas ähnlich macht. Dank himmlischen Eingreifens erspart er sich komplizierte Erklärungen. Ein Großteil dessen, was in diesen wundersamen Szenen passiert, entsprießt der Erfindungsgabe des Lukas, nicht realen Gegebenheiten. Aber bei allem gehörigem Respekt: Dieser Autor gebraucht mir dieses Hilfsmittel zu oft.

Das wirklich Schlimme daran ist nicht so sehr, daß Lukas eine Art magischen Realismus als Stilmittel einsetzt, sondern daß viele Leser den Bericht wortwörtlich nehmen, so wie ich das früher selbst getan habe. Mit anderen Worten: Wir haben uns damit zufriedengegeben, die prächtigen Blütenblätter zu pflücken, und haben nicht die Wurzeln der Blume beachtet, die unter dem spektakulären äußeren Schein verborgen liegen.

9. Zwei Sprachen

Es war mehr als ein kurzer Schreck. Plötzlich während des Mittagessens fing ich zu zittern an, so daß der Löffel in meinem Mund dem Schwengel einer Glocke glich. Ich stand vom Tisch auf, ging in mein Bett, deckte mich gut zu, und fünf Minuten später vergingen die Vibrationen.

Um sechs Uhr abends jedoch begann der Schüttelfrost von neuem. Ich kehrte wieder ins Bett zurück und eine halbe Stunde später konnte ich wieder aufstehen. Das Fieberthermometer war allerdings auf 39 Grad gestiegen.

Man riet mir, die Nacht im oberen Stock zu verbringen, wo ich besser beobachtet werden konnte. Um für den Fall des Falles gerüstet zu sein, folgte ich dem Vorschlag. Das war das beste, was ich tun konnte, denn um vier Uhr morgens war der ganze Körper wie ein Papierdrachen, der von den vier Winden hin und her gezaust wird. Die Temperatur war über 40 Grad. Hernach wurde mir gesagt, daß ich in meinem Delirium ohne Unterbrechung redete und das Bett mit Urin parfümiert hatte. Von all dem weiß ich nichts.

Glücklicherweise konnte die Klinik, in der ich behandelt wurde, einen Platz für mich freimachen. Obgleich ich mich stark fühlte und glaubte, die Krise überwunden zu haben, diagnostizierte der Arzt eine Sepsis, eine gefährliche allgemeine Blutvergiftung. Es handelte sich wahrscheinlich um einen Nebeneffekt einer zu stark dosierten Chemotherapie.

„Wir haben Ihnen keine Mischung Coca-Cola mit Fanta gegeben“, meinte der Arzt. „Das Medikament hat viele ihrer weißen Blutkörperchen zerstört. Da diese Körperfeuerwehr ihrem Organismus fehlte, hat sich eine Sprengrakete in ihre Arterien eingenistet und das Feuer entfacht. Aber keine Angst, wir können es löschen.“ Es gelang ihm innerhalb von vier Tagen.

Heute bin ich wieder zu Hause und sitze vor dem Computer. Der Sturm im Blut hat sich gelegt. Die Untersuchung hat ergeben, daß meine „Perle" an Umfang verliert.

Als meine stilistischen Nachforschungen beendet schienen, entdeckte ich eine andere Besonderheit des lukanischen Stils. Sie findet sich zu Beginn des 13. Kapitels und zeigt, wie Lukas die Apostelgeschichte konzipiert. Eines Tages, während man gerade Gottesdienst feiert und fastet, sagt der Heilige Geist: „Wählt mir Barnabas und Saulus aus für die Aufgabe, für die ich sie berufen habe!"

Eine ähnliche Ungeniertheit finden wir im 15. Kapitel, Vers 28, wo die Apostel erklären: „Wir und der Heilige Geist haben beschlossen ..." Beide Sätze weisen auf ein direktes Eingreifen Jesu hin, der vom göttlichen Thron aus weiterhin das Leben der ersten Christen durch seinen Geist führt.

Solche direkten göttlichen Interventionen sind nicht neu. Schon in den ersten Büchern des Alten Testamentes wird ausführlich dargelegt, daß die wichtigsten Geschehnisse dieser Welt von Gott selber gelenkt werden. Im Bund, der auf dem Berg Sinai geschlossen wurde, überträgt Gott höchstpersönlich den Israeliten das Land am Jordan und verlangt von ihnen die treue Erfüllung seiner Anordnungen, die er Mose diktiert hat. Als sie dann das Land in Besitz genommen und Saul zu ihrem Gebieter gemacht haben, verwirft der Allerhöchste die Führerschaft Sauls und erwählt David zum König. Als aber seine Nachfolger die vorgegebene Linie nicht mehr einhalten, straft Gott sie hart und nötigt sie, auf den rechten Weg zurückzukehren.

Das biblisch vorgegebene Muster, dem Lukas folgt, ist ganz klar: Gott führt sein Volk am Gängelband. Der Autor der Apostelgeschichte akzeptiert diese himmlische Vormundschaft, ohne aufzubegehren. Immer wieder betont er, daß der Heilige Geist wichtige Handlungen leitet und die

Apostel diesem Geist treu folgen. Man könnte sein Buch daher – wie erwähnt – statt „Apostelgeschichte" auch gut und gerne „Die Geschichte des Heiligen Geistes" nennen. Was ist von diesen direkten göttlichen Intervention zu halten? Auf der Suche nach einer Antwort fiel mir eine Anekdote ein, die ich einmal unter dem Titel „Zivile Sprache und kirchliche Sprache" für die ehemaligen Schüler eines Kollegs in deren Zeitschrift veröffentlicht hatte.

In einem Dorf stimmte die Turmuhr der Kirche nicht mit der des Rathauses überein. Und da die beiden Zuständigen sich nicht einigen konnten, gingen die Leute dazu über, eine spezialisierte Redeweise zu verwenden. Wenn sie zu einer religiösen Zeremonie einluden, sagten sie: „kirchliche Zeit", und wenn es sich um eine zivile Feier handelte: „weltliche Zeit".

Noch eine andere Geschichte, die ich selber erlebt habe, ist mir dazu eingefallen. Es war an einem Vierten Fastensonntag, als Carlos, ein renommierter Historiker, von der Kanzel stieg. Er hatte über das 16. Kapitel des Buches Samuel gesprochen und die Betroffenheit des Propheten aufgezeigt, als dieser entdeckt, daß Gott Saul als Anführer des Volkes verworfen hat und er ihn jetzt nach Bethlehem schicken will, um dessen Nachfolger zu salben. Der Bericht ist farbig, unterhaltsam, verschmitzt, denn Samuel läßt sechs Brüder als mögliche Kandidaten aufmarschieren, aber Gott spricht sich für keinen aus. Er schweigt. Erst als Samuel entdeckt, daß noch ein anderer Bruder existiert, der fast noch ein Kind ist und die Schafe hütet, hört der Prophet erneut die Stimme des Höchsten: „Das ist mein Erwählter."

Nach der Lektüre hatte Carlos eine kurze Pause eingelegt und den Text folgendermaßen erklärt: Der Herr erwählte den kleinen David, weil Gott nicht die Starken und Mächtigen zu unterstützen pflegt, sondern die Einfachen und Niedrigen. Gott als guter Chef schenkte den Israeliten einen großen König.

Er sagte noch viel mehr, aber das war das Fazit seiner Gedanken. Mir schien der Bibeltext keinesfalls ungewöhnlich, denn als er verfaßt wurde, schrieb man selbst Wind und Regen einem direkten Eingreifen Gottes zu. Aber es wunderte mich, daß Carlos als Historiker dieselbe Sprache benutzte wie die Bibel. Und ausgerechnet noch in diesem Fall eines Dynastiewechsels in Israel, als dem Stamm Benjamin durch den Stamm Juda die Macht für immer genommen wird.

Als ich Carlos fragte, wie er sich erdreisten könne, Gott die Wahl Davids zuzusprechen, schaute er mich überrascht an. Ich erklärte ihm, daß er in seinen Vorlesungen sicher nie gesagt hätte, daß Napoleon vom Höchsten ernannt worden wäre oder die Nachfolge der englischen Queen im Himmel bestimmt werden wird. „Auch die Wahl der Päpste kommt nicht von oben“, meinte er lachend. „Ich bin mit dir einverstanden. Gott inspiriert uns zwar, aber er macht nicht unsere Hausaufgaben. Um aber keine unnötige Verwirrung zu stiften, gebrauche ich im Gottesdienst die kirchliche Sprache und in der Universität die wissenschaftliche.“

Wie läßt sich nun diese direkte göttliche Leitung, von der Lukas spricht, auf die von den ersten Christen geleistete Arbeit anwenden? Waren die Jünger des Nazareners folgsame Soldaten, die aufmerksam die Befehle ihres Chefs ausführten, oder entfalteten sie ihre schöpferischen Kräfte, um das, was sie gelernt hatten, ins Praktische umzusetzen? Konnten sie sich irren? Änderten sie ihre Ansichten? Gab es Diskrepanzen unter ihnen in fundamentalen Fragen?

Ich zweifelte keinen Augenblick, daß die Antwort auf diese gehäuften Fragen nur lauten konnte: Lukas hat die kirchliche Sprache gebraucht. Ich dagegen muß sie durch die Alltagssprache ersetzen.

10. Der Unterschlupf

Ich mußte wieder zur Chemotherapie. Während ich mich zusammenkauerte, weil mich vor dem Dunklen und Unheimlichen fröstelte, das mir bevorstand, lenkte ein Leidensgenosse meine Aufmerksamkeit auf das große Kreuz, das sich in einem der Gänge des Krankenhauses befand. Wir sprachen über den ausgezeichneten künstlerischen Ausdruck des Corpus, über seine Entstehungszeit, als er mich unvermittelt mit seiner Interpretation der Kreuzesinschrift verblüffte.

Bisher hatte ich die vier Buchstaben INRI immer als eine Abkürzung für „Jesus von Nazareth, König der Juden“ gelesen. Er hingegen übersetzte das lateinische „Rex“ nicht mit König sondern mit Rebell. Als er mein Erstaunen merkte, fing er an zu erzählen.

Er habe in Ostberlin studiert, als die Kommunisten gerade damit anfingen, ein Bollwerk gegen den Westen zu errichten. „Sinn und Zweck dieses Unternehmens sollte es sein, die Einwohner zu schützen“, sagte er mit einer gewissen Betonung und fügte hinzu: „Ich hoffe, Sie haben die Anführungsstriche beim Wort ‚schützen‘ mitgehört, denn diese Maßnahme war ein Schutz ganz besonderer Art. Sie bauten eine Mauer mit Wachtürmen und elektrischem Zaun. Das war ihre Art, unsere Identität zu schützen und uns von allem Fremden fernzuhalten. Aber dieser hier, der auf dem Kreuz, der hat die Teilungen unter den Menschen überwunden. Er war gegen eine solche Absonderung.“

Ich schlug meinem Leidensgenossen vor, seine Gedanken näher zu erläutern, und er ließ sich nicht zweimal bitten.

Zu Zeiten des Nazareners hätten die Juden die Welt in zwei getrennte Lager eingeteilt, sagte er. „Auf der einen Seite waren sie, auf der anderen Seite die übrigen Nationen. Sie errichteten eine ideologische Mauer. Diese war aber nicht weniger massiv als eine Mauer aus Steinen, Eisen und Zement. Sie war dermaßen dicht, daß die Juden den Fremden nicht erlaubten, ihre Häuser zu betreten, am gleichen Tisch mit ihnen zu essen, geschweige denn sich mit ihnen ehelich zu verbinden. Aber nicht nur das. Im Tempel von Jerusalem, dem einzigen, der in ihrer Religion erlaubt war, war es genauso. Wenn die ‚Gojim' – wie sie die Fremden nannten – zum Beispiel wagten, mit ihrer Anwesenheit den Bereich, der den Juden vorbehalten war, zu entehren, dann mußten sie das mit ihrem Leben bezahlen. Jesus dagegen griff Ausgrenzungen als ungerecht an und zerpflückte sie in provozierender Weise: Er erklärte, daß sie vom Höchsten nicht gutgeheißen werden."

Das Bild der „Mauer" eröffnete mir für meine biblischen Nachforschungen ein neues, unerwartetes Feld. Haben auch die ersten Christen die Menschen nach Herkunft und Glauben eingeteilt und bewertet? Wie wäre ein solches Vorgehen mit den Worten ihres Meisters vereinbar gewesen, daß alle, Gerechte wie Ungerechte, Kinder des einen Vaters im Himmel sind? Ich beschloß, den Aussagen meines Leidensgenossen über die geistige Trennmauer, die damals zwischen Juden und Fremden bestand, nachzuspüren und dann zu bewerten, ob sie dem Bereich der poetischen Phantasie, wie so manch andere Berichte, oder der Wirklichkeit zuzuordnen sind.

Mein Vorgehen war nicht vergebens. Ich stellte fest, daß ein Hauptmerkmal, das die beiden Gruppen voneinander unterschied, darin bestand, daß sich ein gläubiger Jude als Eigentum jenes Gottes betrachtete, der sich seinem Volk geoffenbart hatte und der es ihm ermöglichte, sich als etwas Besonderes vorzukommen. Die Nachbarn ringsum hielt man im alten Israel für Götzendiener, die man ohne Gewissensskrupel angreifen durfte.

Im Tempel von Jerusalem, dem einzigen und wahren im ganzen Land, mußten die Gläubigen Gott die Ehre erweisen. Dreimal im Jahr hatten sie das Heiligtum zu besuchen und mit ihren Opfergaben finanziell zu unterstützen. Damit sie dieser Vorschrift leichter nachkommen konnten, gab es in jeder jüdischen Gemeinde einen Opferstock und einen Beauftragten, der dafür zuständig war, das eingenommene Geld an seinem Bestimmungsort abzuliefern.

Allen männlichen Neugeborenen wurde acht Tage nach ihrer Geburt mit dem Kultmesser die Vorhaut beschnitten. Damit gab die Familie zu erkennen, daß sie den Bund mit Gott ernst nahm. Weil aber die Nachbarvölker diesen Brauch, den sie ehedem ebenfalls gekannt hatten, nicht mehr praktizierten, wurde die Beschneidung zu einem weiteren Erkennungszeichen der hebräischen Identität.

Die Sabbatruhe feierten die Juden auf ganz eigene Weise, und die Römer, die keine unnötigen Schwierigkeiten mit ihnen provozieren wollten, respektierten das. Einige Jahrhunderte vor der Zeitenwende hatte man damit begonnen, den Sabbat mit immer neuen Vorschriften zu belasten. Das kleinkrämerische Gezänk der Schriftgelehrten über das, was am Sabbat erlaubt ist und was nicht, bestimmte auch ihre Streitigkeiten mit Jesus. Zu ihrer Entrüstung setzte er sich über so manche der zahlreichen Verbote hinweg, indem er am Sabbat Ähren abriß, Kranke heilte und einem Geheilten auftrug, sein Bett nach Hause zu tragen.

Der Mittelpunkt des religiösen und kulturellen Lebens einer jüdischen Gemeinde waren die Synagogen. Es waren geräumige Häuser, in denen es zwar auch Beträume gab, die aber nicht nur für gottesdienstliche Zwecke genutzt wurden. In dem einem Teil des Gebäudes wohnte der Besitzer mit seiner Familie, im anderen Teil fanden Versammlungen statt. Die Synagoge diente auch als Herberge für durchreisende Juden, als Unterrichtsraum für die Kinder und als Gerichtssaal, in dem interne Konflikte geschlichtet wurden. Ihren Ursprung hatte die Synagoge in Babylon, als es für die dort in der Verbannung lebenden Juden notwendig wurde, einen ständigen Ort zu haben, an dem sie gemeinsam beten und regelmäßig die Schrift lesen konnten.

Die Verehrung des einen und einzigen Gottes, die Beschneidung, die Sabbatruhe und die Synagoge waren also die hauptsächlichen Säulen, dank derer die Juden ihre Identität stützten. Im Laufe der Zeit haben die Unterweisung der Schriftgelehrten, die Tradition und die historischen Umstände diesen Pfeilern mehrere robuste Strebebögen hinzugefügt.

Einer von ihnen bestand darin, das Heim unbefleckt zu halten, so als wäre es ein Tempel im kleinen. Die Idee als solche war erbaulich. Die praktischen Konsequenzen hingegen verstärkten die Absonderung. So konnte, um beim Bild des Tempels zu bleiben, kein Fremder über die Schwelle eines jüdischen Hauses treten, ohne es zu entweihen. Umgekehrt war es einem Juden untersagt, das Haus eines Nichtjuden zu betreten. Tat er es trotzdem, besudelte er sich.

Ähnlich streng wie die Abgrenzung des häuslichen Lebensbereiches waren die Speisevorschriften. Blut zu sich zu nehmen, war verboten, weil man der Ansicht war, das Blut sei der Sitz der Lebenskraft, und man dem Herrn des Lebens sein Eigentum nicht vorenthalten dürfe. Eine spezielle Tötungsart, das sogenannte Schächten, gewährleistete, daß sämtliches Blut aus dem Tierkörper austrat. Zwei biblische Erzählungen bekunden die strenge Einhaltung der Speisevorschriften. Judit, deren Name übrigens nichts anderes als „die Jüdin" bedeutet, kostet nicht von den feinen Speisen, die der assyrische Oberbefehlshaber Holofernes ihr auftischen läßt, sondern ißt von dem, was ihr die Magd zubereitet hat (Jdt 12,17–19). Tobit macht es nicht anders. Als er gefangen nach Ninive gebracht wird, weigert er sich, etwas von dem Essen anzurühren, das auch die Heiden vorgesetzt bekommen (Tob 1,10).

Streng untersagt waren eheliche Verbindungen zwischen Juden und Nichtjuden. Die Vorschrift in dieser Härte geht auf die Zeit nach der Rückkehr aus der babylonischen Gefangenschaft zurück, als Nehemia und Esra die Gemeinden neu ordneten. In der strikten Einhaltung der Ehevorschriften sah man eine Garantie für die Reinhaltung des Kultes und damit für den Zusammenhalt in der Gemeinde. Die Maßnahmen waren allerdings drastisch und erbarmungslos (Esra 10,7–11). Esra verlangte von den Juden, die in der Fremde ausländische Frauen geheiratet hatten, sich von diesen und den gemeinsamen Kindern zu trennen. Binnen drei Tagen mußten sich die Heimkehrer melden und der Anordnung Folge leisten, ansonsten verloren sie ihre Besitztümer und wurden aus der Gemeinde ausgeschlossen.

Ich hätte an diesem Tag gar nicht mehr an mein Gespräch über die Berliner Mauer gedacht, wenn nicht am selbem Abend eine Fernsehreportage über eine kleine jüdische Siedlung im palästinensischen Hebron sichtbar gemacht hätte, wie tief der Graben zwischen Juden und Nichtjuden immer noch ist. Nachdem der Berichterstatter auf die schwierige Situation der israelischen Soldaten in dieser vorgerückten Stellung eingegangen war, schwenkte die Kamera auf eine sympathisch aussehende Frau, die gerade ihr Haus betreten wollte.

„Goi", murmelte sie leise vor sich hin. Der Vorübergehende, ein Mann in reifen Jahren, fühlte sich angesprochen und hielt inne. Obgleich das kurze Wort, das an sein Ohr gedrungen war, ihn verletzt hatte, reagierte er mit betonter Höflichkeit.

„Ich bin hier geboren", sagte er. „Hier um die Ecke bin ich aufgewachsen, so wie meine Eltern, meine Großeltern und die Großeltern meiner Großeltern, die ebenfalls hier aufgewachsen sind. Das Haus, in dem ich wohne, wurde von meinen Vorfahren gebaut, genau vor vierhundertundzwei Jahren. Warum bezeichnen Sie mich als Ausländer, als Invasor, als Eindringling? Wo sind Sie denn geboren? Wann sind Sie an diesen Ort gekommen?"

„Ich stamme von David ab“, erwiderte sie stolz, „und obgleich ich erst vor kurzem hierher kam, hoffe ich, dieses Territorium zurückzugewinnen, das immer unseres war. Es ist Zeit, daß ihr, die Gojim, nicht mehr unser Land beschmutzt, daß ihr unsere Rechte respektiert und uns in Frieden leben laßt.“ Sie öffnete die Tür und mit triumphaler Geste verschwand sie im Inneren des Hauses.

Ein-Gott-Glaube, Tempel, Beschneidung, Sabbat sowie Absonderungs-, Speise- und Ehevorschriften waren nicht nur im symbolischen Sinn eine Mauer, hinter der sich die strenggläubigen Juden gegen Einflüsse von außen verschanzten. Der Preis für die Reinerhaltung ihrer Identität war die Abkapselung von ihren Nachbarn. Wie gelang es den ersten Christen, diese Mauer zu durchbrechen? Das war die nächste Frage, auf die ich eine Antwort suchte.

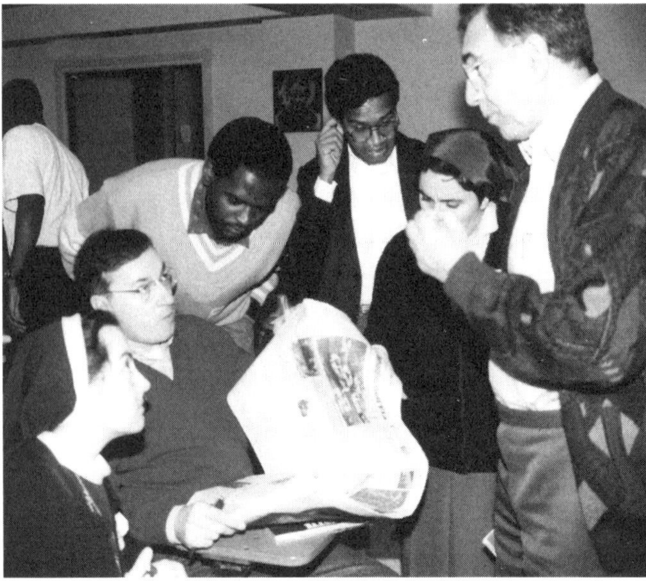

Bei einem Pausengespräch mit Kursteilnehmern
aus verschiedenen Kontinenten.

„In Manuel bin ich der Kommunikation begegnet – nicht einer Theorie über die Kommunikation, sondern der Kommunikation selbst, die bei ihm in Wort und Tat, ja in seinem ganzen Wesen verkörpert war. Er hat sich mit seinem Leben für die menschliche Kommunikation eingesetzt: nicht für eine Massenveranstaltung mit entsprechender Psychose, nicht für eine Predigt an die Menschen, sondern für eine verstehende Kommunikation mit den Menschen in all ihren Nöten." (Ruedi Hofmann)

11. Nordländer und Südländer

Ich bin bei der dritten Chemotherapie angelangt. Obwohl ich keinerlei Schmerzen spüre, habe ich doch fast alle Haare meines Körpers verloren und kann mir auch das tägliche Rasieren ersparen. Meine Haut gleicht einem Neugeborenen. Nichts von alldem beunruhigt mich. Was ich befürchte, ist, daß ich meinen Entwurf nicht zu Ende bringe.

Als ich ins Büro ging und mich wieder an die Arbeit machte, las ich einige der angefangenen Texte und mußte feststellen, wie schlecht sie geschrieben waren. Offensichtlich greift meine „Perle" auch mein Gehirn an. Ich habe es bislang nur nicht bemerkt.

Während der Kaffeepause erzählte ich meinen Kollegen, was mir widerfährt. Sie hatten es ohnehin schon festgestellt und mit Liebenswürdigkeit kompensiert. Nun boten sie sich an, meine Aufzeichnungen durchzusehen. Das ist ein guter Beitrag, für den ich ihnen von Herzen dankbar bin.

Inzwischen sind auch meine Geschwister, die weit entfernt von mir leben, alarmiert worden und haben sich bei mir gemeldet. Mein Bruder Cesar befürchtet, ich würde ihn täuschen, und bittet mich, ihm nichts vorzumachen.

Beim Stöbern in meinen alten Notizen entdeckte ich eine weitere Aufzeichnung, die mir von Belang scheint, um die Zeit, in der die ersten Christen lebten, richtig einzuschätzen. Es ist wieder ein Brief, den Lysias an Agrippina, die Mutter des künftigen Imperators Gaius Caligula, schreibt. Die Empfängerin des Briefes kennt die Region aus eigener Anschauung. Immerhin hat sie selber, ehe ihr Gatte – der Germanenbesieger Germanicus – kaum 34 Jahre alt unter nie geklärten Umständen in Syrien starb, mit ihm mehrere glückliche Ehejahre im Vorderen Orient verbracht. Übrigens wurde sie zeitlebens den Verdacht nicht los, Tiberius, der Imperator und Adoptivvater ihres Mannes, hätte beim Tod von Germanicus die Hand im Spiel gehabt. Ein Grund mehr für Agrippina, sich für die Vorgänge in dieser Region zu interessieren.

Fragment eines Berichtes des Claudius Lysias an Agrippina. – Auf dieser Landkarte mit den drei in verschiedenen Farben gezeichneten Regionen – Galiläa im Norden, Samarien in der Mitte und Judäa im Süden – ist die Ausdehnung des Territoriums zu sehen, die das Reich Davids gehabt haben soll. Sie ist jedoch, wie mir zwei Kenner gesagt haben, nur ein Wunschbild. Sie gibt keine objektive Realität wieder, sondern ist nur ein Ausdruck für die von den strenggläubigen Juden ersehnten Grenzen. Es ist besser, sie beiseite zu lassen und zu bedenken, daß zwischen dem Jordan und dem Mittelmeer, von den ständig wechselnden politischen Teilungen einmal abgesehen, zwei Regionen existieren, zwischen denen starke, unüberwindliche Spannungen bestehen. Ihre Bewohner waren von jeher Rivalen, voller Groll, Ängste und gegenseitiger Rachsucht. Das ist, kurz gesagt, das, was man mir erzählt hat.

Seit wir Römer vor knapp hundert Jahren das Land unter einen römischen Prokonsul gestellt haben, herrscht hier ein ganz anderer Lebensstandard als früher. Durch unsere Maßnahmen wird ein weit besseres Leben gewährleistet, als es die archaischen Normen der orthodoxen Juden ermöglicht hätten. Der Lebensstil ist weltoffener geworden. Wir haben Straßen gebaut und Rasthäuser für Reisende und Händler errichtet. Wir haben Thermen angelegt, Aquädukte gebaut und die Situation der Händler durch den Errichtung von weiträumigen Markthallen verbessert. Wir haben neue Gesetze erlassen und Militär eingesetzt, um die Handelswege zu sichern und die Ruhe im Land zu garantieren. Nicht zuletzt gibt es, seit wir die Grenzen aufgemacht haben und das Reisen leichter geworden ist, auch viel mehr Leute als früher, die Wallfahrten nach Jerusalem unternehmen.

Die gegenwärtige Situation wird im Land unterschiedlich eingeschätzt. Die Autoritäten des Tempels beurteilen sie nicht ungünstig. Die Tatsache, daß sich die wirtschaftliche Lage der Bewohner spürbar verbessert hat und die Pilgerreisen nach Jerusalem zugenommen haben, drückt sich in prallen Geldsäckeln aus. So hat das Heiligtum neben seiner religiösen Funktion nun die, der einzige sichere Ort zu sein, wo die Wohlhabenden ihre Ersparnisse aufbewahren können, ohne daß sie Räubern in die Hände fallen und sie selbst sich durch das Berühren des profanen Geldes beschmutzen müßten. Wegen dieser unleugbaren Vorteile achtet der Hohepriester darauf, lästigen Aufwieglern beizeiten die Flügel zu stutzen, und unsere Autoritäten unterstützen ihn auch noch!

Einige Gruppen allerdings sind verärgert über diesen Pakt. Sie hoffen und beten, daß ihnen Gott einen Helfer schickt, einen „Messias", wie sie sagen. Er soll dafür sorgen, daß unsere Herrschaft zu Ende geht und wir Römer das Land wieder verlassen. Niemand weiß so ganz genau, wie dieser „Messias" aussehen soll. Einige stellen sich ihn als einen Hohenpriester vor, der sich von niemandem bestechen läßt, im Gegensatz zu den gegenwärtigen Autoritäten des Tempels. Andere hingegen sehen ihn als Kämpfer im Stil von König David, der imstande ist, die jüdische Herrschaft aufzurichten und die alten Grenzen wiederherzustellen.

Das ist das Umfeld, in dem sich die Nazarener bewegen. Sie werden es nicht leicht haben. Sie sind zwar Hebräer, aber ihr Anführer war einer aus Galiläa, also einer aus dem Norden. Und er wurde in Judäa von denen aus dem Süden zur schimpflichsten Strafe verurteilt. Seinen Anhängern gelang es immerhin, nicht das gleiche Schicksal zu erleiden. Verstört und verzagt haben sie zunächst die Hauptstadt verlassen und sich in ihre Heimat zurückgezogen, wo sie sich sicherer fühlen konnten. Aber inzwischen sind sie auch in Jerusalem aktiv. Noch ist nicht abzusehen, welchen Weg sie einschlagen werden. Gamaliel, ein weiser Jude, sagte zu mir: „Wenn der Nazarener wirklich ein von Gott Gesandter gewesen ist, dann wird es nicht möglich sein, seine Anhänger aufzuhalten."

Hier endet das Fragment des Berichtes, den Lysias an Agrippina geschrieben hat.

12. Vorboten

Der Tag im Krankenhaus läuft nach genauen Regeln ab. Das Essen wird stets zum selben Zeitpunkt serviert. Kurz nachdem das Frühstückstablett abgetragen ist, rücken die Putzfrauen an und bald danach erscheint der Chefarzt, eskortiert von einem Trupp Assistenten. Ein kurzer, freundlicher Händedruck, ein „Na, wie geht es Ihnen heute?" – und noch bevor ich antworten und meine Fragen zum Ergebnis meiner letzten Computertomographie formulieren kann, steht die Schar bereits am Bett meines Zimmernachbarn.

Gut, daß der Ablauf nicht neu für mich ist. Darum ist er auch nicht mehr desillusionierend. Auf meinen Spaziergängen im Flur habe ich beobachtet, daß die Ärzte nach dem Verlassen des Zimmers in den Krankenunterlagen blättern, Eintragungen vornehmen, Anordnungen an die begleitende Pflegerin geben und die Köpfe zu gemeinsamer Beratung zusammenstecken. Der Patient in seinem Bett bekommt von alldem nichts mit. Also bleibt nichts übrig, als sich in Geduld zu üben und zu warten, bis die Stationsärztin das Ergebnis des Consiliums mitteilt.

Meine bisherige Beschäftigung mit der Apostelgeschichte hat mir gezeigt, daß der Autor nicht wie ein Historiker oder Zeitungsreporter vorgeht, der den genauen Ablauf eines Geschehens berichten will, und auch nicht wie ein Biograph, der haargenau den Lebenslauf seiner Protagonisten niederschreibt. Lukas ist ein Erzähler. Jedoch nicht einer, der Geschichten zum Zeitvertreib verfaßt. Er will vielmehr in Form einer Erzählung mitteilen, wie schwer sich die Nachfolger Jesu damit taten, den Unterschlupf, den die jüdische Tradition ihnen bot, zu verlassen. Dieser „Unterschlupf" war

Schutz und Einengung zugleich. Die Jünger hatten Mühe, aus dem Pferch auszubrechen. Anhand der Apostelgeschichte können wir verfolgen, wie die ersten Christen nur nach und nach den Schritt aus einer kleinkarierten, stammesgeprägten Welt in die Weite des römischen Imperiums wagten. Aus einer Distanz von mehr als einem halben Jahrhundert, als die Jesusbewegung bereits die entscheidenden Schritte getan und in Rom Fuß gefaßt hat, blickt Lukas auf die Anfänge dieses langen Marsches zurück. Ob er sich tatsächlich so zugetragen hat, wie es die Apostelgeschichte erzählt, ob die Reihenfolge stimmt, ob die Zeitangaben richtig sind, ob die Wegbegleiter diese oder jene Route genommen haben, ja ob überhaupt manches nichts weiter als das literarische Produkt des Autors ist, spielt keine Rolle. Es handelt sich ja nicht um einen Bericht für Historiker, sondern um ein theologisches Beweisstück dafür, daß Gott die christliche Gemeinde von Anbeginn in die von ihm gewollte Richtung geführt hat.

Lukas ist, wie gesagt, ein Erzähler. Er meidet abstrakte Gedankengänge. So kleidet er den Sprung aus dem warmen Nest ins Ungewisse in das Bild einer langen und dornenreichen Reise, deren geographische Route er in groben Zügen in der Einleitung zur Apostelgeschichte skizziert. Sie führt von Jerusalem, dem Zentrum der jüdischen Welt, nach Rom, zum Zentrum des Imperiums. Die beiden Städte dienen Lukas als symbolische Bezugspunkte und markieren keineswegs den tatsächlichen Weg, den die Pioniere des Christentums eingeschlagen und zurückgelegt haben.

Ferner ist der Autor überzeugt, daß Jesus trotz seines Weggangs weiterhin in gewisser Weise präsent ist. Einen Schlüssel, um das zu verstehen, fand Lukas in dem Glauben, daß der Geist Jesu unter den Jüngern weiterwirkt. Dieser Geist ist es, der die irdische Mission Jesu fortsetzt. Er führt den Dirigentenstab für den Wandel und treibt die Glaubenszeugen voran – bis an die Grenzen der damals bekannten Welt. Die Beschwerlichkeiten, die die Boten des Evangeliums dabei zu ertragen hatten, führt Lukas nicht detailliert auf, sondern faßt sie in den Strapazen zusammen, die er Petrus, Paulus und ihre Wegbegleiter erleiden läßt.

Lukas war ein Fan des entstehenden Christentums, und in seiner Begeisterung möchte er seinen Lesern die junge Gemeinschaft und ihre Geschichte als möglichst attraktiv hinstellen. Man kann ihm nicht vorwerfen, daß er eine Mogelpackung geliefert hätte, denn attraktiv war die Jesusbewegung ohne jeden Zweifel. Man muß sich aber vor Augen halten, daß zu der Zeit, als er dieses Bild von der Kirche zeichnet, bereits ein erster Einigungsprozeß stattgefunden hat. Diesen Status quo projiziert er auf die Anfangsjahre zurück. Freilich unterschlägt er dadurch, daß es damals in Wirklichkeit mannigfaltige Richtungen und Bestrebungen gegeben hat, die miteinander konkurrierten. Ganz jedoch verhehlt er die Probleme nicht, mit denen sich die Nachfolger Jesu konfrontiert sahen, und er hat auch den Mut, sie aufzuzeigen. Allerdings geht er dabei so vor, wie es in der Literatur der damaligen Zeit üblich war. Er verschönert die Ereignisse: Er verkleinert die Schwierigkeiten und glättet die Reibungen, die es zwischen den Weggefährten gegeben hat. Er erzeugt einen magischen Realismus, der von den uns gebräuchlichen Formen einer Berichterstattung meilenweit abweicht und für uns den Text erbaulich, zuweilen süßlich, ja fast kitschig macht.

Um das Werk dieses Autors in seiner wahren Dimension zu verstehen, mußte ich dieselben Schuhe anziehen wie Lukas und im Gleichschritt seinem Rhythmus folgen. Nur „literarische“ Schuhe waren für diese Wanderung zweckmäßig, denn – um es noch einmal zu sagen – es geht in der Apostelgeschichte in erster Linie um Theologie und nicht um geschichtliche Fakten. So durfte ich den Text nicht unbedarft wie ein Anfänger lesen, sondern mußte im Auge behalten, daß ich es mit einem Autor zu tun habe, der sich der literarischen Formensprache der Antike geschickt zu bedienen weiß.

Als Papst Johannes XXIII. das Zweite Vatikanische Konzil einberief, erschien in den Blättern ein symbolisches Bild. Auf ihm war ein lächelnder Papst zu sehen, der die Fenster der Kirche weit öffnet, um frische Luft in die alten Gemäuer zu lassen. Einen ähnlichen Eindruck mag Jesus bei den Leuten in Galiläa erweckt haben, als er die von den Religionsbehörden etablierten Schranken zu Fremden, Außenseitern, Unreinen, Frauen und Gebrechlichen überschritt und damit an den geistigen Mauern des Tempels rüttelte.

Schon vor Jesus hatten gläubige Juden die Absicht, die Barrieren zu ihren nichtjüdischen Mitbürgern niederzureißen. Sie wollten in guter Nachbarschaft zu ihnen leben und ein für alle verträgliches Klima schaffen. Einer dieser Vorläufer war der Religionsphilosoph Philon (ca 15 v. Chr. bis 50 n. Chr.). Er lebte in der ägyptischen Stadt Alexandria und versuchte, eine Brücke von der jüdischen Theologie zur griechischen Philosophie zu schlagen. Er war in der hellenistischen Geisteswelt groß geworden, was ihn aber nicht daran hinderte, am jüdischen Glauben festzuhalten und dem heidnischen Kult fernzubleiben. Am kulturellen Leben seiner Mitbürger hingegen nahm er teil. Er las die antiken Schriftsteller, ging ins Theater und schrieb Kommentare zu den Büchern der Bibel, um sie für seine Zeitgenossen verständlich zu machen. Er tat dies keineswegs in der Weise, daß er sich sklavisch an jedes Wort und an jeden Satz des Textes klammerte, sondern es ging ihm darum, die tiefere Bedeutung herauszufinden. So gelangte er schließlich zur Überzeugung, daß letztlich alle rechtschaffenen Menschen gute Juden sind, auch wenn sie selbst es gar nicht wissen. Daher brauchten seine Landsleute keine Bedenken zu haben, sich unter ihre Nachbarn zu mischen. Alexandria aber lag weit von Jerusalem entfernt, so daß Philons Gedanken im Zentrum des Judentums kaum Einfluß hatten.

Weit stärkere Wirkung auf die Jerusalemer Tempelaristokratie hatte ein anderer Vorbote Jesu, nämlich Johannes der Täufer – ein Asket, maßvoll im Essen, mit rustikaler Kleidung, harten Ausdrücken und mächtiger Stimme. Seine Predigt zog viele Leute an, und sie kamen an den Jordan, wo er taufte. Ähnlich wie die Essener verlangte er von allen, die dem herannahenden göttlichen Strafgericht entgehen wollten, eine totale Kehrtwendung: „Bringt Frucht hervor, die eure Umkehr zeigt!" (Mt 3,8)

Wie die Frucht, von der Johannes der Täufer sprach, aussah, ist den Antworten zu entnehmen, die er den verschiedenen Fragestellern gab. Zu den einen sagte er: „Wer zwei Gewänder hat, der gebe eines davon dem, der keines hat, und wer zu essen hat, der handle ebenso." An die Zöllner appellierte er: „Verlangt nicht mehr, als festgesetzt ist!" Und die Soldaten forderte er auf: „Mißhandelt niemanden, erpreßt niemanden, begnügt euch mit eurem Sold!" (vgl. Lk 3,10–14)

Als Sühneleistung für die Sünden verlangte Johannes von den Umkehrwilligen keines der üblichen Tieropfer, sondern er forderte sie auf, von jetzt an ihr Leben auf bessere Weise in Angriff zu nehmen und sich als Zeichen der Buße von ihm im Jordan taufen zu lassen.

Der Provinzherrscher Herodes Antipas, ein Sohn Herodes des Großen, hatte Angst vor Johannes dem Täufer. Er verfolgte mit Argwohn, was dieser Prophet der Erneuerungsbewegung alles unternahm. Für die Angst eines Mannes wie Herodes vor einem Mann wie Johannes gab es gute Gründe. Der Lebenswandel des Potentaten und die Führung seiner Amtsgeschäfte boten reichlich Angriffsflächen für Kritik. Zum Entsetzen seiner Untertanen hatte Herodes Antipas, um ein Beispiel zu nennen, beim Bau seiner Residenzstadt Tiberias keineswegs den Reinheitsvorschriften Genüge getan, sondern die Stadt auf einem für Juden unreinen Ort, nämlich auf einem Friedhof, errichtet. Rechtgläubige waren nicht bereit, sich dort anzusiedeln, sondern mußten regelrecht gezwungen werden, dort zu wohnen.

Die Konfrontation des Johannes mit Antipas ließ nicht lange auf sich warten. Der Anlaß war ein Ehebruch. Der Täufer prangerte das Verhalten des Herrschers an und warf ihm vor, daß er seine Frau nur deshalb verstoßen habe, damit sie seiner Verbindung mit Herodias, seiner Nichte und Schwägerin, nicht im Weg stehe.

Josephus Flavius, der zeitgenössische jüdische Geschichtsschreiber, erzählt auf recht realistische Weise, was daraufhin geschah. Herodes Antipas fürchtete, daß die Popularität des Johannes die Untertanen dazu verleiten könnte, gegen ihn zu rebellieren. So hielt er es für das beste, ihn aus dem Weg zu räumen. Er setzte ihn in der Festung Machärus gefangen und ließ ihn dort hinrichten. Die Tempelaristokratie protestierte mit keinem Wort gegen diesen Frevel.

Die Evangelisten Matthäus und Markus entschieden sich dafür, die politische Schärfe der Angelegenheit zu ignorieren, und übernahmen das kursierende Gerücht von einer Intrige, derzufolge der Grund für die Hinrichtung die Rache der Herodias war. Sie verlagerten die Durchführung der Exekution von der Festung Machärus in einen Palast, wo bei der festlichen Geburtstagsfeier Salome, die Tochter der Herodias, die Trunkenheit des Antipas ausnützte, und, von ihrer Mutter beeinflußt, als Gegengabe für ihre Tanzeinlage das Haupt des Johannes verlangte (Mt 14,1–12; Mk 6,14–29).

Die Worte des Propheten konnten mit der Hinrichtung freilich nicht mehr eingefangen werden. Der Appell des Täufers war bereits an viele Ohren und in viele Herzen umkehrwilliger Menschen gedrungen. Schon um das Jahr 27 hatten sich Petrus und seine Freunde zum Jordan aufgemacht, um den Täufer zu hören. Den gleichen Weg hatte auch Jesus genommen, ein Handwerker aus Nazareth, der keinem religiösen Zirkel angehörte. Jesus hatte sich der Gruppe des Petrus angeschlossen und wurde bald deren Anführer.

Sein Berufungserlebnis hatte Jesus bei seiner Taufe durch Johannes. Von diesem Augenblick an fühlte er sich von Gott ausersehen, den Leuten zu verkünden, daß die Ankunft des Gottesreiches unmittelbar bevorstehe. Seine Reden hatten im allgemeinen nicht den barschen Ton des Täufers, und er unterschied sich auch in seiner Lebensweise von der strengen Askese des Johannes. Jesus begann nach der Art der griechischen Wanderprediger in seiner Heimat umherzuziehen und der bettelarmen Landbevölkerung vom Reich Gottes zu erzählen. Er betonte, daß die Gottesherrschaft nicht irgendwann einmal in ferner Zukunft, sondern hier und jetzt beginnt. In diesem Reich, sagte Jesus, würden andere Regeln gelten. Dort würden die, die jetzt die ersten sind, die letzten werden, und für jemanden, der Reichtum ansammelt, würde es schwer sein, dort hineinzukommen. Seine Bürgerschaft sei allerdings kein Privileg für bestimmte Gruppen. Das Reich Gottes stehe auch den „verlorenen Kindern Israels" offen, also den Unreinen, Behinderten, Zöllnern, Sündern – und sogar Nichtjuden, den sogenannten „Heiden".

Jesus verkündigte seine Botschaft nicht nur, sondern er handelte auch danach. Wo er hinkam, spürten die Leute: Dieses Reich, von dessen Kommen dieser Mann redet, hat schon begonnen! Unvermeidlicherweise kam es zu heftigen Zusammenstößen mit Leuten, die an der haarspalterischen Auslegung des Gesetzes klebten. Die erste Konfrontation fand in der Synagoge in Nazareth statt, wo man Jesus wegen seines dreisten Auftretens und seiner unverfrorenen Worte nicht nur kritisierte und ablehnte, sondern – wie Lukas berichtet – auf der Stelle umbringen wollte (Lk 4,16–30).

Was in Nazareth nicht gelungen war, gelang später in Jerusalem. Der Hohe Rat machte mit Jesus kurzen Prozeß. Dem Prokurator Pontius Pilatus war die religiöse Seite der Angelegenheit an und für sich egal, aber ein Unruhestifter kam der Besatzungsmacht genauso ungelegen wie den Tempelbehörden. Der Chef der römischen Provinzverwaltung fällte daher ein Todesurteil, das sofort vollzogen wurde. Jesus starb durch Kreuzigung, eine Hinrichtungsart, die für Sklaven und politische Aufrührer vorgesehen war.

Mit diesem schmählichen Ausgang hätte alles ein Ende haben können. Aber es war nicht so. In Wirklichkeit war es nicht das Finale, sondern der neue Anfang der Geschichte.

13. Die Anfänge in Galiläa

Der jüngste meiner Mitstreiter im Kampf gegen den Krebs ist für immer von uns gegangen. Obwohl er von Anfang an unserer Gruppe angehörte, gesellte er sich nie zu uns. Seine Mutter kam uns besuchen und erzählte uns die unbekannte Seite der Tragödie. Kaum hatte seine Verlobte von dem Krebs, der sich in seiner Lunge angesiedelt hatte, erfahren, löste sie die Verbindung und zog in das Haus ihres Onkels, um dort ein neues Leben zu beginnen. Das war für den jungen Patienten zu viel. Er konnte diesen Schlag nicht verkraften.

Von diesem Fall abgesehen herrscht im Krankenhaus im allgemeinen eine hoffnungsvolle Atmosphäre. Die Leute wollen leben und sind bereit, mit den Ärzten zusammenzuarbeiten. Bei meinem letzten Klinikaufenthalt entdeckte ich, daß ich mit dem Gestell, an dem die Infusionsflaschen hängen, herumspazieren kann, während die Flüssigkeit langsam in meine Venen träufelt. Ein leichter Druck der Hand genügt, um es zum Rollen zu bringen. So marschiere ich nun die Gänge auf und ab und tausche mit den übrigen Patienten Erfolge und Niederlagen aus. Ich betrete auch das Laboratorium, wo man die chemische Dosis vorbereitet, mit der man unser Unglück bekämpft, nicht ohne Hoffnung. Die Hoffnung, daß alles gut wird, stirbt – wie man sagt – zuletzt.

Was mag in den Aposteln in den Tagen nach der Kreuzigung vorgegangen sein? Wo hielten sie sich auf? Versteckten sie sich in der Hauptstadt oder suchten sie überstürzt das Weite? Diesen Fragen werde ich im folgenden nachgehen.

Der Evangelist Markus hält in seiner Passionsgeschichte fest, daß die Jünger bei der Gefangennahme Jesu Hals über Kopf geflohen sind (Mk 14,50). Auf dem Weg zur Hinrichtung und bei der Kreuzigung treten sie jedenfalls nicht mehr in Erscheinung. Petrus ist zwar, wie alle Evangelisten übereinstimmend sagen, dem Abgeführten noch nachgegangen. Nach der unrühmlichen Episode, als er leugnete, Jesus zu kennen und seinem Gefolge anzugehören, verschwindet auch er aus den Passionsberichten. Nur die Frauen aus Galiläa gaben dem Verurteilten das Geleit und harrten unter dem Kreuz aus. Und die Apostel? Ich will versuchen, mir ihren Weg, über den die Evangelien schweigen, vorzustellen.

Lukas liefert uns mit seinem Werk über die Anfangszeit des Christentums eine Geschichte aus einem Guß. Für sein theologisches Verständnis ist kein anderer Ort als Jerusalem besser geeignet, der Entstehungsort des „neuen Wegs" zu sein – die Stadt Davids, die Hauptstadt des Landes, Zentrum der jüdischen Religion und Stätte der Kreuzigung Jesu! So ist es nur folgerichtig, daß Lukas, auch wenn die geschichtliche Genauigkeit darunter leidet, die Elf nach dem Tod Jesu in Jerusalem bleiben läßt. Matthäus und Markus hingegen enthalten ältere Überlieferungen. Diese verlegen den Ausgangspunkt der Verkündigung nach Galiläa und dürften damit die historische Wirklichkeit eher treffen. Dafür spricht auch die einfache Überlegung, daß die Apostel, von den entsetzlichen Ereignissen geschockt und aus Angst, die Verfolgung könne sich auch auf die Gefolgsleute des Gekreuzigten ausweiten, wohl eiligst den Ort des Schreckens verlassen haben. Obwohl nicht vollkommen auszuschließen ist, daß die Apostel in der Hauptstadt geblieben sein könnten, halte ich mich doch lieber an die realistischere Möglichkeit und veranschauliche mir, wie die Jüngerinnen und Jünger in Galiläa versucht haben, mit dem Tod Jesu zurechtzukommen.

Nach der Hinrichtung Jesu tauchen diejenigen Jünger, die nicht schon nach seiner Gefangennahme in ihre Heimat geflohen sind, in der Pilgerkarawane unter, die nach Galiläa zurückkehrt. Sie kommen sich schuftig vor, weil sie Jesus widerstandslos den Knechten des Hohenpriesters überlassen haben. Traurig gehen sie des Wegs. Ihre Hoffnung auf ein großes, unabhängiges Israel ist mit dem „König der Juden" am Kreuz gestorben. Aber was für sie viel schlimmer ist: Alles spricht dafür, daß sich die Botschaft Jesu, der Vater im Himmel sorge sich sogar um die Spatzen auf dem Dach und die Lilien des Feldes, als unrichtig erweist. Der Meister mußte sich geirrt haben. Wie ist der zum Himmel schreiende Frevel sonst zu erklären? Welches der Worte Jesu hat noch Bestand?

Das Leben in Galiläa ist nicht mehr wie vorher. Für die Jüngerinnen und Jünger ist es damit vorbei, das baldige Kommen des Gottesreiches zu proklamieren und Menschen als Gefolgsleute für Jesus zu „fischen". Petrus geht zum Verschlag, wo er seine Netze aufbewahrt. Er will auf den See hinausfahren wie früher. Da nähern sich einige Fremde seinem Haus in Kafarnaum. Es sind Angehörige des Nazareners. Sie sind gekommen, um etwas über den schmerzlichen Ausgang der Pilgerreise zu erfahren. Jakobus, der Bruder Jesu, versucht zu erklären, daß sie sich vergeblich Mühe gegeben hätten, ihn in die Familie zurückzuholen. Jesus sei aus dem Kreis der Anverwandten ausgebrochen und habe seine Unbesonnenheit leider mit dem Leben bezahlen müssen.

Petrus zieht es vor, zu diesem Rechtfertigungsversuch zu schweigen. Er weiß, daß die Beziehungen Jesu zu seiner Familie nicht die besten waren. Die provokativen Äußerungen hinsichtlich der radikalen Loslösung von allen familiären Bindungen (Lk 14,26) hatten die Angehörigen Jesu vor den Kopf gestoßen. Sie hielten nichts von seinem Auftreten als Wanderprediger. Und wie es aussieht, hat Jakobus noch immer nicht begriffen, worum es seinem Bruder gegangen ist.

Während die Schwiegermutter des Petrus die Gäste bewirtet, erzählt Jakobus, wie es bereits kurz nachdem Jesus zum Täufer an den Jordan gegangen war, mit den Komplikationen in der Familie anfing.

„Eines Tages schaute Jesus endlich wieder einmal bei uns vorbei“, erinnert er sich, „und am Sabbat gingen wir zusammen in die Synagoge …“

Als der Augenblick gekommen war, die heiligen Texte zu lesen, nahm der Synagogendiener die Schriftrolle und gab sie meinem Bruder. Er nahm sie ehrfürchtig entgegen, schlug das 61. Kapitel des Buches Jesaja auf und las.

„Der Geist Gottes kam auf mich nieder, damit ich den Armen die Frohe Botschaft künde, die Freiheit den Gefangenen und das Augenlicht den Blinden. Der Geist des Herrn hat mich gesalbt, um die Unterdrückten in die Freiheit zu entlassen und ein Gnadenjahr des Herrn auszurufen.“

Nachdem Jesus die Verse gelesen hatte, rollte er die Schriftrolle wieder zusammen, gab sie dem Diener und setzte sich. Alle warteten gespannt auf seine Auslegung.

„Heute“, begann er, „heute, hier vor euch, haben sich diese Worte erfüllt.“

Die Leute wunderten sich, daß mein Bruder sich zutraute, die Worte der Heiligen Schrift zu interpretieren. Da schrie jemand dazwischen: „Wir haben gehört, daß du in Kafarnaum als Heiler aufgetreten bist. Warum machst du solche Kunststücke nicht auch hier?“

„Es ist immer wieder dasselbe“, sagte Jesus. „Zu wem wurde der Prophet Elija geschickt? Nicht zu den vielen Witwen in Israel, die Hunger hatten, sondern zu der in Sarepta, im Gebiet von Sidon. Und zur Zeit des Elischa wimmelte es in Israel von Aussätzigen, aber der Prophet hat keinen von ihnen geheilt, sondern einen Ausländer, Naaman, den Syrer. Warum wohl? Nirgends sonst hat ein Prophet so wenig Ansehen wie in seiner Heimat, in seiner Familie.“

Eine solche Bloßstellung hätte Jesus den Leuten nicht auf den Kopf zusagen dürfen. Aber daß er zu alledem uns, seine Familie, in einem Atemzug mit seinen Gegnern genannt hat, schlug dem Faß den Boden aus. Mir blieb keine Zeit, ihn dieses ungeheuerlichen Vorwurfs wegen zur Rede zu stellen, denn ein Tumult entstand in der Synagoge. Einige der Schreier nahmen auch uns ins Visier.

„Woher nimmst du diesen Hochmut?“ zischten und johlten sie. „Bleib bei deiner Axt, Zimmermann! Deine Mutter Maria und deine Brüder kennen wir doch! Und deine Schwestern? Schau nur, wie sie sich dort in der Ecke ducken!“

Jesus erhob sich und wollte weggehen, aber die Anwesenden, wütend wie sie waren, umzingelten ihn und wollten ihn zum nahen Abhang eines Berges treiben, um ihn hinabzustürzen. Wie er sich von ihnen losreißen konnte, habe ich in dem Durcheinander nicht mitbekommen.

Jakobus macht eine Pause und sieht alle der Reihe nach an. Aber niemand will etwas erwidern. „Wir haben nie mit ihm über diesen Vorfall gesprochen“, sagt er schließlich, „denn er hat uns niemals wieder besucht.“

Die Schwiegermutter reicht ihren Gästen Fisch aus dem See Gennesaret. Petrus redet ihnen zu, diesen Leckerbissen zu kosten. Doch sie schenken der Mahlzeit kaum Beachtung.

„Manchmal“, sagt Jakobus, der sichtlich das Bedürfnis hat, sich etwas von der Seele zu reden, „manchmal war uns zu Ohren gekommen, was er den Leuten so alles erzählt hat und wie verständnisvoll und nachsichtig er mit Fremden, Unreinen und jeglichem Gesindel umgegangen ist. Von einer solchen Behandlung konnten wir nur träumen. Dabei ist doch jedem normalen Menschen seine Familie am nächsten. Bei ihm war es gerade umgekehrt. Ihm standen diejenigen näher, die seinen aufrührerischen Ideen zustimmten.“

Jakobus wirft einen vielsagenden Blick auf Petrus.

„Mit der Zeit“, fährt er fort, „nahm das Gerede der Leute dermaßen zu, daß wir glaubten, es nicht mehr verantworten zu können, ihn frei herumlaufen zu lassen. Meine Brüder und ich machten uns mit Stricken auf den Weg, um ihn zu bändigen und heimzuführen. Wir waren überzeugt, daß er verrückt geworden war. Nur ein Verrückter konnte mit öffentlichen Reden immer mehr Bewunderer und Anhänger um sich sammeln und so das Wohlwollen der Römer leichtsinnig aufs Spiel setzen. Wir wollten es nicht dulden, daß einer aus unserer Familie dafür verantwortlich sein sollte, daß uns die Besatzungsmacht womöglich das Privileg entzieht, uns in den Synagogen zu versammeln. Darum schleppten wir auch Maria mit, unsere Mutter, weil wir hofften, daß er vielleicht bei ihrem Anblick zur Besinnung kommt. Als wir zu dem Haus gelangten, wo Jesus mit seinen Anhängern versammelt war, hörten wir lautes Stimmengewirr. Da schon vor dem Hause alles gerammelt voll war, ließen wir Jesus ausrichten, er möge herauskommen. Du warst doch auch anwesend, Petrus?"

Jakobus sieht den Fischer an. Dieser nickt. Er scheint sich gut an die heikle Szene zu erinnern.

„Deine Mutter und deine Geschwister sind draußen und möchten dich sehen", teilte man ihm mit. Aber Jesus zeigte keine Spur von Bereitschaft, mit uns überhaupt zu reden. „Wer ist meine Mutter und wer sind meine Brüder?" fragte er und deutete auf die Menschen, die im Kreis vor ihm herumsaßen. „Das hier sind meine Mutter und meine Brüder. Wer den Willen Gottes erfüllt, der ist für mich Bruder und Schwester und Mutter."

Jakobus seufzt. „Nun wußten wir ein für allemal, wieviel es geschlagen hatte. Er ahnte wohl, daß wir ihn mit heim nehmen und ihm seine Mission ausreden wollten. Gegen die vielen Leute kamen wir jedoch nicht an. Wir mußten unverrichteter Dinge wieder nach Hause gehen."

Petrus hat den peinlichen Auftritt, der zum Bruch zwischen Jesus und seiner Familie geführt hat, noch vor Augen. Er ist sich sicher, daß Jakobus heute noch ebenso handeln würde. Den Beweggrund, warum sein Bruder die Familienbande durchtrennt und sich aus dem Sippenverband gelöst hat, will Jakobus bis zur Stunde nicht wahrhaben. Jesus ist für seine Angehörigen immer noch das schwarze Schaf der Familie. Nun sind sie gekommen, um von einem seiner engsten Vertrauten zu erfahren, wie es mit ihm zu Ende ging.

Während Petrus erzählt, kommen immer mehr Nachbarn, die vom jähen Tod des beliebten Nazareners erfahren haben. Die unrühmliche Rolle, die dabei seine Freunde spielten, läßt sich nicht totschweigen. Petrus spürt die fragenden Blicke auf sich gerichtet.

„Ja, wir haben ihn im Stich gelassen“, sagt er voller Scham und Schmerz. „Wir sind geflohen, weil wir geglaubt haben, daß auch uns die Häscher auf den Fersen sind.“

„Glücklicherweise haben ihn nicht alle im Stich gelassen“, sagt die Schwiegermutter des Petrus. Aber ihr Schwiegersohn schüttelt nur traurig den Kopf: „Doch, wir waren alle so feig.“

„Ihr Männer vielleicht“, meint seine Frau. „Die Frauen nicht. Einige Frauen von hier, die zu unserer Gruppe gehören und mit Jesus durchs Land gezogen waren, haben ihn auf seinem Weg nach Golgota begleitet. Sie wollten auch sehen, wohin man den Leichnam wirft. Jawohl, Jakobus, so war es. Die Frauen haben ihn nicht im Stich gelassen, als er gemartert wurde.“

„Ich glaube, der Prophet Jesaja hat das ganze Leiden schon vorausgesehen“, sagt die Schwiegermutter. „Trifft das, was er in seinem Lied vom Gottesknecht sagt, nicht genau auf Jesus zu? Viele haben sich entsetzt, so entstellt sah er aus, nicht mehr wie ein Mensch, seine Gestalt war nicht mehr die eines Menschen ...“

Es ist nicht das letzte Mal, daß die Freunde und Nachbarn des Petrus zusammenkommen und Trost und Sinndeutung in den heiligen Büchern suchen. Immer wieder stoßen sie auf Stellen, die ihnen wie Vorhersagen des Lebens und Leidens des Nazareners vorkommen. Dabei ist es ihnen gar nicht wichtig, ob überhaupt ein Zusammenhang besteht zwischen Jesus und dem Prophetentext, den sie gerade lesen. Vor allem suchen sie nach einem Horizont, der jenes dunkle Ereignis aufhellen könnte, mit dem sie nicht fertig werden: Warum ist Jesus auf so entehrende Weise von den höchsten religiösen Autoritäten vom Judentum ausgeschlossen worden? Wie kann es sein, daß einer wie er aufgrund seiner Hinrichtung am Kreuz nach dem Gesetz des Mose als ein von Gott Verfluchter gilt (Dtn 21,23)? Im 34. Psalm finden sie eine erste Antwort: „Der Gerechte muß viel leiden, doch allem wird der Herr ihn entreißen. Er behütet alle seine Glieder, nicht eines von ihnen wird zerbrochen." (Ps 34,20–21) Nach und nach gelangen sie zu der Überzeugung, daß sich im Leben und Sterben Jesu Wort für Wort erfüllt hat, was die Propheten vorausgeschaut haben.

So wird es für die Männer und Frauen zur tröstlichen Gewohnheit, zusammenzukommen und davon zu reden, wie es gewesen ist, als Jesus noch bei ihnen war, und sich an das zu erinnern, was er gesagt oder getan hat. Zum Beispiel an die vielen Abende, an denen sie in der Vorfreude auf das kommende Gottesreich eine fröhliche Mahlzeit einnahmen und sich dabei ausmalten, wie just die Armen zu Tische sitzen und sich satt essen werden. Aber dann, so sagt Petrus, habe es ein Abendessen gegeben, das das letzte gemeinsame Abendessen sein sollte, das Jesus mit seinen Jüngerinnen und Jüngern in Jerusalem einnahm. Daran müsse er sich immer erinnern, sooft sie zum Essen zusammenkämen.

Es fällt mir noch relativ leicht, mir das Leben der Jüngerinnen und Jünger in Galiläa unmittelbar nach dem Tod Jesu vorzustellen. Aber es gibt keine Entsprechungen in der Erfahrungswelt, auf die ich zurückgreifen könnte, um die Ereignisse zu beschreiben und einzuordnen, die ihre Angst und Mutlosigkeit in Freude und Triumph wandelten und die es möglich machten, daß die Jüngerinnen und Jünger denselben Jesus, den sie kannten und der am Marterpfahl gestorben war, als lebend erfahren konnten, so als wäre durch seinen Tod kein Bruch in ihrer Beziehung zu ihm eingetreten.

Die beste Zusammenfassung des Umschwungs von der Trübsal zur Begeisterung ist für mich die Geschichte von den Emmausjüngern (Lk 24,13–32). Zwei Jünger, niedergeschlagen und verzagt, sind auf dem Heimweg in ihr Dorf. Da gesellt sich ein Fremder zu ihnen und erklärt ihnen aus den Schriften der Propheten, warum das alles mit Jesus so geschehen mußte. Sie laden ihn zum Bleiben ein und dann, beim Brotbrechen, erkennen sie ihn als Auferstandenen. In dieser kurzen alltäglichen Szene, ohne überirdisches Licht und himmlische Stimmen, ist alles enthalten, was dem entstehenden Christentum von Anfang an wichtig war: der Auferstandene, die Überlieferung der Schrift, die Eucharistie und die Gemeinschaft der Gläubigen.

Wenn Lukas in der Apostelgeschichte erwähnt, daß Jesus seinen Anhängern vierzig Tage lang erschienen ist, so ist dies eine symbolische Zeitangabe. Vierzig ist eine Zahl, die Fülle und Vollkommenheit bedeutet. Auffällig ist jedoch, daß der Autor vermeidet, die Visionen zu beschreiben. Er beschränkt sich darauf, deren Auswirkungen aufzuzeigen, die schließlich zum Anfang des Christentums führen. Ich folge diesem Beispiel und lasse wieder meine Gedanken spielen. Ort der Handlung ist abermals Kafarnaum.

Die Leute, die in den Schuppen des Petrus kommen, um Fische zu kaufen, wundern sich über die frohen Gesichter. Niemand weint und klagt mehr über den Tod Jesu. Man spricht von ihm, als sei er nach wie vor anwesend und würde sich nur gerade nebenan ausruhen. Es werden Meinungen über seine Person ausgetauscht. Ein Wort gibt das andere. Jeder macht sich seine eigenen Gedanken über den Nazarener.

„Er war der Gesandte Gottes und beauftragt, uns die baldige Ankunft des Messias mitzuteilen.“

„Nein, er selbst war der Messias. Die heiligen Bücher bezeugen es.“

„Und die Tatsache, daß er Kranke gesund gemacht hat, beweist es auch.“

„Gott hat ihn nicht im Stich gelassen und ihn aus dem Totenreich geholt.“

„Er hat sein Leben für uns gegeben, damit wir ein besseres haben.“

„Er blieb dem Ewigen treu. Er hat Gott mehr gehorcht als den Gesetzesauslegungen.“

„Er war ein großer Prophet. Größer als der Täufer.“

„Er wird bald wiederkommen, um das Reich Gottes zu vollenden.“

Mit der Zeit empfindet man es als ein gewisses Problem, daß die Zwölf nur mehr elf sind. Petrus ruft seine Kameraden zusammen, um den Platz, der durch Judas Iskariot frei geworden war, wieder zu besetzen. Lukas läßt diese Szene in Jerusalem spielen (Apg 1,15–26), aber ich glaube, daß es eher richtig ist, sie in Galiläa anzusiedeln und damit den Spuren zu folgen, die Matthäus (Mt 28,16) und Johannes (Joh 21,1) legen.

„Morgen werden mehr Leute bei uns zu Gast sein als sonst“, sagt Petrus zu seiner Frau. „Wir werden uns bemühen, einen Nachfolger zu finden, der die Stelle des Judas einnimmt.“

„Wie wird das vor sich gehen?“ fragt sie. „Du wirst es doch nicht am Ende dem Zufall überlassen wollen, wer ein so wichtiges Amt innehaben wird. Hast du dir schon eine passende Vorgangsweise ausgedacht?“

„Zuerst werde ich eine kleine Ansprache halten, damit alle wissen, worum es geht“, erwidert Petrus. „Ich werde sagen: Dieser Judas Iskariot war einer der Unsern. Er hat unseren Weg und unsere Hoffnungen geteilt. Aber dann hat er die Seite gewechselt. Er hat einen Verrat begangen, und um den Lohn des Verrats hat er sich ein Grundstück gekauft.

Aber er kam elend um. Er hat sich selber das Leben genommen. Er stürzte mit dem Kopf vornüber, platzte auseinander und seine Gedärme fielen heraus."

„Weißt du denn so genau, daß es so war? Du bist doch nicht dabei gewesen, als es geschah."

Petrus zuckt mit den Schultern. „So wurde es mir jedenfalls erzählt."

„Wenn du vom Verrat des Judas zu sprechen anfängst, mußt du damit rechnen, daß dann auch von *deinem* Verrat geredet wird. Das ist dir doch hoffentlich klar."

„Das war eine andere Art von Verrat", verteidigt sich Petrus. „Ich war feige und wollte nichts riskieren. Das ist schlimm, aber es ist verzeihlich. Aber was Judas getan hat, ist unverzeihlich. Er hat seinen alten Kumpan ans Messer geliefert. Und außerdem hat er Geld dafür kassiert."

„Vergiß nicht, daß nicht alle so denken wie du", gibt die Frau des Petrus zu bedenken. „Nicht wenige meinen, daß Judas den Meister nicht deshalb angezeigt hat, um sich dreißig Münzen in den Säckel zu stecken, sondern um dadurch eine Sturmflut von Protestrufen unter den Anhängern in Galiläa zu provozieren. Sie nehmen an, daß es seine Absicht war, Jesus auszuliefern, um ihn siegreich zu befreien."

Was die Spekulationen über die Motive des Judas betrifft, auf die die Gattin des ranghöchsten Apostels hier anspielt, so ist der Gedanke keineswegs abwegig, daß Judas einen Volksaufstand provozieren wollte. Volksaufstände galten als probates Mittel, um die Römer und ihre Speichellecker zu attackieren. Vielleicht wäre ein solcher Plan sogar gelungen, wenn nicht die Autoritäten des Tempels, noch ehe die Rebellen aus dem Norden von der Gefangennahme des Nazareners erfuhren, den Prozeß beschleunigt hätten.

„Aber um wieder von morgen zu sprechen", sagt die Frau: „Es wird bei dieser Versammlung wohl nicht darum gehen, alte Fehler wieder aufzufrischen."

„Sicher nicht“, sagt Petrus. „Ich werde sagen: Wir sind zusammengekommen, um einen von uns, der Jesus seit der Taufe durch Johannes begleitet hat, an Stelle des Judas Iskariot in den engeren Kreis zu wählen, um die Zwölferzahl wieder zu ergänzen.“

„Zu wählen?“

Petrus nickt. „Ich halte das für das Beste. Natürlich könnte niemand etwas dagegen haben, wenn ich aufgrund der Autorität, die mir zukommt, einfach auf eigene Faust einen bestimmten Mann als Nachfolger für Judas bestimme. Aber schon um böses Blut zu vermeiden, möchte ich eine solche wichtige Personalfrage nicht über die Köpfe der anderen hinweg entscheiden. Ich werde die Anwesenden bitten, mir zwei Kandidaten vorzuschlagen, die ihnen geeignet erscheinen, und dann lassen wir das Los entscheiden.“

„Hast du schon einen bestimmten Kandidaten im Auge?“

„Ich habe mich schon ein wenig umgehört. Soweit ich sehe, kommen eigentlich nur Josef und Matthias in die engere Wahl. Ich persönlich bin für Josef Barsabbas mit dem Beinamen Justus. Er scheint mir der Geeignetere zu sein.“

„Der?“ Die Frau des Petrus schüttelt den Kopf. „Ich finde, Matthias ist für solche Aufgaben der bessere Mann.“

„Das Los wird entscheiden“, sagt Petrus.

Am nächsten Tag findet die Wahl statt. Das Los fällt auf Matthias. Damit ist für die Jüngerinnen und Jünger das traurige Kapitel des Verrats abgeschlossen. Ihr Blick richtet sich jetzt auf die Zukunft.

Petrus rät seinen Freunden, sich nicht auf billige Weise den Gegnern Jesu auszuliefern – durch Reden auf Marktplätzen, durch Ansammlungen am See oder durch provokative Volksaufläufe. „Das ist zwar die Methode des Nazareners gewesen und sie hat ihm auch viele Menschen zugeführt. Jetzt aber sind die Umstände andere. Es ist zweckmäßig, die Widersacher nicht zu reizen. Je unauffälliger man vorgeht, desto besser ist es.“

Eine gute Möglichkeit, sich an die neuen Bedingungen anzupassen, sieht Petrus darin, davon zu profitieren, daß die Synagogen durch das römische Recht geschützt sind. „In den Synagogen können wir uns treffen und die Leute ansprechen, ohne Aufsehen zu erregen. Es wäre aber falsch, wenn wir nur unter uns bleiben. So hätte Jesus niemals gehandelt. Für ihn war es selbstverständlich, sein Leben mit Zolleinnehmern, Frauen von schlechtem Ruf, Kranken und Ausgestoßenen zu teilen."

Die Antworten der Teilnehmer auf der Pinnwand werden gemeinsam ausgewertet.

Manuel Olivera hielt in der Regel keine langen Referate. Er gab Denkanstöße, Hinweise und Beispiele, die das eigene Nachdenken bei den Zuhörern förderten. In seiner Rolle als Moderator regte er den Dialog an, indem er die Fragen an das Publikum zur Beantwortung zurückgab und eine Atmosphäre schuf, in der sich jeder Teilnehmer wohlfühlte und frei seine Meinung sagte. Auf diese Weise hatten manche zum ersten Mal in ihrem Leben Gelegenheit, sich öffentlich über eine Sache von allgemeinem Interesse zu äußern. Manuel Olivera ermunterte die Teilnehmer zum Sprechen, indem er den Beitrag jedes einzelnen gleichermaßen wichtignahm und die Redegewandten aufforderte, auf das hinzuhören, was die Stilleren zu sagen hatten. Um den Kursteilnehmern ihre Arbeit als künftige Multiplikatoren zu erleichtern, publizierte er verschiedene Broschüren über die Gesprächführung und die adäquate Verwendung der Programme in Basisgemeinden.

14. Die erste Mission

Zwischen den Chemotherapien kann ich für ein paar Wochen zu Hause sein und die wenigen kreativen Stunden dazu verwenden, um an den „Ersten Christen“ zu arbeiten. Wenn ich auch spüre, daß meine Konzentration nachläßt und ich immer mehr Pausen einlegen muß, bin ich doch froh, etwas zu haben, das mich ganz gefangennimmt und mir keine Zeit läßt, an meine Krankheit zu denken und an das, was noch kommen mag.

Ich habe schon alle möglichen Bücher zu Rate gezogen und nachgeschlagen, was die Experten über die ersten Jahre nach dem Tod Jesu sagen. Meist finde ich nichts. Dieser Abschnitt wird einfach übersprungen. Die meisten Erläuterungen fangen sogleich mit der Christengemeinde in Jerusalem und mit Paulus an.

Die unmittelbare Zeit nach dem Tod Jesu konnte ich dank einiger wenn auch spärlicher Angaben in der Bibel noch einigermaßen rekonstruieren. Was aber geschah danach in den Jahren 31–33? Wie kam es zu den ersten Christengemeinden?

Erstaunlicherweise ist im Neuen Testament nichts darüber zu finden, wie die Frauen, die Jesus zu seinen Lebzeiten begleitet hatten, in der fraglichen Zeit die Botschaft von ihm verbreiteten. Indes verkennen die Evangelien nicht, daß die Jünger ihr Wissen über die Umstände des Todes Jesu von den Frauen erfahren haben mußten, da sie selber bei der Gefangennahme Jesu alle geflohen waren, wie es das älteste Evangelium, das des Markus, erzählt.

Mehrmals ist in den Evangelien von den „Frauen aus Galiläa“ die Rede, die, anstößig genug, zum Gefolge des Nazareners gehörten. Sie sind mit ihm durch die Dörfer gezogen und haben ihn auch in seiner Todesstunde nicht verlassen. Einige werden namentlich genannt.

An erster Stelle steht Maria aus Magdala, eine Frau, die durch Jesus von einem schweren seelischen Leiden befreit wurde. Spätere Interpreten der Heiligen Schrift haben Verwirrung geschaffen, weil man die Frau aus Magdala fälschlicherweise sowohl mit der großen Sünderin, die Jesus die Füße salbte und mit ihren Haaren trocknete, als auch mit Maria von Betanien, der Schwester des Lazarus, gleichgesetzt hat. Als große Büßerin mit aufgelöstem Haar und tränenreichem Blick wurde sie zum häufigen Motiv in der Malkunst. Dieses Frauenbild widerspricht jedoch der herausragenden Rolle, die Maria Magdalena in der frühen Kirche eingenommen hat. In den Ostererzählungen der Evangelien wird ihr, der „Urverkündigerin", ein Denkmal gesetzt. In der Folgezeit beschäftigen sich nur noch Legenden und außerbiblische Schriften mit ihr. In den kanonischen Texten hingegen findet sich nichts mehr, woraus man auf ihren Anteil bei der Gründung der ersten Gemeinden schließen könnte.

Der Mantel des Schweigens wird auch über den Beitrag gebreitet, den die Frau des Zebedäus zur Bildung der urchristlichen Gemeinden geleistet hat. Diese Frau, die in der christlichen Tradition auch Salome genannt wird (Mk 15,40; vgl. Mt 27,56), ist nicht geflohen, als es brenzlig wurde, so wie es ihre Söhne Jakobus und Johannes, die sogenannten „Donnersöhne", getan haben, sondern sie stand dort, wo es den beiden gut angestanden hätte zu stehen: unter dem Kreuz.

Gleichfalls nicht überliefert ist uns, wie sich Johanna, eine andere Jüngerin der ersten Stunde, für die Verbreitung der Frohbotschaft eingesetzt hat. Sie unterschied sich von den anderen Nachfolgerinnen insofern, als sie den „besseren Kreisen" angehörte. Ihr Mann Chuzas war ein Beamter des Herodes Antipas. Vielleicht hatte sie, bevor sie sich Jesus anschloß, in der Residenzstadt Tiberias am See Gennesaret gelebt, wo der Provinzherrscher Hof hielt. Johanna war begütert. Lukas betont ausdrücklich, daß sie durch ihr Vermögen das Leben des Wanderpredigers und seiner Gruppe angenehmer gemacht hat. Ihre herausgehobene Stellung in der Gesellschaft hat sie wohl endgültig aufs Spiel gesetzt, als sie nicht davor zurückschreckte, sich bei der Exekution eines Staatsfeindes und Gotteslästerers als dessen Sympathisantin zu outen.

Selbst wenn uns über das Wirken der Frauen am Morgen des Christentums keine schriftlichen Zeugnisse vorliegen, kann man sich mit etwas Phantasie ausmalen, wie sie in Galiläa die Freunde Jesu um sich scharten, wie ihre Häuser bald zum Mittelpunkt gemeinsamen Gebetes und der Eucharistiefeier und sie selbst zu Vorsteherinnen der jungen Gemeinden wurden. Dabei kam ihnen ihr Charakter zugute, denn die Galiläerinnen standen im Ruf, energisch und selbstsicher zu sein.

Wenn ich die Bedeutung der Frauen für das Entstehen des Christentums an erster Stelle nenne, so deshalb, weil ihr Beitrag oft auch heute noch als unter „ferner liefen" rangiert, als wären die Frauen nicht Künderinnen der Frohbotschaft, sondern lediglich Mitläuferinnen gewesen, sozusagen das unbedeutende Schlußlicht in einer Gruppe von bedeutenden Männern. Ihr persönlicher Einsatz wird heruntergespielt, das Risiko bei der Kreuzigung Jesu bagatellisiert, und es wird sogar behauptet, daß die Frauen wegen ihrer Bedeutungslosigkeit weniger Gefahren ausgesetzt gewesen wären als ihre männlichen Kollegen. Ich selbst habe früher auch oft über die Namen der Frauen, die in der Passionsgeschichte die Hauptrollen spielen, hinweggelesen und mir keine Gedanken gemacht, welche Biographien hinter diesen Namen stehen. Jetzt, da ich dabei bin, das Entstehen der ersten Gemeinden in Galiläa zu rekonstruieren, ist mir bewußt geworden, daß ohne das Engagement der Frauen die Keimzellen des Christentums verkümmert wären.

Als Jesus – wie Lukas berichtet – 72 Jünger als Vorhut in die Orte gehen hieß, in die er selbst kommen wollte, schickte er sie paarweise aus (Lk 10,1). Dieses „Missionspraktikum", wie man es nennen könnte, macht die Dynamik der Jesusbewegung anschaulich. Wie bei den meisten Zahlen der Bibel handelt es sich auch bei der Zahl 72 nicht um eine reale Angabe, sondern um eine Symbolzahl, die für die „Fülle des Erdkreises" steht. Zwar ist nirgendwo gesagt, wer diese 72 Jünger waren und woher sie kamen. Aber so viel ist offenkundig: Die Anhänger Jesu stammten aus bescheidenen Verhältnissen und waren genauso einfache und ungelehrte Leute wie diejenigen, denen sie die Botschaft vom Reich Gottes verkündeten.

Armut war in Galiläa nicht naturgegeben. Das Land war keineswegs öde und unfruchtbar, sondern hätte die Menschen, die dort lebten, leicht ernähren können. Aber schon Herodes der Große und danach sein Sohn Herodes Antipas haben die ländlichen Strukturen in eine bedrohliche Krise gestürzt. Beide veränderten das Agrarland, indem sie neue Städte gründeten, alte umbauten, Festungen anlegten und prächtige Tempel und Theater errichteten. Dort, wo vorher ertragreiche Felder lagen, machten sich nunmehr Städte breit. Die Abgabenlasten überstiegen das Zahlungsvermögen der Leute. Großgrundbesitz verdrängte die kleinen Parzellen. Die Eigentümer wohnten in der Stadt oder im Ausland und ließen ihr Gut durch Pächter oder Verwalter bewirtschaften. Notsituationen aufgrund schlechter Ernten oder Krankheiten drückten die Kleinbauern unter das Existenzminimum. Sie verloren Grund und Boden. Aus den Besitzern wurden Pächter und aus den Pächtern Tagelöhner. Manche von ihnen suchten Brot in den Städten, emigrierten in andere Regionen, verdingten sich als Sklaven oder versuchten, als Diebe zu überleben. Frauen und Kinder blieben mittellos zurück.

An diese Armen und Entrechteten hatte Jesus seine Botschaft vom Reich Gottes gerichtet. Von Ort zu Ort war er unterwegs gewesen. Größere Städte lagen nicht in seinem Aktionskreis. Nirgends in den Evangelien wird überliefert, daß er in Sepphoris oder Magdala gesprochen hätte oder in der Residenzstadt Tiberias, obgleich sie in unmittelbarer Nähe zu Kafarnaum lag, wo er zeitweise gewohnt hatte.

Jesu Botschaft vom Reich Gottes, in dem alle zusammen an einem Tisch essen werden, war als Gegenentwurf zu den bestehenden Verhältnissen nicht nur für die Juden politischer Zündstoff. Die Verkündigung eines Reiches, in dem ausschließlich Gott herrscht, provozierte auch Rom, denn es war eine Kritik an der imperialen Theologie des römischen Staates, in welchem der Imperator als göttlich verehrt wurde und den Titel „Sohn Gottes" trug.

Wie es sich für gläubige Juden geziemt, versammelten sich die ersten Anhänger Jesu am Sabbat in den Synagogen Galiläas. Sie hielten an den hergebrachten Speisevorschriften und an der Beschneidung fest, hörten die Worte der Schrift und rezitierten die Psalmen. Außer in den Synagogen trafen sie sich auch in Privathäusern, die dann zu „Hauskirchen" wurden. Dort beteten sie, daß alle Juden in Jesus den lang erwarteten Gesalbten Gottes und Retter erkennen mögen. Sie gaben ihm den Titel „Sohn Davids", „Menschensohn" und „Messias" – lauter Anreden, die aus dem Glaubensgut des Judentums kommen. Das Vaterunser, das von Jesus selber stammte, wurde ein Kernstück ihrer Gebete, ebenso der Ruf „Maranatha – Komm Herr Jesus", mit dem sie sein baldiges Wiederkommen herbeisehnten. Im Gedenken an ihn versammelten sie sich zum gemeinsamen Mahl, zu dem auch solche Zugang fanden, die sich auf das Wort der Jünger hin zu Jesus bekannten und sich auf seinen Namen taufen ließen.

Alles in allem gewinne ich von den ersten Keimzellen des Christentums und den Faktoren, die ihre Entwicklung beeinflußt haben, folgendes Bild. Die Gemeinden in Galiläa sind kaum strukturiert und stehen untereinander nur in loser Verbindung. Ebensowenig besitzen sie einen strategischen Plan für die Verkündigung. Alles ist eher dem Zufall überlassen. Die Jüngerinnen und Jünger, die noch mit Jesus unterwegs waren, genießen Autorität. Ihr Wort hat Gewicht. Ohne ihr Zeugnis würde bald niemand mehr vom Nazarener reden. Ihre Häuser sind die Zellen der Bewegung. Daneben fühlen sich selbsternannte Verkünder des „neuen Wegs“ vom Geist Jesu inspiriert. Keine offizielle Instanz überwacht ihre Lehre. Unter den alten wie den neuen Anhängern des Nazareners finden sich viele, die auf Wanderschaft sind: die einen wegen ihres Berufs, die anderen, weil sie die Not treibt, und dann gibt es auch noch welche, die vor lauter Begeisterung gar nicht anders können, als herumzuziehen, um von Jesus zu erzählen. Die Gastfreundschaft der Landsleute, die in der heidnischen Diaspora leben, erleichtern die Emigration. So ist es erklärlich, daß man an vielen Orten von Syrien bis Ägypten, von Kleinasien bis Rom in relativ kurzer Zeit von Jesus weiß und seine Botschaft kennt.

15. Wanderprediger

Mein Bruder Nelson ist auf Besuch gekommen. Was er am wenigsten erwartet hatte, war, daß er mich am Flughafen in einer Maskerade antreffen würde. Ich hatte mich, dem Fasching entsprechend, mit einem Frauenhut und Zöpfen verkleidet. Zum Glück erkannte er mich sofort und lachte über meinen Einfall, so daß sich seine Mundwinkel von einem Ohr zum andern zogen. Das Eis war gebrochen.

Aber von solchen wenigen glücklichen Momenten abgesehen, überfallen mich heftige Depressionen, die sich in Tränenausbrüchen und Trostlosigkeit äußern, und es überkommt mich die Lust, Schutzpatrone, Engel, Krankenschwestern, Ärzte und Fürsprecher aller Art zur Hölle zu schicken. Manchmal beschleicht mich sogar das Verlangen, allem ein Ende zu setzen.

„Das ist ein Teil des Prozesses", erklärte uns die Psychologin. „Die Chemotherapie mindert die Widerstandskraft. In diesem Zustand genügt schon eine atmosphärische Veränderung, um den Kranken in tiefe Depressionen zu stürzen." Es ist gut, so etwas zu hören, um auf die nächste Attacke vorbereitet zu sein – sozusagen nach dem Motto: Ist das Unwetter angekündigt, dann ertrinkt kein Fischer.

Zu wissen, was auf mich zukommen wird, hilft mir gelassen zu bleiben und nicht in Panik zu verfallen. Zum Glück dauert der Zustand der Verzweiflung nicht lange an.

Fragment eines Berichtes des Claudius Lysias an den Lehrer Gamaliel.

Heute habe ich mit einem der sogenannten Nazarener gesprochen und konnte dabei einiges über ihre Aktivitäten in Erfahrung bringen. So viel ist sicher: Mehrere von ihnen sind Wanderprediger geworden. Sie unterscheiden sich dabei kaum von den Kynikern, den Anhängern einer philosophischen Richtung, die von den Griechen vor gut vierhundert Jahren verbreitet worden ist und jetzt wieder in Mode gekommen ist.

Bei meinen Erkundigungen habe ich ein paar amüsante Anekdoten über den Standartenträger dieser Geistesrichtung herausgefunden, ich meine den griechischen Philosophen Diogenes, der wegen seiner Extravaganzen bekannt war. Ich weiß nicht, ob ich Eulen nach Athen trage, aber vielleicht sind ein paar Anekdoten darunter, die Du noch nicht kennst. Man erzählt von Diogenes, er wäre so genügsam gewesen, daß ihm ein Faß als Behausung ausreichte, und er hätte, um den Mitbürgern seine Verachtung zu zeigen, mit einer Laterne die Stadt nach Menschen abgesucht. Eines Tages soll er eine Statue um ein Almosen angebettelt haben. Die Passanten blieben neugierig stehen, um zu sehen, wie die wunderliche Szene enden würde. Diogenes ließ sich durch die Ansammlung nicht stören und rief das Marmorstandbild weiter um Hilfe an. Einer der Umstehenden fragte ihn, ob er denn verrückt sei oder sich nur so stelle. Weder noch, entgegnete ihm der Philosoph, er wolle sich nur daran gewöhnen, nicht gehört zu werden.

Ein anderes Mal sah ihn ein Nachbar mampfend aus einem Bordell kommen, wo man ihm ein paar Bissen hatte zukommen lassen. Er fragte Diogenes, ob er in dem Etablissement nicht noch etwas anderes gesucht habe als etwas für den Gaumen. Falsch gedacht, erwiderte ihm Diogenes, auch die Sonne sei dort drinnen gewesen, ohne zu ficken.

Diogenes trieb die Bedürfnislosigkeit auf die Spitze. Als er einmal sah, wie ein Kind Wasser aus der hohlen Hand trank, hielt er seinen Trinkbecher für überflüssig und warf ihn weg.

Extravaganzen und Übertreibungen, die Diogenes recht waren, sind den Kynikern im heutigen Römischen Reich längst nicht billig. Allerdings begnügen auch sie sich mit einem Minimum an Annehmlichkeiten und meiden alles Überflüssige. Sie führen ein karges, anspruchsloses, nur nach den elementaren Bedürfnissen ausgerichtetes Leben. Als Zeichen der Ungebundenheit führen sie Tasche und Wanderstab mit sich. In einfachster Kleidung ziehen sie durch die Lande und lehren, glücklich zu sein durch völlige Unabhängigkeit von den Dingen.

Aber sie sind keine sanftmütigen Schafe, die in ein monotones Blöken einstimmen. Sie betrachten die Welt aus der Perspektive von ganz unten und attackieren blasierte Angeber, die sich auf ihren Reichtums, ihr Wissen, ihren Beruf oder ihren gesellschaftlichen Rang etwas einbilden. Die Kyniker mißachten alle Konventionen, die von der Herrschaft des Geldes und der Macht, von traditionellen Ehrenkodizes und gesellschaftlichen Zwängen bestimmt sind. Sie genießen es, die Hintergedanken gewisser Handlungsweisen zu demaskieren, und machen den Eindruck, keine Angst zu haben, sich mit dem Status quo zu konfrontieren und eine Diffamierung nach der anderen einzustecken.

Ihre Lehrmethode ist unkompliziert. Sie drücken sich in einem familiären Umgangston aus, knüpfen bei Alltagssituationen an und würzen ihre Unterweisungen mit witzigen und verblüffenden Sprüchen. Ihr Appell an die Zuhörer lautet: Redet und handelt frei, verliert die Angst, selbst wenn ihr gegen den Strom schwimmen müßt, handelt nicht nach dem Diktat der Mode, sondern in Übereinstimmung mit eurer Art zu denken. Ich bewundere ihr Zeugnis, obgleich es ein lebender Protest gegen die Mängel unserer Lebensführung ist.

Die Kyniker sind keineswegs die einzige asketische Bewegung, die es derzeit gibt. Auch die Nazarener – um auf Deine Frage zurückzukommen – machen es ähnlich wie sie. Viele von ihnen geben Haus und Familie auf, verzichten auf Besitz und haben nirgendwo mehr feste Wurzeln. Sie würden dem Beispiel ihres Meisters folgen, erklären sie, dieser sei ebenfalls ein Wanderprediger gewesen und habe nirgendwo einen Unterschlupf gehabt. Die Füchse wissen, wo sie ihre Höhlen haben. Er aber hätte oftmals am Morgen nicht gewußt, wo er am Abend seinen Kopf zum Schlafen hinlegen würde.

Gelegentlich halten sie sich einige Zeit in den Häusern der Gläubigen auf. Ihre Anwesenheit gibt den kleinen Gemeinschaften Dynamik und Prestige, denn die herumziehenden Wanderprediger sind unumstrittene Autoritäten. Umgekehrt sind auch die örtlichen Gemeinden willkommene Stützpunkte für die umherziehenden Prediger. Die Radikalität, mit der manche den Verzicht auf jeglichen Besitz fordern, bringt ihnen allerdings das Unverständnis und den Widerstand der Seßhaften ein. Diese halten dagegen, daß dieser radikale Lebensstil nicht für alle Nachfolger Jesu der adäquate Weg sein könne. Noch ist nicht abzusehen, welcher Entwurf in Zukunft dominieren wird, der der herumziehenden Charismatiker oder der der seßhaften Gemeinden. Ich als ein Außenstehender, der das Ethos der Prediger bewundert, fände es schade, wenn sie ihren Einfluß verlieren würden, denn ihre Lebensauffassung ist ein lebender Hinweis auf die Nichtigkeit von Geld und Besitz. Die Gemeinden würden ärmer werden, wenn diese Prediger der Armut aus ihrem Leben verschwinden würden.

Die Machtprobe ist vielleicht auch daraus zu erklären, daß jeder Charismatiker in der Verkündigung der Heilsbotschaft seinem Impuls folgt und keiner Lehrautorität untersteht. Jeder legt auf das den Akzent, was ihm selbst am meisten am Herzen liegt, und bekräftigt es mit einem Jesuswort. Dadurch erhalten die Aussagen des Meisters verschiedene Deutungen. Unterschiedliche Lehrmeinungen schießen wie Pilze aus dem Boden. Von einer strengen, einheitlichen Doktrin der Nazarener kann, bisher jedenfalls, keine Rede sein. Doch vielleicht ändert sich das in naher Zukunft. Seit kurzem sind nämlich die Wanderlehrer dazu übergegangen, die Reden und Gleichnisse Jesu zu sammeln und niederzuschreiben, um sie als „Stichpunkte“ auf ihren Reisen zu gebrauchen. Ich halte das nicht nur für eine wichtige Neuerung, sondern auch für ein Anzeichen wachsender Wertschätzung, die sie dem Nazarener angedeihen lassen. Du selbst, verehrter Gamaliel, sagst ja, daß die Toten in der Erinnerung der Lebenden weiterexistieren.

Hier endet das Fragment des Berichtes, den Lysias dem Lehrer Gamaliel geschickt hat.

16. In Jerusalem

Wäre anfangs alles glatt gegangen, könnte ich jetzt schon das Ende der Chemotherapie feiern. Aber da ich die erste Dosis schlecht vertragen habe und auf sie mit einer totalen Blutvergiftung reagierte, hielten es die Ärzte für angebracht, mich auf eine Dreiviertelration zu setzen. Das hat zur Folge, daß ich nun noch um einige Male mehr an den Tropf mit den bunten Fläschchen, die so harmlos aussehen, angeschlossen werde.

Wie ein Seismograph stelle ich die kleinsten Veränderungen an meinem Körper fest. So fällt mir auf, daß es bei der Blutabnahme immer schwieriger wird, die Reagenzgläser voll zu bekommen. Das sei ganz normal, beschwichtigt mich der Arzt, meine Venen seien durch die chemischen Mittel zusammengeschrumpft. Hier zeigt sich die Kehrseite der Medaille: Was für das eine gut ist, bekommt dem anderen schlecht.

Die Jesusbewegung – der „neue Weg" – hatte in Galiläa die ersten zaghaften Schritte zur Gemeindebildung gewagt. Doch im Lauf der Zeit wurde den Jüngerinnen und Jüngern klar, daß ihre Heimat zu abgelegen war und sich zu weit weg vom Puls des geschäftlichen und religiösen Lebens befand. Von den Pilgern, die zu den hohen Festtagen aus allen Gebieten der Diaspora nach Jerusalem reisten, verirrte sich keiner in ein galiläisches Dorf. Wenn die ersten Christen fremde Menschen erreichen und ansprechen wollten, kamen sie um Jerusalem nicht herum. Im übrigen entsprach es ohnehin auch dem Willen des Meisters. Jesus wollte doch die jüdische Religion erneuern, und wo hätten seine Sachwalter diesem Wunsch besser nachkommen können als im Zentrum der jüdischen Gottesverehrung? Aber noch ein anderer Gesichtspunkt lenkte die Aufmerksamkeit der ersten

Christen auf die Stadt Davids. Sie lebten in der Überzeugung, Jesus werde bald wiederkommen, um das Reich Gottes aufzurichten. Sie zweifelten keinen Augenblick daran, daß der Brennpunkt des endzeitlichen Geschehens nicht Galiläa sein würde, sondern Jerusalem. Hier wollten sie präsent sein an dem Tag, an dem Jesus mit Macht wiederkehrt.

Ich sehe es vor mir, wie sich einige von ihnen aufmachen und in die Heilige Stadt ziehen. Sie verkaufen ihr Hab und Gut, das angesichts der nahe bevorstehenden Wiederkunft Jesu ohnehin bald nicht mehr gebraucht wird. Sie nehmen nur das Notwendigste mit. Unter den Zuwanderern befindet sich auch Petrus. Er hat sein Boot und seine Netze veräußert und ist mit seiner Frau von Kafarnaum in die Hauptstadt gezogen. Es war üblich, die Ehefrauen in die Missionsarbeit mit einzubeziehen. Das bezeugt Paulus in seinem ersten Brief an die Korinther, wo er erwähnt, daß Petrus und die anderen Apostel sowie die „Brüder des Herrn", unter denen Jakobus der bedeutendste war, bei ihren Missionsreisen eine Frau mitzunehmen pflegten (1 Kor 9,5).

Die Zugereisten bleiben an ihrem neuen Wohnsitz miteinander verbunden. Als ihren Vorsteher respektieren sie Petrus, weil er von der ersten Stunde an zu den Weggefährten Jesu zählte. Bald stellen sie auch Kontakt zu den Anhängern am Ort her. Unter ihnen sind welche, die den Meister noch persönlich gekannt haben – aus der Zeit, als er zu den Festtagen nach Jerusalem gekommen war. Beim Gebet in den Synagogen und bei den offiziellen Kultfeiern im Tempel werden sie mit jüdischen Glaubensgenossen bekannt, die ebenso wie sie die Ankunft der Endzeit erwarten. Mit ihnen reden sie über das nahe Gottesreich und bekunden ihren Glauben, daß Jesus der Messias sei. Die meisten wollen jedoch von einem Erlöser, der am Schandpfahl endete, nichts wissen. Andere wieder glauben den Aposteln. Sie werden von ihnen auf den Namen Jesu getauft und zu den Mahlzeiten eingeladen, die sie in Erinnerung an ihn feiern.

Die Anhänger des „neuen Wegs" verstanden sich als fromme Juden – und sie wären erstaunt gewesen, wenn man sie für etwas anderes gehalten hätte. Mehr noch: Sie fühlten sich als die wahren Kinder Israels und im Besitz der echten Überlieferung, und sie wollten keinesfalls in einem Atemzug genannt werden mit der in ihren Augen gesetzesabtrünnigen Tempelaristokratie.

Ein Zuzug nach Jerusalem war in jener Zeit nichts Außergewöhnliches. Die Jünger aus Galiläa waren nicht die einzigen, die in die Hauptstadt übersiedelten. Der Zustrom aus den heidnischen Provinzen war von jeher groß. Die Diasporasituation war etwas ganz Normales. Mehr als Dreiviertel der ungefähr sieben Millionen Juden lebten damals außerhalb von Palästina. Ihre Synagogen waren auf Jerusalem hin ausgerichtet. Viele Juden in der Diaspora trachteten danach, wenigstens ihren Lebensabend in der Nähe des Tempels zu verbringen. Für sie war der Tempel der heiligste Ort der Welt, und mit der Entfernung von ihm nahm die Heiligkeit eines Ortes ab. Durch diesen Zustrom kam es, daß an die zwanzig Prozent der Bevölkerung in Jerusalem Griechisch sprach. Sie hatten ihre eigenen Synagogen in der Heiligen Stadt, die den Herkunftsländern entsprechend organisiert waren. In ihnen fanden Neuankommende und Durchreisende Hilfe und Unterschlupf. So ist in der Apostelgeschichte von der Synagoge der „Libertiner" die Rede. In ihr kamen „Freigelassene" zusammen – also Menschen, die früher Sklaven waren. Auch die Synagogen der Zyrenäer, der Alexandriner und der Leute aus Zilizien werden erwähnt. Diese Juden aus der Diaspora – die „Hellenisten", wie man sie nannte – feierten den Gottesdienst in ihrer Muttersprache. Im Unterschied zu den ansässigen Juden, die Aramäisch sprachen, lasen sie die Bücher der Heiligen Schrift auf Griechisch, weil sie die Bibel in der Originalsprache gar nicht hätten lesen können. Die Kultsprache der in Jerusalem ansässigen Juden hingegen war Hebräisch. Deshalb werden sie in der Apostelgeschichte auch „Hebräer“ genannt.

Das Zusammenleben zwischen den Zugewanderten aus der Diaspora und den Einheimischen war von jeher spannungsgeladen. Allein schon ihrer Herkunft wegen waren die Hellenisten weltoffener und gebildeter als die Ansässigen. Sie kamen überwiegend aus städtischem Milieu. In den Städten, in denen sie lebten – z. B. Antiochia, Damaskus oder Ephesus –, wurde ein verfeinerter Lebensstil gepflegt. Es gab dort Theater, literarische Zirkel, Philosophenschulen und sportliche Wettkämpfe. In den Metropolen blühte ein weltweiter Handel und führte Menschen verschiedener Völker zusammen. In Jerusalem hingegen trafen die Neubürger auf pedantische Gesetzesvorschriften und auf Zustände, wie sie sie an heiliger Stätte nie vermutet hätten. Die orthodoxen Hebräer ihrerseits kritisierten die lockere Art, mit der die Hellenisten Gesetzesauslegungen auf die leichte Schulter nahmen, und empörten sich über deren Nörgeleien am Tempelbetrieb.

Der alte, zwischen diesen beiden Gruppen schwelende Konflikt griff auch auf die christliche Urgemeinde über. Die Apostelgeschichte berichtet von einem „Aufbegehren der Hellenisten gegen die Hebräer“. (Apg 6,1) Es wäre interessant zu wissen, was damals genau passiert ist, aber leider haben wir keine andere Quelle als die Apostelgeschichte, die oft die Ereignisse verschönt. Es ist jedoch auffallend, daß es Lukas, der stets bemüht ist, ein Bild der Harmonie zu zeichnen, diesmal nicht gelingt, die Spannungen ganz unter den Teppich zu kehren und er seinem Wunschbild, daß alle „ein Herz und eine Seele“ sind, einen Idealzustand, den er an anderer Stelle den ersten christlichen Gemeinden andichtet, widersprechen muß. Es ist nämlich nicht zu übersehen, daß sich in Wirklichkeit innerhalb der Judenchristen zwei Gruppen gebildet hatten: eine orthodoxe, dem mosaischen Gesetz verpflichtete, unter Führung „der Zwölf“, und eine liberalere, hellenistische, die laut Lukas von einem Siebenerkollegium geleitet wurde. Lukas spielt in der Apostelgeschichte die theologische Kontroverse zwischen beiden herunter, indem er als unmittelbaren Anlaß der Streitigkeiten ein simples Verteilungsproblem schildert. Hellenistische Witwen hätten sich bei der Essensvergabe übergangen gefühlt und sich bei den Zwölfen gegen die Benachteiligung beschwert. Die Apostel, die nach lukanischem Konzept souverän alles überblicken und in der Hand haben, erteilen sieben Hellenisten, wohl den bereits genannten Gemeindeleitern, die Aufgabe, für eine gerechte Speisenverteilung zu sorgen. Als Begründung führen sie an, daß die Entlastung von administrativen Aufgaben ihnen selbst mehr Zeit für ihren eigentlichen apostolischen Dienst, nämlich die Verkündigung des Evangeliums, gebe. Lukas ordnet damit die Missionsarbeit eindeutig den Zwölfen zu und den Tischdienst dem hellenistischen Siebenergremium. Damit billigt er diesem zwar Selbständigkeit zu, aber selbst für den karitativen Dienst benötigen die Sieben die Approbation durch die Apostel, die sie durch das Auflegen der Hände erhalten. Für Lukas ist damit die Rangordnung im Urchristentum klar definiert. Historisch dürfte es wohl so gewesen sein, daß die gebildeten Hellenisten selbst als Künder der Frohbotschaft auftraten und nicht darauf warteten, Funktionen zugeteilt zu bekommen. Der Autor tut so, als hätte es die Strukturen und Zuständigkeiten, die sich erst zu seiner Zeit etabliert haben, bereits Jahrzehnte früher gegeben.

Die Botschaft Jesu stieß bei den Hellenisten auf Sympathie. Sie kam ihrer aufgeschlossenen Denkweise entgegen. Mit Tempel und Gesetz jedoch hatten sie ihre Schwierigkeiten. Sie stellten die Überzeugung, daß Gott nur an einem bestimmten Ort – im Tempel von Jerusalem – verehrt werden dürfen, in Frage und zweifelten an der erlösenden Funktion des Gesetzes. Das brachte einige von ihnen in Konfrontation zur höchsten religiösen Instanz des Judentums. Lukas zeigt anhand der Person des Stephanus, wie diese Auseinandersetzung eskalierte. Er stilisiert ihn zum Prototyp eines Jüngers. An der Verteidigungsrede des Stephanus läßt sich ablesen, was die religiösen Autoritäten des Judentums den hellenistischen Judenchristen vorwarfen. Lukas läßt die Rede mit einem Frontalangriff auf die Eiferer enden.

„Ihr Starrköpfigen!" ruft Stephanus. „Ihr widersetzt euch dem Heiligen Geist, wie es eure Väter getan haben. Gab es einen Propheten, den sie nicht verfolgten? Sie töteten jene, die die Ankunft des Gerechten ankündigten, und ihr? Ihr seid jetzt dessen Mörder geworden!"

Die Angesprochenen lassen sich eine solche Beschimpfung nicht bieten. Wütend entledigen sie sich ihres Obergewands, um bei der Selbstjustiz freie Hand zu haben, während ein junger Mann namens Saulus darauf achtet, daß bei dem tödlich endenden Handgemenge kein Kleidungsstück abhanden kommt.

Dem Tod des „Erzmartyrers" versucht Lukas Prestige zu geben, indem er Parallelen zur Passion Jesu zieht. Er schickt der Hinrichtung ein Verhör beim Hohen Rat voraus und läßt falsche Zeugen auftreten. Wie Jesus spricht Stephanus ein Bittgebet für die Feinde und gibt seine Seele Gott anheim.

Im Bestreben, das klassische Bild eines Martyriums zu zeichnen, greift Lukas allerdings über die real existierenden Möglichkeiten hinaus. Zum Beispiel lag es damals gar nicht in der Befugnis des Hohen Rates, sondern einzig in den Händen der Römer, ein Todesurteil zu sprechen. Auch die Präsenz des jungen Mannes namens Saulus, der die Kleider bewacht, ist nur ein literarischer Kunstgriff des Autors. Mit diesem Hinweis auf jenen nach Saul benannten jungen Juden möchte er eine wichtige Figur der Urkirche vorstellen, die für die Heidenmission von überragender Bedeutung wurde: eben jenen Saulus, der mit seinem römischen Namen Paulus hieß. Auch er sollte schon – so will es die theologische Sicht des Chronisten der ersten Christen – von Anfang an mit Jerusalem verbunden gewesen sein. Nun wissen wir in diesem Fall allerdings, daß es nicht so war, wie es Lukas erzählt. Und zwar wissen wir es von Paulus selber. Aus den Briefen, die der Völkerapostel geschrieben hat, erfahren wir, daß er zu der besagten Zeit gar nicht in Jerusalem war, zu welcher ihn Lukas in Jerusalem sein läßt.

So gesehen hätte ich die Szene mit den Zeremonialschuhen und die Szene mit der Rede vor Mitgliedern des Hohen Rates, wo ich Paulus als einen jungen Fanatiker darstelle, eigentlich gar nicht schreiben dürfen. Denn diese Szenen folgen den Fußstapfen des Lukas. Aber es verhält sich hier wiederum so, wie wir es am Beispiel jenes Films gesehen haben, in welchem der beschwerlichen Aufstieg der Missionare im Wasserfall des Iguazú gezeigt wird. Szenen dieser Art vermitteln ein anschauliches Bild von der Atmosphäre, in welcher die ersten Christen gelebt haben. Freilich würde man diese Darstellungen gründlich mißverstehen, wenn man sie für dokumentarische Fotos halten würde und ihren literarischen Charakter nicht berücksichtigen würde.

Nach dem Bericht von der Steinigung des Stephanus heißt es in der Apostelgeschichte: „An jenem Tag brach eine schwere Verfolgung über die Kirche von Jerusalem herein.“ (Apg 8,1) Mit dieser vagen Angabe läßt uns Lukas in Unkenntnis darüber, zu welchem Zeitpunkt dieses Ereignis genau eintrat. Die Verfolgung richtete sich, das geht klar aus dem Text hervor, nicht gegen die Apostel und, wie man ergänzen kann, auch nicht gegen die von ihnen geleitete Gemeinde der „Hebräer“. Die Gejagten waren Hellenisten.

Die Verfolgten flohen aus Jerusalem. Sie flüchteten in die Gegenden von Judäa und Samarien oder gingen außer Landes, vor allem nach Antiochia. Lukas will seinen Lesern zeigen, daß der Widerstand der jüdischen Autoritäten gegen die ersten Christen zwecklos war, denn sie bewirkten mit ihren Maßnahmen genau das Gegenteil von dem, was sie sich erhofft hatten: Das Judenchristentum in seiner aufgeschlossenen Variante verbreitet sich rasch außerhalb Palästinas und hält in die dortigen Synagogen Einzug. Der erste Schritt zur Evangelisierung „bis an die Grenzen der Erde“ ist getan.

17. Philippus in Samarien

Meine Aufenthaltserlaubnis wurde verlängert, um meine Krebsbehandlung in München abschließen zu können. So habe ich Gelegenheit, hier einmal den Frühling zu erleben, während in meiner lateinamerikanischen Heimat bereits der Herbst beginnt.

In den Anlagen fangen die ersten Schneeglöckchen zu blühen an. In den Zweigen der Fichte vor meinem Fenster trägt ein Spatz, während ein Schneegestöber durch den Garten fegt, eine Feder zum Nestbau im Schnabel. Die morgendliche Fahrt zur Blutbildkontrolle beginnt nun bereits bei Tageslicht. Alles kleine Hinweise, daß der Winter bald besiegt ist und es aufwärts geht. Ein gutes Omen auch für mich? Die Ärzte machen mir Hoffnung.

Es gibt im Neuen Testament zwei prominente Männer namens Philippus. Der eine von ihnen war einer der zwölf Apostel. Der zweite gehörte laut Lukas dem Siebenergremium der hellenistischen Judenchristengemeinde an und zog mit seiner Frau und seinen vier Töchtern in die Nachbarprovinz Samarien, um dort das Wort Gottes zu verkünden.

Dieser Entscheidung mangelte es nicht an Mut, denn die Samariter konnten die Juden nicht ausstehen. Ihre Abneigung hatte einen weit zurückliegenden Grund. 722 v. Chr. eroberten die Assyrer das Gebiet von Samarien und siedelten dort Deportierte aus anderen Länder an, die sich teilweise mit der einheimischen Bevölkerung vermischten.

Gut hundert Jahre später ereilte den Süden Palästinas ein ähnliches Schicksal durch die Babylonier. Ein Teil der Bevölkerung Judas wurde nach Babylon verschleppt. Als die Exilanten wieder heimkehren konnten, boten sich die Samariter an, ihnen beim Wiederaufbau des Tempels in Jerusalem zu helfen. Ihr Angebot wurde jedoch abgelehnt (Esr 4,2), da man die dort ansässigen Leute als Feinde betrachtete, und von Feinden – sprich: „Unreinen“ – wollte man sich in einer so heiligen Angelegenheit wie dieser keinesfalls helfen lassen.

Die Folge war freilich, daß der Graben zwischen den Juden und Samaritern nur noch größer wurde, denn auch jenen Samaritern, deren Vorfahren von jeher in Samarien ansässig gewesen waren und die ihren jüdischen Glauben nie aufgegeben hatten, war eine Wallfahrt zum Tempel nach Jerusalem verwehrt, da man sie dort wegen ihres Zusammenlebens mit den Heiden für kultisch unrein ansah. So blieb ihnen keine andere Wahl, als ein eigenes Heiligtum zu errichten. Sie bauten einen Tempel auf dem Berg Garizim. Einige Jahrhunderte später, bei der Invasion der Makkabäer, legten die Juden diesen samaritanischen Tempel in Schutt und Asche, denn obgleich die Samariter ebenfalls denselben Gott wie die Juden verehrten und sich auf die fünf Bücher des Mose stützten, tolerierten die Juden keinen anderen Tempel als den in Jerusalem.

Der gegenseitige Haß war auch zur Zeit Jesu keineswegs abgeebbt. Die Galiläer mußten auf ihrer Pilgerreise nach Jerusalem Samarien durchqueren. Die Samariter legten den Pilgern dabei alle möglichen Hindernisse in den Weg. Auch Jesus und seinen Jüngern boten sie keine Unterkunft, als sie „auf dem Weg nach Jerusalem“ waren. Die Apostel gerieten deswegen so außer Rand und Band, daß sie die Leute verfluchten und Feuer und Schwefel auf das ungastliche Dorf herabschwören wollten (Lk 9,51–55). Einen Juden Samariter zu nennen war damals eine Beleidigung höchsten Grades. Im Johannesevangelium ist der Wortwechsel zu lesen, bei dem die Juden sich mit Jesus anlegten und ihn beschimpften: „Sagen wir nicht mit Recht: Du bist ein Samariter und von einem Dämon besessen?“ (Joh 8,48)

Lukas übergeht in der Apostelgeschichte die Streitigkeiten unter den Nachbarn mit orientalischer Eloquenz. Philippus, so der Autor, kommt in eine Stadt Samariens und beginnt den Messias zu verkünden. Die Menge hört auf seine Worte und sieht die Wunder, die er tut. „Viele unreine Geister verließen unter Schreien die Besessenen“, sagt Lukas wörtlich: „Auch Lahme und Krüppel wurden geheilt.“ (Apg 8,6–7)

Die Wirklichkeit dürfte weit weniger spektakulär gewesen sein. Wie Paulus, von dem wir wissen, daß er einen Beruf erlernt hatte, wird auch Philippus ein Handwerk ausgeübt haben. Ich stelle ihn mir als Schuster vor.

Ich male mir aus, wie Philippus in Samarien ankommt. Den wenigen Kram, den er zum Anfertigen von Sandalen braucht, trägt er auf seinem Rücken. Trifft er an einem Ort ein, stellt er seinen Schusterschemel auf und wartet auf Kunden. Dann, zwischen Sohle und Riemen, zwischen einer Naht und der anderen, beginnt er wie beiläufig von Jesus zu erzählen. Er geht auch auf den permanenten Zwist zwischen Juden und Samaritern ein und macht den Zuhörern klar, daß Gott weder im Tempel von Jerusalem noch in irgendeinem anderen Tempel seinen Wohnsitz hat, sondern im Menschen. Auch wird Gott, wenn er Gericht hält, nicht fragen, wie viele Schafe man im Tempel geopfert hat, sondern was man dem Nächsten getan hat – gleichviel, ob dieser Nächste ein Jude oder ein Samariter ist.

Die Kunden hören Philippus gerne zu, denn sie sind nur selten einem Juden begegnet, der bereit war, von der sturen Voreingenommenheit gegen sie abzurücken. Immer mehr Männer und Frauen entschließen sich, den von Philippus verkündeten „neuen Weg“ zu gehen, denn auch die Samariter erwarteten wie die Juden einen Retter – und sie sehen ihn nunmehr in der Person Jesu. Sie lassen sich auf seinen Namen taufen und wollen sich – wie Jesus – für die Erneuerung des jüdischen Glaubens einsetzen.

Die Gesetzeshüter in Jerusalem sind empört über diese Neuzugänge. Just Samariter, die durch ihre Vermischung mit der heidnischen Kultur als kultisch unrein gelten, sollen nun zum Judentum gehören? Die Integration solcher Leute, die in ihrer Glaubensausübung und Lebensführung nicht den etablierten Vorschriften entsprechen, kann nicht widerspruchslos hingenommen werden.

Aber nicht nur die Autoritäten des Tempels sind alarmiert, sondern – so stellt es Lukas in der Apostelgeschichte dar – auch der Führungskreis der Judenchristen in Jerusalem, die Zwölf. Was Philippus da in seiner Begeisterung unternommen hat, fürchten sie, könnte leicht außer Kontrolle geraten.

Lukas, der – wie wir gesehen haben – in seinem Werk immer bemüht ist, die Eintracht zu zeigen, die unter den ersten Christen geherrscht hat, läßt keinen Zwist und Disput aufkommen. Er erzählt die Begebenheit so: „Als die Apostel von den Erfolgen des Philippus in Samarien hörten, schickten sie Petrus und Johannes dorthin, damit die Neugetauften den Heiligen Geist empfangen. Denn er war noch auf keinen von ihnen herabgekommen. Sie waren nur auf den Namen Jesu getauft. Dann legten sie ihnen die Hände auf, und sie empfingen den Heiligen Geist.“ (Apg 8,14–17)

Wie immer man diesen Text versteht, es drängt sich jedenfalls der Eindruck auf, daß die Apostel die Reise unternehmen, um nach dem Rechten zu sehen. Lukas will in seinem Streben nach Harmonie keineswegs die Verdienste des Philippus um die Verbreitung der Frohbotschaft schmälern, aber er läßt durchblicken, daß der von ihm gespendeten Taufe das Wichtigste fehlt: nämlich der Heilige Geist. Sie ist sozusagen ein Torso, der erst durch die Apostel vollständig wird. Für Lukas ist damit alles wieder im Lot: Die junge Gemeinde in Samarien wächst und gedeiht zwar durch das Wirken des Philippus, ihre letzte Instanz aber ist der Zwölferkreis in Jerusalem.

Die Anwesenheit der Apostel benützt Lukas ferner, um darzustellen, wie überlegen der Glaube der Apostel den heidnischen Praktiken gegenüber ist, die in Samarien gepflegt werden (Apg 8,9–24). In der Stadt, in der Philippus Jesus verkündet, wohnt ein angesehener Zauberer. Er heißt Simon und versetzt die Menschen mit seinen Kunststücken in Erstaunen. „Das ist die Kraft Gottes, die man die Große nennt", sagen die Leute ehrfurchtsvoll und lassen sich von seinen Taschenspielereien blenden. Seit der Anwesenheit des Philippus verliert er jedoch an Prestige, und die Einwohner schenken ihm immer weniger Aufmerksamkeit.

Als nun auch noch Petrus und Johannes auftauchen und die Neubekehrten durch die Handauflegung der beiden den Heiligen Geist empfangen, bietet Simon den Aposteln Geld an.

„Sagt mir den Trick, den ihr anwendet", schlägt er vor. „Diese Masche mit dem Heiligen Geist gefällt mir." Und schon greift er in seinen Geldbeutel und holt einige Münzen hervor.

Petrus wird wütend. „Gib acht, daß deine Geldstücke nicht verfaulen und du mit ihnen! Die Gabe Gottes kann man nicht kaufen. Bessere dich und mache deine Rechnung mit dem Höchsten, um dich vor seiner Strafe zu retten."

So und noch deftiger läßt es Petrus auf den verdatterten Zauberer herniederhageln. Dieser gerät dermaßen in Furcht, daß er, laut Lukas, die Apostel zu guter Letzt um ihre Fürbitte anfleht. Bei so viel Einsicht würde man eigentlich erwarten, daß uns Lukas nun auch noch von der Bekehrung des Schwarzkünstlers erzählt. Aber seine Geschichte endet hier.

Man darf sich diesen Simon keineswegs als einen mächtigen Magier vorstellen. Vermutlich war er einer der vielen Heiler, die es damals gab. Er hat sich sein Brot damit verdient, Hilfesuchenden zu raten, und war bemüht, den Leuten dabei so viel Geld wie möglich abzuknöpfen. Er wollte auch mit den Aposteln ein Schnäppchen machen, traf dabei allerdings auf die Falschen.

Aufgrund dieser Episode in der Apostelgeschichte wird der Name Simon mit dem Kauf und Verkauf geistlicher Ämter in Verbindung gebracht. Man spricht von der „Simonie“. Wie immer die Schimpfkanonade des Petrus abgelaufen ist und wieviel davon der kreativen Phantasie des Lukas entsprungen sein mag, die Geschichte zeigt immerhin, wie empfindlich die ersten Christen reagierten, wenn in religiösen Dingen Geld mit im Spiel war. Jahrzehnte später wird in der „Didache“ – einer frühchristlichen Schrift, die eine erste Zusammenstellung christlicher Disziplinartexte enthält – den Gemeinden empfohlen, sie mögen Wanderprediger zwar mit Nahrung versorgen und ihnen zwei oder drei Tage Herberge geben, sie aber niemals mit Geld unterstützen.

Das Zwischenspiel der Apostel in Samarien dauerte nicht lange. Auf ihrem Heimweg nach Jerusalem nutzten sie laut Lukas die Gelegenheit, in den Dörfern, durch die sie kamen, die Frohbotschaft zu predigen. Eine Bemerkung am Rande, wie es scheint. Aber nicht so in der Intention des Autors. Er will dadurch seinen Lesern glauben machen, die Evangelisierung Samariens wäre nicht allein das Werk der Hellenisten gewesen, sondern daran hätte auch die Gemeinde von Jerusalem mitgewirkt, und zwar durch keine Geringeren als durch zwei ihrer tragenden „Säulen“, nämlich Petrus und Johannes.

Nachdem durch die Mission bei den Samaritern Menschen für Jesus gewonnen worden sind, die zwar den gleichen Gott wie die Juden verehren, aber unter vielen Andersgläubigen leben, gibt Lukas in der Erzählung von der Bekehrung eines Heiden die Richtung an, in der sich künftig die Missionsarbeit abspielen wird. Zwar macht ein bekehrter Äthiopier noch kein Heidenchristentum, aber der Bann ist gebrochen. Es ist deutlich geworden, daß die Gute Nachricht nicht dem Volk Israel vorbehalten ist.

Nachdem Petrus und Johannes abgereist sind, verläßt auch Philippus den Ort der Handlung. Die Anweisung zum plötzlichen Aufbruch erfolgt nach Lukas durch eine himmlische Intervention (Apg 8,26–39). Ein Engel des Herrn sagt zu Philippus: „Mach dich auf den Weg nach Süden. Nimm die Straße, die durch die Wüste von Jerusalem nach Gaza hinabführt."

Philippus trifft keine langen Vorbereitungen. Auf Schusters Rappen zieht er südwärts. Die Gegend ist unwirtlich. Nach einiger Zeit wird er von einem Wagen eingeholt. Der Insasse ist ein Äthiopier. Ein Eunuch, der als Hofbeamter der äthiopischen Königin Kandake tätig ist und deren Finanzen verwaltet. Der Mann befindet sich auf der Heimkehr von einer Pilgerreise nach Jerusalem. Obwohl er dort als Verschnittener und Heide keinen Zugang zum Heiligtum hat, wollte er doch an ehrwürdiger Stätte Gott anbeten.

Wieder hört Philippus den Geist sagen: „Bleibe dicht hinter dem Wagen und sprich den Mann ohne Furcht an." Philippus folgt der Anweisung und hört, wie der äthiopische Hofbeamte den Propheten Jesaja rezitiert. Philippus ergreift die Initiative. „Verstehst du, was du da liest?"

„Leider nein," antwortet der Eunuch. „Hier steht: *‚Sie demütigten ihn, versagten ihm alles Recht, aber er öffnete den Mund nicht. Er war wie ein Schaf, das zum Schlächter geführt wird oder wie ein Schaf, das verstummt, wenn man es schert. Obgleich man ihn von den Lebenden ausschloß, bevölkern seine Nachfolger die Erde.'* Weißt du, von wem der Prophet da eigentlich redet? Von sich selber oder von einem anderen?"

Philippus steigt auf den Wagen, setzt sich zum Äthiopier und erklärt ihm, daß von Jesus die Rede ist. Es bleibt nicht bei der einen Bibelstelle. Der Mann begeistert sich für die Frohbotschaft, und als sie an eine Wasserstelle kommen, fragt er: „Was hindert mich, die Taufe zu empfangen?"

Sie halten den Wagen an, steigen ab, und Philippus tauft ihn. Der Äthiopier ist voll Freude. Er kann sie aber seinem Weggefährten nicht mehr mitteilen, denn der ist verschwunden. Der Geist, so erzählt Lukas, hat Philippus nach

Aschdod entführt, von wo aus er bis nach Cäsarea geht, und auf dem Weg dorthin an den Gestaden des Mittelmeers mit vollen Händen die Gute Nachricht aussät.

Die brillante Erzählung erhält ihre Farbe durch die Anweisungen, die ohne menschliche Mittler direkt vom Himmel gegeben werden. Die Wirklichkeit stelle ich mir weit weniger prächtig – und viel innerlicher, intimer und persönlicher vor. Mir genügt es, wenn sich das Ganze am Handwerksstand des Philippus abspielt. Sowohl der geschäftstüchtige Zauberer als auch der Äthiopier tauchen dort auf, um sich die Sandalen richten zu lassen, und beide entdecken dabei eine neue Welt.

18. Petrus in Jerusalem

Als ich die Chemotherapie beendet hatte und glaubte, daß ich alles überstanden hätte und der Krankenhausaufenthalt abgeschlossen wäre, fehlten noch die Bestrahlungen.

„Wir haben zwar Ihre Perle zermalmt", sagte der brasilianische Arzt, der für mich zuständig war, „aber irgendwelche Reste könnten uns entwischt sein. Wenn wir sie nicht sogleich entfernen, könnten sie sich wieder frischfröhlich vermehren. Deshalb werden wir sie mit den entsprechenden Strahlen zu Staub machen. Wir greifen sie in Mund und Hals an. Sagt Ihnen diese Zone etwas?" – „Absolut nichts." – „Von dort kommt Ihr Übel. Es wäre jetzt nützlich für Sie, alle Metallplomben aus den Zähnen herausnehmen zulassen, andernfalls fallen sie später heraus und verursachen Ihnen Schmerzen."

Mit diesem Frühlingsgewitter hatte ich nicht gerechnet. Aber da man mir ein neues Leben geschenkt hatte, gab ich klein bei. Als der Zahnarzt unseres Viertels meinen Wunsch erfuhr, erschrak er. Da die Angelegenheit Eile verlangte, zog er vier Zähne auf einmal und – um mich zu trösten – verlangte er kein Honorar.

Das Christentum, das seinen Ursprung auf dem Land hatte, wurde städtisch. Die Schauplätze der Apostelgeschichte sind nicht die ländlichen Gegenden Palästinas, wo Jesus vorwiegend herumzog und das Reich Gottes verkündete, sondern die Städte. In einer Stadt Samariens begann Philippus zu missionieren. Später setzte er seine Arbeit in Cäsarea fort, in der Hauptstadt der römischen Provinz Judäa. Auch Paulus sollte ausschließlich in Städten seine Gemeinden gründen.

Wenden wir nun unsere Aufmerksamkeit wieder den Jüngern des Nazareners zu, die in Jerusalem lebten. Lukas berichtet über ihr Auftreten im Tempel (Apg 3,1–4,22) und weitet das Ganze zu einem theologischen Lehrstück aus, mit welchem er zeigt, wie sich Jesu Wirken in den Taten der Apostel fortsetzt. So wie die Verkündigung ihres Herrn und Meisters wird auch ihre Verkündigung durch wundersame Zeichen, die sie im Namen Jesu vollbringen, bekräftigt und bestätigt. Die Protagonisten, die diese Lektion erteilen, sind Petrus und Johannes.

Eines schönen Tages steigen Petrus und Johannes zur nachmittäglichen Gebetszeit zum Tempel hinauf. Sie sehen, wie man einen Mann herbeibringt, der von Geburt an gelähmt ist. Man setzt ihn an der „Schönen Pforte" ab. Dort ist sein Stammplatz, wo er jeden Tag die Pilger um Almosen angeht. Als Petrus und Johannes an ihm vorübergehen, bettelt er auch sie um eine milde Gabe an. Sie bleiben stehen.

„Mach doch die Augen auf", sagt Petrus. „Sehen wir so aus, als ob wir Geld im Beutel hätten?" Der Lahme verzieht das Gesicht. Petrus versucht ihn aufzumuntern. „Nein, Silber und Gold besitze ich nicht. Doch was ich habe, das gebe ich dir. Im Namen Jesu, des Nazareners: Steh auf und gehe!"

Petrus hilft dem Mann aufzustehen, und siehe da – der Lahme kann gehen; ja, mehr als das: Er macht regelrechte Luftsprünge. Der Geheilte heftet sich den beiden Aposteln an die Fersen. Viele Leute werden auf ihn aufmerksam. Als sie in ihm den Gelähmten von der „Schönen Pforte" erkennen, kommen sie aus dem Staunen und Bewundern nicht mehr heraus und umringen die beiden Apostel in der „Halle Salomos". Petrus fühlt den Blick der Neugierigen auf sich.

„Israeliten!" sagt er. „Warum starrt ihr uns so an, als hätten wir aus eigener Kraft diesem Mann zum Gehen verholfen? Es waren nicht wir. Der Nazarener hat ihn geheilt. Ja, dieser Jesus war es, den ihr vor Pilatus ausgepfiffen und mit Buh-Rufen niedergeschrieen habt. Und als der Prokurator ihn freilassen wollte, habt ihr statt seiner die Begnadigung eines Mörders verlangt. Den Urheber des Lebens habt ihr zwar getötet, aber Gott hat ihn auferweckt. Dafür sind wir Zeugen."

Petrus hält in seiner Philippika inne und schlägt einen sanfteren Ton an. „Nun, ich weiß, meine Brüder, ihr habt aus Unwissenheit gehandelt, ebenso wie eure Führer. Gott aber ließ auf diese Weise in Erfüllung gehen, was die Propheten vorausverkündet hatten: daß sein Messias leiden werde. Deshalb, meine Freunde, bedauert, was geschehen ist, damit Gott Erbarmen mit euch hat!"

Laut dem Bericht des Lukas sind viele Zuhörer dermaßen bewegt, daß die Zahl der Bekehrungen auf fünftausend ansteigt. Die Ordnungsleute aber nehmen die beiden Apostel wegen Volksverhetzung fest. Betrieben wird die Verhaftung von den Sadduzäern, die nicht an eine Auferstehung glauben und denen daher die Behauptung des Petrus, Gott habe Jesus „auferweckt", gegen den Strich gegangen ist.

Am nächsten Tag beruft der Hohepriester Hannas die Ältesten und Schriftgelehrten ein. Auch Kajaphas, Johannes und Alexander sowie die übrigen Familienmitglieder, die aus dem Geschlecht der Hohenpriester stammen, sind anwesend. Die Wachen führen Petrus und Johannes vor dieses erlauchte Gremium. Hannas fragt: „In wessen Namen habt ihr gestern diesen Tumult veranstaltet?"

Petrus setzt zu einer großen Rede an. „Führer des Volkes und Älteste! Da der Hauptgegenstand der Vernehmung ein Gelähmter ist, dem wir Gutes getan haben, und ihr wissen wollt, wem er die Fähigkeit zum Gehen zu verdanken hat, so sagen wir euch: Im Namen Jesu von Nazareth, den ihr gekreuzigt habt, ist er gesund geworden. Die Heilung dieses Mannes beweist, daß Gott Jesus dem Tod entrissen hat, daß der Stein, den ihr Bauleute weggeworfen habt, zum Eckstein eines neuen Gebäudes geworden ist."

Alle staunen, daß Petrus, ein einfacher Fischer, sich so ausgezeichnet zu verteidigen weiß. Da der Geheilte bei ihnen steht, können sie den beiden schlecht widersprechen, und wegen der vielen Zeugen, die den Gelähmten kennen, läßt sich das Wunder in der Öffentlichkeit nicht abstreiten. Zumindest aber soll die Nachricht darüber nicht noch mehr verbreitet werden. So verhängen die Vertreter der religiösen Autorität über die Apostel ein Predigtverbot. Sie untersagen ihnen, in Zukunft vom Nazarener zu sprechen, und lassen sie gehen.

So weit die Darstellung von Lukas. Der Bericht ist sympathisch, aber man braucht ihn nicht unter die Lupe zu nehmen, um die phantasievollen Ausschmückungen der Szene zu entdecken. Es ist hübsch, wenn Lukas den Gelähmten lebensfroh von einem Bein aufs andere hüpfen läßt, um zu zeigen, daß die Apostel wahre Nachfolger Jesu sind. Denn so wie Gott Jesus durch seine Wundertaten legitimiert hat, wird auch das Handeln der Apostel durch Wunder bestätigt.

Das Heilungswunder ließ nach Lukas die Zahl der bekehrten Männer auf fünftausend hochschnellen. Ein im wahrsten Sinn „unglaublicher" Erfolg, denn die Zuhörerschaft hätte dann mindestens fünfzehn- bis zwanzigtausend Personen betragen müssen, was in Anbetracht der geringen Einwohnerzahl von Jerusalem nicht glaubhaft ist. Die aufgeblasene Zahl wird Lukas also symbolisch gemeint haben. Wie wäre es sonst zu erklären, daß der Historiker Josephus Flavius, der im gleichen Jerusalem und zur gleichen Zeit geboren wurde und aufgewachsen ist, in seinem Geschichtswerk ein paar Jahrzehnte später von den Christengemeinden in seiner Vaterstadt keinerlei Notiz nahm? Andere zeitgenössische Gruppierungen hingegen hat er sehr wohl erwähnt, zum Beispiel die Pharisäer, die Essener, die Zeloten und die Sadduzäer.

Was mich bei der Rede des Petrus am meisten verwundert, ist nicht seine gewandte Ausdruckskraft, die den Hohen Rat in Staunen versetzt, sondern seine Milde und sein

Verständnis für die Beteiligung der jüdischen Autoritäten bei der Hinrichtung Jesu. Etwa, wenn er sagt: „Nun, Brüder, ich weiß, ihr habt aus Unwissenheit gehandelt, ebenso wie eure Führer" (Apg 3,17) – oder wenn er die Schuld des Pilatus ins Gegenteil verkehrt, wenn er sagt, daß Pilatus schon „entschieden hatte, Jesus freizulassen." (Apg 3,13)

Die Evangelien zeichnen ein ganz anderes Bild von Petrus. In ihnen wird von der Spontaneität und von der Leidenschaftlichkeit des Petrus erzählt, die er immer wieder an den Tag legt. Zum Beispiel, wenn er auf dem Berg Tabor umgehend drei Hütten bauen will (Mt 17,4), kurz entschlossen aus dem Boot ins Wasser springt, um zu Jesus zu eilen (Mt 14,28) oder mit solcher Vehemenz dem Meister ins Gewissen redet, nicht nach Jerusalem zu ziehen, daß dieser befiehlt: „Weg mit dir, Satan, geh mir aus den Augen!" (Mt 16,23) Der Fischer aus Galiläa mochte impulsiv, begriffstutzig und ungeschickt gewesen sein und in seinen Reden vielerlei Register gezogen haben, nur nicht das eines gutmütigen, weichgespülten Schafes. Um so mehr ist zu fragen: Warum hat Lukas den Charakter des Petrus derart entstellt?

Der Schlüssel zum Verständnis der Nachsichtigkeit, die Petrus in dieser Rede an den Tag legt, liegt meines Erachtens in den darauffolgenden Sätzen, die besagen, daß Gott auch auf krummen Zeilen gerade zu schreiben weiß. Lukas will sagen, daß sich Gott der schlechten Taten der Menschen als Werkzeug bedient hat, um in Erfüllung gehen zu lassen, was die Propheten verkündet haben. Der Nachweis der Erfüllung der Weissagung des Alten Testaments – der Kern der ältesten Verkündigung – ist dem Autor so viel wert, daß er dafür einen entschärften und geglätteten Charakter des Petrus in Kauf nimmt.

Daß Lukas, was geschichtliche Genauigkeit betrifft, nicht zimperlich mit Personen und Schriftstellen umgeht, wenn sie gerade gut zur Absicht seiner Verkündigung passen, wird auch an anderen Stellen deutlich. Er nimmt einen Bibeltext, reißt ihn aus dem Zusammenhang und gibt dem Wortlaut einen neuen Sinn – ohne Rücksicht darauf, was die Worte eigentlich haben sagen wollen. Ein Musterbeispiel für ein solches Verfahren einer neuen Sinngebung durch Entstellung des ursprünglichen Sinns finden wir bei der sogenannten „Pfingstpredigt" des Petrus.

Am Ende der Ansprache, die Petrus anläßlich des ersten Pfingstfestes in Jerusalem hält, läßt ihn Lukas die Endstrophen eines langen Gedichtes zitieren, in welchem der Prophet Joël eine Invasion von Heuschrecken schildert (Joël 1,4) und den Schaden beschreibt, den sie anrichten. Die schriftkundigen Zuhörer der Pfingstpredigt mögen nur ein paar Sätze nötig gehabt haben, um den Zusammenhang zwischen der Bibelstelle und dem konkreten Anlaß zu verstehen. Aber ich muß mir die Verse genauer ansehen.

Hört, ihr Ältesten, horcht auf, ihr Bewohner des Landes.
Erinnert ihr euch an ein ähnliches Geschehen?
Oder habt ihr wenigstens eure Väter davon erzählen hören?
Wir wurden belagert von unzähligen Reihen Soldaten,
alle zusammen bewaffnet
mit Zähnen von Löwen und scharfem Gebiß.

Sie greifen an wie kriegstüchtige Reiter
und fressen das Stroh
mit dem Geräusch von Flammen
oder rollenden Wagen,
deren Echo von den Bergen widerhallt.

Sie machen die Weinberge zu einem trostlosen Anblick
und verwandeln den Feigenbaum in Späne.
Sie schälen und häuten die Bäume,
bis der Stamm nackt und weiß erscheint.

Vor ihnen ist die Erde ein Garten,
hinter ihnen aber ein verwüstetes Feld,
nichts bleibt übrig.

Angesichts dieses Übels wollen wir handeln.
Richten wir unsere Augen auf den Herrn.
Er ist milde, langmütig und barmherzig,
er wird uns helfen.

Der Herr wird uns hören.
Er wird den Schaden ersetzen,
den das Heuschreckenheer angerichtet hat.
Er wird wieder Regen spenden,
zur Morgenstunde und am Abend.
Die Felder werden sich mit Ähren füllen,
die Keltern werden überlaufen von Wein, Öl und Hoffnung.

Ich nehme mir nun das zweite Kapitel der Apostelgeschichte vor und suche den Text nach einem Hinweis auf die Heuschreckeninvasion ab. Doch vergebens. Die Endstrophen der Joël-Prophezeiung (Joël 3,1–5), die zitiert werden, sind gänzlich aus dem Kontext der Insektenplage herausgenommen.

Lukas schildert uns eine grandiose Situation: Ein zahlreiches Publikum aus vieler Herren Länder ist anwesend und lauscht staunend der Pfingstrede des Apostels. Meiner Meinung nach dürfte sich die Szene in der Realität weit weniger beeindruckend an irgendeiner Stelle im Schatten der Säulenhallen abgespielt haben.

Es ist heiß in Jerusalem. Die Besucher des Tempels suchen Schutz vor den Strahlen der Sonne und erzählen sich Neuigkeiten. Petrus nutzt die Gelegenheit, sich einzumischen und von Jesus zu erzählen – von seinem Tod und von seiner Auferstehung. Ein Teil der Zuhörer ist beeindruckt, die anderen spotten über die Worte des Apostels und halten ihn für besoffen.

Petrus hört sie lästern. „Ihr täuscht euch, Leute. Hört mir zu! Keiner von uns ist betrunken. Es ist ja erst neun Uhr morgens. Es trifft nur ein, was durch den Propheten Joël vorausgesagt worden ist."

In den letzten Tagen wird es geschehen:
Der Herr wird seinen Geist ausgießen
über seine Söhne und Töchter.

Er wird in Träumen zu den Alten sprechen
und die jungen Männer mit Visionen erleuchten,
und selbst die Knechte und Mägde werden weissagen.

Es wird geschehen an jenem großen Tag,
an dem der Herr ein neues Zeitalter beginnt
auf diesem heiligen Berg Sion.

Es wird Blut, Feuer und Rauchsäulen geben,
die Sonne wird dunkel erscheinen und der Mond blutig.
Aber jeder, der den Namen des Herrn anruft,
wird der Strafe entkommen
und der Rest der Geretteten wird sich zusammenfinden.

Was Lukas mit dem Zitat sagen wollte, ist klar. Gottes Geist kommt unterschiedslos auf alle herab, auf Männer und Frauen, auf Jung und Alt, auf Knechte und Freie. Dem Autor der Apostelgeschichte kam der Joël-Text gelegen, um auszuführen, daß mit der Auferstehung Jesu eine neue Ära begonnen hat, und die bibelfesten Leser kapierten, daß eine Zeit wie die der schädlichen Heuschrecken und ihrer Plagen endgültig überwunden ist. Das war die „Gute Nachricht", die die Apostel verkündeten. Es war wirklich eine *gute* Nachricht. Darum ist es nicht verwunderlich, daß sie beim Pfingstfest wie trunken waren. Trunken vor Freude.

Manuel Olivera bei einem Fernsehinterview

„Mein Spezialgebiet war das Fernsehen, und mein Wunsch war es, auf diesem Gebiet zu arbeiten", schrieb Manuel Olivera. „Aber zu Beginn der siebziger Jahre wurde mir klar, daß der Rundfunk das lateinamerikanische Kommunikationssystem dominiert, und die Episoden der Radionovelas den täglichen Gesprächsstoff bilden. So kam mir der Gedanke, diese Programmgattung, die bislang dazu angetan war, eher Tränen als Ideen zu transportieren, dazu zu gebrauchen, ernsthafte soziale und edukative Probleme so spannend darzustellen, daß die Zuhörer nicht zu einem der vielen anderen Kanäle wechseln. Als ich meinen Freunden die Produktionsidee unterbreitete, machten sie sich über diesen „Sturzflug ins Banale" lustig, denn sie hielten es für ausgeschlossen, daß anhand eines Radiotheaters, dessen Domäne Herz-Schmerz-Geschichten waren, belangvolle Themen behandelt werden können." Die so belächelten Programme erhielten mehrere internationale Preise. Viele der mehr als 700 Sendeeinheiten zirkulieren noch heute in Radiostationen und Gruppen.

19. Die Mission des Petrus

Murrend nahm ich den Verlust meiner Backenzähne hin. „Das ist noch der geringste Schaden", meinte der Arzt, „mit Ihren 70 Jahren wird Sie der Mangel an Widerstandskraft den Rest ihres Lebens begleiten. Von nun an müssen Sie sich daran gewöhnen, daß Sie weder die Kräfte noch die Fähigkeiten von früher haben. Fahren Sie defensiv. Wenn Sie lernen ‚anzuhalten bevor es kracht', dann können Sie ein glückliches Alter ohne physische Probleme haben."

Ich hatte es schon bemerkt: Ein Wetterwechsel, egal, ob aus Schlechtwetter Schönwetter wird oder umgekehrt, zieht mich immer nach unten. Die Müdigkeit setzt mich leicht außer Gefecht. Der Schlaf wirft mich in irgendeine Ecke. Auch meine intellektuelle Klarheit hat abgenommen. Ich schreibe schrecklich und muß den Text immer wieder korrigieren, bis ich den gewünschten Ausdruck finde. Um nicht depressiv zu werden, ist die Lektion für die Zukunft klar: nicht den Karten nachtrauern, die man einmal in der Hand hatte, sondern mit denen weiterspielen, die man bekommen hat, nachdem das Paket neu gemischt wurde.

Ich dachte an diese Devise, als im Fernsehen der letzte Film von Leni Riefenstahl gezeigt wurde. Ich sah, wie jene deutsche Regisseurin, die seinerzeit die Filmemacherin Hitlers gewesen war, mit ihren mittlerweile hundert Frühlingen und einer beneidenswerten Klarheit große Teile ihrer aktuellen Arbeit erklärte. In den letzten Jahrzehnten hatte sie trotz ihres fortgeschrittenen Alters die Geschöpfe der Meerestiefe gefilmt, und sie selbst reihte die verschiedenen Aufnahmen zu einer attraktiven Montage zusammen, dank derer der Film kurzweilig anzuschauen war.

Als ich mir den Streifen noch einmal durch den Kopf gehen ließ, fiel mir auf, daß sie, um dieses idyllische Staunen zu stei-

gern, den Kampf der Spezies untereinander vollkommen ausgespart hatte und selbst die Haie ohne Nahrung auszukommen schienen. In ihrem Film gibt es keine Kämpfe, kein Blut, keine kleinen Fische, die von den großen gefressen werden. Die Cineastin selbst erkühnte sich, den Rücken eines enormen Schwertfisches zu streicheln, ohne sich gefährdet zu fühlen durch die Harpune seines Schwanzes.

Ich erinnerte mich, daß sie die gleiche Taktik auch in ihrem Film über den Parteitag der Nationalsozialisten in Deutschland gebraucht hat, in „Triumph des Willens". Dort zeigt sie die Schönheit und Kraft des menschlichen Körpers, ohne die Barbarei durchscheinen zu lassen, durch die sich die Regierung des Dritten Reiches bereits hervorgetan hatte.

Ich ergötzte mich noch an den prächtigen Unterwasseraufnahmen, als mir wiederum ein Lichtblick für mein Thema kam. Eine ähnliche Vorgangsweise wie diese Filmemacherin verwendet auch Lukas, wenn er uns die Wechselfälle der ersten Christen sozusagen nach dem Motto erzählt: Vom Guten reden und sich nicht mit der Erörterung des Schlechten aufhalten.

Nicht weil er besonders wortgewandt gewesen wäre oder sich durch irgendwelche anderen außergewöhnlichen Fähigkeiten ausgezeichnet hätte, sondern einfach deswegen, weil er zum Urgestein der Jesusbewegung zählte, kam Petrus in der jungen Kirche von Anfang an die Rolle eines Wortführers zu. Die ersten fünf Kapitel der Apostelgeschichte unterstreichen seine Leitungsaufgaben. Petrus spricht im Namen des Zwölferkreises vor dem Hohen Rat und dem Volk. Ob der Fischer aus Kafarnaum die Reden so gehalten hat, oder ob – was wahrscheinlicher ist – Lukas selber sie so verfaßt hat, damit sie in sein theologisches Konzept passen, spielt nur bei der Frage nach der Historizität eine Rolle. Es tut aber der symbolischen Bedeutung des Mannes, der „Fels" genannt wird, keinen Abbruch. Wenn Petrus jedoch kein so begnadeter Redner war, daß er die Leute in Staunen versetzte, war er denn ein starker Kapitän, der das „Schifflein Petri" sicher durch starken Wellengang lenkte? Nirgends habe ich in den Schriften des Neuen Testaments entdecken können, daß Petrus mit der Faust auf den Tisch geschlagen und seine Autorität als Oberhaupt der Bewegung mit Gewalt durchgesetzt hätte. Machtbefugnisse innerhalb des Zwölferkreises übte er nie aus. War er also der geborene Teamworker oder war er ein Versager?

Im Lukasevangelium finden wir eine kleine Szene, in der zwar nicht die Führungsgewalt, aber die Verantwortung, die Petrus für die anderen Aposteln wahrzunehmen hat, als etwas dargestellt wird, das Jesus so gewollt hat. „Simon, Simon", heißt es dort, „der Satan hat verlangt, daß er euch wie Weizen sieben darf. Ich aber habe für dich gebetet, daß dein Glaube nicht erlischt. Und wenn du dich wieder bekehrt hast, dann stärke deine Brüder." (Lk 22,31)

In der Sicht des Lukas ist Petrus der „Primus inter pares". Darum muß er selbstredend auch der Bahnbrecher der Heidenmission sein. Mit der Reise des Apostelfürsten nach Cäsarea und der Taufe des Kornelius, eines Hauptmanns der Italischen Kohorte, schafft Lukas ein Gegengewicht zu der Bedeutung der Evangelisierungsarbeit des Philippus in Samarien und dessen Taufspendung an den Äthiopier. Mit der Kornelius-Geschichte macht Lukas den Versuch, mit seinen Zeitgenossen über die Reinheitsgebote zu diskutieren und seinen Standpunkt durch eine göttliche Eingebung des Petrus zu belegen.

Lukas berichtet, daß sich Petrus eine Zeitlang in der Stadt Joppe aufgehalten hat. In dieser Stadt, heute unter dem Namen „Jaffa" bekannt, lebte er im Haus eines Gerbers namens Simon. Joppe war eine heidnische Stadt. Die Juden bildeten dort eine Minderheit.

Ich stelle mir vor, wie Petrus an der Gerberwerkstatt vorübergeht. Die Arbeiter sind gerade damit beschäftigt, Tierfelle zu bearbeiten. Petrus möchte sofort das Weite suchen.

Erstens, weil es fürchterlich stinkt. Und zweitens, weil die Tätigkeit eines Gerbers auch in religiöser Hinsicht anrüchig ist. Mit Fellen umzugehen war bei den Juden verpönt, denn ihrer Gesetzesauslegung nach macht das Berühren toter Tiere unrein. Da kommt einer der Arbeiter auf ihn zu und nützt die Gelegenheit, mit dem Gast seines Chefs zu sprechen. Petrus nützt die Gelegenheit, um von Jesus zu sprechen. Die Frohbotschaft ist auch sein Lieblingsthema, wenn er mit Simon dem Gerber und dessen Familie beim Essen sitzt. Auch mit den Kunden oder wenn er am Abend am Hafen eine Fischerkneipe besucht, spricht Petrus vom „neuen Weg". Er gerät in Überschwang, wenn die Rede auf seine Reformideen kommt. Der Tempel müsse seine rigiden Reinheitsnormen aufgeben und dürfe Heiden, Krüppel und Sünder nicht als Außenseiter abstempeln, denn kein Mensch sei ohne Fehler. Alle hätten Gott nachzuahmen, der über Gute und Böse regnen läßt.

Wie schwer es ist, eine solche philanthropische Einstellung in die Tat umzusetzen, wird Petrus einige Zeit später bewußt, nämlich an dem Tag, an welchem ihn der Hauptmann Kornelius einlädt. Der Römer bittet ihn, seine Familie kennenzulernen und einige Tage bei ihm zu bleiben. Kornelius ist ein religiöser Mensch. Er ist einer von jenen, die ihr heidnischer Götterhimmel nicht mehr befriedigt und die die anspruchsvolle jüdische Lebensform attraktiver finden als den laxen römischen Way of Life. Solche Sympathisanten des jüdischen Glaubens nannte man „Gottesfürchtige". Sie liebäugelten mit dem Judentum, unterwarfen sich aber nicht dessen rituellen Vorschriften.

Für Petrus, einen gläubigen Juden und entschiedenen Nationalisten, ist die Einladung schlechterdings eine Zumutung. Bedeutet sie doch nichts weniger, als das Haus eines Heiden zu betreten, unreine Speisen zu sich zu nehmen und mit einem Vertreter der Besatzungsmacht unter einem Dach zu leben. Aber Petrus, so erzählt Lukas (Apg 11,1–18), springt über seinen Schatten und nimmt das Anerbieten an.

Als er nach einiger Zeit wieder nach Jerusalem zurückkehrt, hat sich dort bereits herumgesprochen, daß er bei Kornelius zu Besuch war. Der Empfang durch die judenchristliche Gemeinde ist kalt und abweisend.

„Du hast das Haus eines Unbeschnittenen betreten und mit seiner Familie gegessen", wirft man ihm vor.

„Ich konnte nicht anders", erklärt Petrus und rechtfertigt sich mit einem Traumgesicht.

Es war in Joppe. Ich hatte um die Mittagszeit auf dem Dach des Hauses gebetet, als ich einschlief und zu träumen anfing. Eine riesige Schale wie ein enormes Tischtuch kam von oben auf mich herab. Sie war von allerlei Vierfüßlern, Raubtieren, Reptilien und Vögeln bevölkert. Und ich hörte eine Stimme sagen: „Hast du Hunger, Petrus? Stell dich nicht so an! Schlachte und iß!"

„Ausgeschlossen", rief ich. „Niemals in meinem Leben habe ich unreines Fleisch gegessen und auch künftig wird mir so etwas nicht in den Mund kommen."

„Erkläre du nicht für unrein, was aus der Hand Gottes kommt!" sagte die Stimme, und das Tischtuch mit dem Viehzeug entschwebte plötzlich wieder gen Himmel.

Damit war die Vision zu Ende, denn genau in diesem Moment weckte man mich, um mir mitzuteilen, daß drei Männer aus Cäsarea mich suchen würden. Als ich mich ihnen zeigte, überbrachten sie mir die Einladung des Chefs ihrer Garnison. Ich sah das als einen Wink des Himmels an und dachte, wenn es schon keine Tiere gibt, die man degradieren darf, weil sie alle von Gott geschaffen sind, umso weniger Menschen. Und ich akzeptierte die Einladung. Nach einigen Tagen brüderlichen Zusammenlebens und Redens über Jesus kam der Heilige Geist auf die Familie des Kornelius herab, so wie vorher auf uns.

Petrus blickte die Zuhörer der Reihe nach an. „Das ist kurz gesagt alles, was geschehen ist“, sagte er. „Wenn nun Gott sich auf diese Weise manifestieren will: Wer bin ich, frage ich euch, es ihm zu untersagen?“

Mit dieser Rechtfertigung des Petrus, die den Schwarzen Peter für die Taufe des Kornelius an Gott weitergibt, gaben sich, sagt Lukas, die Anwesenden zufrieden. Sie begriffen, daß Gott auch den Heiden einräumt, den Weg des Lebens zu finden. Man darf allerdings daran zweifeln, ob es wirklich so war, wie es in der Apostelgeschichte steht, daß sich nämlich alle Anwesenden durch die Ausführungen des Petrus beschwichtigen ließen. Vor allem, wenn man in Betracht zieht, welche Auseinandersetzungen es später um die Aufnahme von Unbeschnittenen in die Jesusbewegung gab.

Ich stelle mir vor, daß Jakobus, der Bruder Jesu, und die Gruppe seiner Sympathisanten Petrus richtiggehend in die Mangel nehmen.

„Diesem Heiden hast du eine billige, kulante Religion angeboten. Eine abgesahnte Frömmigkeit, von der du alle Forderungen, die unsere Religion charakterisieren, entfernt hast. Gott ist zwar ein guter Vater, darin sind wir uns einig, aber er verlangt auch etwas von seinen Kindern. Dieser neue Freund von dir muß noch die Beschneidung akzeptieren und sich an unsere Speiseregeln halten, wenn er zu uns gehören will. Aber soviel wir deinen Worten entnehmen können, hast du nichts dergleichen von ihm verlangt.“

20. Reise in die Diaspora

Zur Bestrahlung gehen wir immer der Reihe nach. Einer nach dem andern. Aufgereiht wie die Perlen des Rosenkranzes. Jeder ist darauf bedacht, den Termin des andern nicht durcheinanderzubringen. Diesmal führten mich zwei Praktikantinnen in die „Folterkammer“. Nachdem man mir eine Liege angewiesen hatte, fingen sie an, seltsame Gesten zu machen, so als ob sie eine heiße Kartoffel in Händen hielten. Sie waren dabei, eine Art engmaschiges Netz abzukühlen, das einerseits durch die Kälte nicht steif werden durfte und zum andern die Hände nicht verbrennen sollte.

„Kann ich helfen?“ fragte ich von der bequemen Position aus, in die man mich gebracht hatte.

„Aber natürlich! Dadurch, daß Sie sich stillhalten. Wir werden Ihnen dieses Netz auf das Gesicht legen und eine Maske daraus bilden. Wir möchten Sie nicht verbrennen.“

Sie machten es sehr gut. Hernach erklärten sie mir, daß die Bestrahlungen wie ein Scheibenschießen sei, bei dem eine Menge von Schüssen abgegeben wird. Damit sie alle ins Schwarze treffen, müsse das Zentrum der Zielscheibe genau angegeben sein. Um mir die Stelle im Gesicht nicht jedes Mal neu markieren zu müssen, würden sie diese Maske herstellen und meiner Kopfform anpassen. Sie würde mir dann bei allen weiteren Behandlungen angelegt werden. Von einem gut eingestellten Computer aus ließe sich die Arbeit bequem durchführen, ohne mich mehr als notwendig zu schädigen.

Bericht des Claudius Lysias an Gamaliel. – Ich schreibe von Damaskus aus, dem nördlichsten Punkt unserer Reise. Ich habe unterwegs an sieben Orten haltgemacht und am Leben der jüdischen Gemeinden teilgenommen. Überall erfuhr ich eine überwältigende Gastfreundschaft. So bin ich mit dem, was ich erlebt habe, sehr zufrieden, nicht zuletzt auch deshalb, weil ich meine Erfahrungen mit den Erlebnissen in dieser herrlichen Stadt krönen kann.

Aber ich möchte dem Gegenwärtigen nicht vorauseilen. Als ich Jerusalem verlassen hatte und die Richtung nach Norden einschlug, sah ich Wiesen, Bäume und Blüten, soweit das Auge reichte. Dieser Eindruck verstärkte sich noch, als ich die Grenze nach Galiläa überschritt und die am besten kultivierte Ebene vor mir lag, die „in unserem Land" zu finden ist. Angesichts dieses sich vor mir ausbreitenden Frühlings fragte ich mich, wie es wohl jemandem in den Sinn kommen konnte, Jerusalem auf dem Berg Zion zu errichten, diesem kleinen, kahlen Felsen ohne Charme. Als Festung mag er noch seine Berechtigung gehabt haben, doch seit auf ihm die Hauptstadt errichtet wurde, ist er an Düsterheit und Schwermut nicht zu überbieten. Wäre es nicht wegen des Tempels, bliebe von ihm nur ein militärisch nutzbares Vorgebirge. Doch das ist meine persönliche Ansicht. Nun zu meinem Bericht.

Was Dich am meisten interessieren dürfte, ist, daß weder unsere Offiziere noch die Regierungsverantwortlichen irgend etwas Regelwidriges in den Synagogen entdeckt haben. Die Leute in diesen Schlupfwinkeln kommen unseren Ordnungshütern zwar als seltsame Käuze vor, die in ihrem Starrsinn die religiösen Gepflogenheiten unseres Imperiums mißachten und unseren Festen fernbleiben, doch werden sie nicht Gegenstand besonderer Kontrollen sein, solange sie sich nur auf ihre Sachen konzentrieren und keinen Wirbel schlagen.

Andererseits florieren auf den Altären des Jupiter weiterhin die Tieropfer, was vor allem für die ärmeren Leute von Nutzen ist. Sie müssen nur in den Tempel kommen, schnell vor dem Altar des Göttervaters eine Geste der Anbetung machen, und schon erhalten sie ein Stück saftiges Fleisch. Für viele Menschen ist das die einzige Gelegenheit, billig an einen Lammbraten zu kommen. Das restliche Opferfleisch wird auf dem Markt verkauft. Das bringt für einen gläubigen Juden eine ganze Menge Probleme mit sich. Er kann nicht sicher sein, daß das Fleisch, das ihm angeboten wird, nicht von einem Opfertier stammt, das in einem römischen Tempel geschlachtet wurde – daß er sich also sogenanntes „Götzenopferfleisch" einhandelt. Und selbst wenn er weiß, daß es sich garantiert nicht um eine solche Art Fleisch handelt, kann er nicht wissen, ob das Fleisch, das er kauft, „koscher" ist – selbst wenn ihm der Verkäufer heilige Eide schwört, daß das Schaf, von dem das Lendenstück stammt, vorschriftsmäßig geschächtet worden ist. Wer gewissenhaft ist, wird bald keine Lust mehr haben, auf den Markt zu gehen. Aber wenn er in einer Gegend wohnt, wo es weit und breit kein koscheres Fleisch zu kaufen gibt, fangen die Schwierigkeiten erst an. Selbst wenn ein Jude im Haus eines Glaubensgenossen eingeladen ist, kann er nicht sicher sein, ob der Braten, den ihm die Hausfrau serviert, den religiösen Speisevorschriften entspricht. Zu guter Letzt kann er nur dann ganz sicher gehen, daß er koscheres Fleisch ißt, wenn er das betreffende Tier selber vorschriftsmäßig geschlachtet hat. In Jerusalem, wo die Leute im Tempel Fleisch von ordnungsgemäß geschlachteten, reinen Tieren haben können, mögen diese Speisevorschriften noch angehen. Hier in der Diaspora aber erschweren und beschränken die Regeln, was man mit wem und wann essen kann, das Zusammenleben mit den nichtjüdischen Mitbürgern mehr als irgendwelche anderen Gesetzesverfügungen.

Ich habe auf meiner Reise auch einige neue Synagogen besucht. Sie sind für mich ein Zeichen, daß die Zahl der Gläubigen beachtlich zunimmt. Die Synagogen verdienen die Wertschätzung, die sie genießen, zu Recht. Das Bild, das sie mir vermittelt haben, ist das einer frohen, brüderlichen Tischgemeinschaft, die sich um eine Tafel versammelt, an welcher guter Wein zu köstlichen Speisen kredenzt wird.

Was einem Römer wie mir als besonders positiv auffällt, ist die Toleranz. In Jerusalem stoße ich auf Schritt und Tritt auf Abneigung. Hier dagegen erfahre ich ein verträgliches Zusammenleben. Die Leute können aufgrund ihrer Tuchfühlung zu den verschiedensten Menschen gar nicht anders, als ihre Schritte mit den Fremden zu koordinieren.

Bedauerlicherweise aber beginnt das positive Bild, das diese so zweckmäßigen Versammlungs- und Absteigequartiere bieten, wegen interner Uneinigkeit Risse zu bekommen. Es wird nicht von allen gutgeheißen, daß mit den „Gottesfürchtigen" in zunehmendem Maß auch Unbeschnittene in die Synagogen kommen. Die Verteidiger einer starren Tradition möchten Unbeschnittenen den Zugang grundsätzlich verweigern. Die Synagogen, so sagen sie, seien der Treffpunkt der Gesetzestreuen und nicht das Begegnungszentrum des Viertels. Dieser Meinung widersetzen sich jene, die den „Heiden", die mit dem jüdischen Glauben sympathisieren, den Zutritt erleichtern möchten, ohne ihnen sämtliche Vorschriften des Gesetzes aufzuzwingen. Zu den Vertretern dieser liberalen Ansicht zählen die „Nazarener", wie man hier in Syrien die Anhänger der Jesusbewegung nennt. Solange sich das Kräftemessen innerhalb der schützenden Mauern der Synagogen abspielt, ist es nicht von besonderem Belang. Aber es könnte gravierende Probleme nach sich ziehen, sobald es nach außen dringt.

Wenn ich die Lage richtig einschätze, wird der Ausbruch des Feuers nicht mehr lange auf sich warten lassen, da beide Kontrahenten Wanderlehrer ausschicken, die von einer Synagoge zur andern ziehen und ihren Standpunkt darlegen. Ich selbst konnte mich von einigen dieser proselytenmacherischen Predigten überzeugen.

Für die Nazarener ist charakteristisch, daß sie weiterhin gesetzestreue Juden sind, sich aber bemühen, mit den Heiden zusammenzuleben. Daß einige Mitglieder der Gemeinde gegen die heidnische Infiltration protestieren und Synagogen, die solches gestatten, nicht mehr betreten, stört die Nazarener nicht, da der Zulauf von „Gottesfürchtigen" den Verlust mehr als wettmacht und sie der Ansicht sind, daß es sich bei dem Protest nur um einen vorübergehenden Zustand handelt. Wenn die Wut einmal verraucht sei, meinen sie, würden die Aufsässigen nicht lange zögern, zurückzukehren und die Anwesenheit der Heiden dulden.

Ich allerdings bin mir nicht sicher, daß es so glücklich ausgehen wird. Die Nazarener lassen nämlich nicht nur ihre Wanderlehrer in den Synagogen auftreten, sondern haben damit begonnen, an ihren Arbeitsplätzen Werbung für den Gekreuzigten zu machen. Ich habe Schmiede, Schuster, Maurer und Gemüsehändler angetroffen, die sich zu „Experten" der Aussprüche des Nazareners gemausert haben. Und nebenbei bemerkt, sie machen ihre Sache nicht schlecht.

Es ist für mich nur eine Frage der Zeit, wie lange das noch gut geht. Zwar brauchen sich die römischen Autoritäten gegenwärtig keine Sorgen zu machen, weil nichts Ordnungswidriges geschieht. Demnächst aber werden sie garantiert Grund dazu bekommen, denn die Spannungen zwischen den verschiedenen Tendenzen, die sich jetzt nur innerhalb der Synagoge bemerkbar machen, werden bald nach außen dringen.

Claudius Lysias

21. Paulus tritt auf

Kaum hatte ich mich auf die Liege gelegt, näherte sich eine Krankenschwester mit gewinnendem Lächeln.

„Jetzt werden wir Sie zurechtrichten. Bleiben Sie ganz ruhig liegen, denn zuerst müssen wir die Maske adjustieren."

Ich leistete keinerlei Widerstand, als sie mir die erstarrte Netzmaske anlegten und sie an der Liege befestigten. „Die Strahlen müssen genau die richtige Stelle treffen und in die richtige Tiefe vordringen", sagte die Krankenschwester, verabschiedete sich und schloß die Tür hinter sich. Ich wartete, daß nun das Bombardement beginnen würde.

Die Liege ging nach oben, ein seltsames Ding schwebte heran und blieb vor meinen Augen stehen. Es sprach mit sich selbst – in kurzen und scharfen Tönen, so als würde es in der Sprache der elektronischen Maschinen laut denken. Als es anscheinend mit seinen Überlegungen zufrieden war, schaltete es das Licht an und begann über mir zu kreisen entsprechend der Linien, die auf der Maske angezeichnet waren. Dann, nach zehn, fünfzehn Minuten quälte es mich durch sein Schweigen.

Die Tür öffnete sich, die Krankenschwester trat ein, löste meine Maske, stellte sie in das Regal zu den anderen Folterinstrumenten und half mir, mich aufzurichten.

„Ist das alles?" fragte ich erstaunt, denn ich hatte keinerlei Schmerz gespürt.

„Für den Augenblick ja, aber es erwarten Sie noch vier weitere solche Anwendungen."

Damaskus war eine der wichtigsten Städte in der römischen Provinz Syrien. Um dorthin zu gelangen, mußte Claudius Lysias von Jerusalem aus an die 250 Kilometer in Richtung Norden zurücklegen. Selbst einen Römer, der den Anblick von Prachtbauten gewohnt war, konnten die Sehenswürdigkeiten der Stadt nicht unbeeindruckt lassen. Hätte es damals die heute üblichen Reiseführer gegeben, wäre darin die dreißig Meter breite und eineinhalb Kilometer lange, von Säulen gesäumte Straße, „die Gerade“ genannt, mit drei Sternen als „besonders sehenswert“ aufgeführt gewesen. In ihr spiegelte sich der wirtschaftliche Reichtum wider, den die Stadt ihrer Lage an einer der bedeutendsten Handelsrouten des Vorderen Orients verdankte. Ihre Prosperität zog Händler und Geschäftsleute aus aller Welt an. Damaskus beherbergte auch eine stattliche jüdische Kolonie mit über 15.000 Mitgliedern. Eine kleine Gruppe davon bekannte sich zu Jesus.

Unser Doppelagent hat richtig beobachtet, daß die sogenannten „Gottesfürchtigen“, die dem Judentum zuneigten und die Synagogen besuchten, sich aber bislang noch nicht der Beschneidung unterzogen hatten, besonders aufmerksam zuhörten, wenn die Nazarener predigten. Wenn das Heil, wie die Jesusanhänger sagten, aus dem Glauben an den Auferstandenen kommt, so folgerten die mit dem Judentum sympathisierenden Heiden, warum sollte man sich dann dem jüdischen Gesetz unterwerfen, um gerettet zu werden?

Für die Judenchristen in Damaskus verlor der Tempelkult, der im fernen Jerusalem vollzogen wurde, an Bedeutung. Für sie war nun das wahre Opfer Jesus, das die vielen Opfer im Tempel überflüssig machte. Auch die Essensvorschriften wurden von ihnen nicht mehr strikt befolgt. Diese Regeln waren in einer Stadt mit einer so gemischten Bevölkerung wie Damaskus kaum einzuhalten. Wenn ein Judenchrist einen heidnischen Nachbar besuchte, sich mit ihm zusammen an einem Tisch setzte und die Kochkünste der Hausfrau erprobte, hatte er schon allein dadurch bereits mehrere Gesetzesvorschriften übertreten.

So standen die Dinge, als Paulus auf den Plan trat, ein Jude, der aus der Stadt Tarsus in Zilizien stammte. Er hatte zwar in seiner Heimatstadt eine von griechischer Kultur geprägte Erziehung genossen, war aber mit Leib und Seele Jude. In seinen Briefen kann man nachlesen, wie stolz er darauf war, „ein Israelit" zu sein, „ein Nachkomme Abrahams, aus dem Stamme Benjamin" (Röm 11,1). Er betonte ausdrücklich, daß er „am achten Tag nach der Geburt beschnitten" wurde (Phil 3,5), und stellte damit klar, daß es sich bei seiner Person keineswegs um einen Proselyten handelte, der erst später den Weg zum Judentum gefunden hätte.

Nach Lukas war Paulus von Geburt römischer Bürger. Dieser Hinweis paßt gut in das Bild, das der Autor sonst von dem Völkerapostel entwirft. Paulus selbst äußert sich darüber nicht. Hingegen erwähnt er in seinem Brief an die Philipper, daß er als Pharisäer erzogen wurde. Pharisäer sein bedeutete, die überlieferten Auslegungen des Gesetzes genauso zu achten wie die Tora selbst. Anhand seiner Schreiben wissen wir auch, daß sich Paulus mit seiner Hände Arbeit sein Brot verdiente, um keiner Gemeinde zur Last zu fallen. Lukas gibt als Art dieses Broterwerbs den Beruf eines Zeltmachers an. Das ist keineswegs abwegig, denn die Hafenstadt Tarsus war wegen ihres Schiffbaus, ihrer Segelweberei und der hohen Qualität ihrer Decken aus Ziegenhaar bekannt.

Lukas, der seine Apostelgeschichte rund 30 Jahre nach dem Tod des Paulus geschrieben hat, berichtet ferner, daß Paulus die Schule in Jerusalem besucht habe, wo der berühmte Rechtsgelehrte Gamaliel sein Lehrer gewesen sei. Das scheint aber nicht plausibel, da der Betroffene selbst niemals von einer Ausbildung in Jerusalem spricht, sondern im Gegenteil sagt, daß er erst Jahre später nach Jerusalem gereist sei. Deshalb ist für mich der Hinweis in der Apostelgeschichte, daß Paulus „zu Füßen Gamaliels" gesessen sei, lediglich ein Element der Intention des Lukas, die Ausbreitung des Christentums von Jerusalem aus vor sich gehen zu lassen, aus welchem Grund unbedingt auch der große Heidenmissionar als ein Mann präsentiert werden mußte, der bereits von Anfang an mit Jerusalem in Verbindung stand.

Kein Zweifel dagegen besteht über das Auftreten des Paulus als jüdischer Eiferer, der sich leidenschaftlich für die Beobachtung des Gesetzes eingesetzt hat und dabei auch vor Gewaltaktionen nicht zurückgeschreckt ist. Wir wissen darüber aus der Apostelgeschichte (Apg 9,1–2) und, was noch wertvoller ist, aus den Briefen des Apostels selber. So schreibt Paulus an die Galater: „Ihr habt doch gehört, wie ich früher als gesetzestreuer Jude gelebt habe, und wißt, wie maßlos ich die Kirche Gottes verfolgte und zu vernichten suchte." (Gal 1,13)

Was den Pharisäer Paulus zum Christenverfolger gemacht hat, waren die alarmierenden Nachrichten aus den Synagogen der Diaspora. Er sah in der Jesusbewegung eine Gefahr heraufziehen, die das Gesetz verwässerte und alles Hergebrachte unterminierte. Wenn die Christen mit ihrer Verkündigung erreichten, daß so viele „Gottesfürchtige", die zum Judentum konvertiert waren, abspenstig gemacht wurden, dann war zu befürchten, daß zu guter Letzt womöglich auch noch die Unbeschnittenen meinen könnten, einen Zugang zum Heil zu haben. Dieser Gefahr wollte Paulus vorbeugen. Er beschloß, die Erfolgsserie der neuen Sekte durch eine aufsehenerregende Aktion zum Stillstand zu bringen.

Um das Ausmaß und die Bedeutung der Aktion, über die er berichtet, zu unterstreichen, erzählt Lukas, daß Paulus seinen Plan rechtlich absichern ließ. Demzufolge hätte der frischgebackene Christenverfolger sich eine Befugnis vom Hohen Rat geben lassen, die ihm ermöglichte, in den Synagogen gegen die Anhänger des „neuen Weges" vorzugehen. Das ist insofern durchaus nachvollziehbar, als die Römer dem Sanhedrin das Recht eingeräumt hatten, im ganzen Imperium in den Synagogen für Ordnung zu sorgen und gegebenenfalls auch Strafen zu verhängen – zum Beispiel wohlabgezählte Peitschenhiebe auf Brust und Rücken, wenn das Gesetz verletzt wurde oder wenn jemand die Exklusivität der Synagoge mißachtet hatte.

Ob eine Beauftragung durch den Hohen Rat tatsächlich erfolgt ist, erscheint angesichts der Ungewißheit, wann Paulus zum ersten Mal nach Jerusalem kam, fraglich. Sicher ist jedoch, daß der spätere Apostel, der sich „mit dem größten Eifer“ für die Überlieferungen der Väter einsetzte (Gal 1,14), die Judenchristen ausrotten wollte. Im Brief an die Philipper teilt er unumwunden mit: „Ich verfolgte voll Eifer die Kirche und war untadelig in der Gerechtigkeit, wie sie das Gesetz vorschreibt.“ (Phil 3,6) Die Apostelgeschichte sagt, daß Paulus die Jesusanhänger zunächst in der Hauptstadt verfolgt habe. Es spricht jedoch vieles dafür, daß der Schauplatz der Jagd von vornherein nicht Jerusalem, sondern Damaskus war.

Was genau vorgefallen ist, daß aus einem „Saulus ein Paulus“, aus einem Verfolger der Jünger Jesu ein Befolger des „neuen Weges“ geworden ist, läßt sich nur erahnen. Folgt man Lukas, dann hat sich eine packende theatralische Szene ereignet. Der Verfolger und seine Begleiter sind fast am Reiseziel angelangt, als Paulus plötzlich durch ein grelles Licht von oben geblendet wird. Er fällt zu Boden und hört eine Stimme, die zu ihm spricht: „Saulus, Saulus, warum verfolgst du mich?“ (Apg 9,3–4)

Wie und wo sich die Vision abgespielt hat, die Paulus erlebt hat und die Lukas in eine farbige Erzählung kleidete, wissen wir nicht. Obgleich in der Apostelgeschichte dasselbe Ereignis noch in zwei voneinander abweichenden Versionen erzählt wird (Apg 22,5–16; 26,9–18), gibt uns das keinen näheren Aufschluß. Der Apostel selbst erwähnt in keinem seiner Briefe die näheren Umstände seiner Berufung. Die Vision, die er hatte, dürfte weit intimer, innerlicher gewesen sein, als sie in der Apostelgeschichte geschildert wird. Vermutlich war „Pauli Bekehrung“ der Schlußpunkt hinter einem langen Findungsprozeß. Paulus hatte sich darüber klarzuwerden, ob er mit seinem Eifer für das Gesetz nicht den Zweifel an diesem Gesetz betäuben wollte, und er mußte prüfen, ob das Motiv für die Verfolgung der Nazarener nicht vielleicht der uneingestandene Wunsch war, ein Problem auf sie abzuwälzen, mit dem er selbst nicht fertig wurde. Plötzlich ging ihm ein Licht auf: Die Nazarener haben recht! Das Heil kommt aus dem Glauben an den Auferstandenen und nicht aus den Werken des Gesetzes. Paulus erkannte, daß ihm das Gesetz zwar Sicherheit gab, ihn aber gleichzeitig einengte wie ein Käfig einen Adler. Er wollte den Vorschriften bis zum äußersten treu sein, aber diese Strenge hatte aus ihm fast einen Mörder gemacht. Später schrieb Paulus seine Erleuchtung, die ihn zu einer Kehrtwendung um 180 Grad veranlaßt hatte, einer Vision des Auferstandenen zu: „Als letztem von allen erschien er auch mir." (1 Kor 15,8)

Wir wissen bereits, daß es zu den stilistischen Gepflogenheiten von Lukas gehört, wenn es für seine Erzählung opportun ist, Ereignisse, die zeitlich auseinanderliegen, zu einer einzigen Begebenheit zusammenzuziehen. So läßt er Paulus nach seiner Berufung „sogleich" in die Synagogen in Damaskus gehen und damit anfangen, Jesus zu verkünden. Paulus selber erzählt das ganz anders: Er habe niemanden zu Rate gezogen, sei auch nicht nach Jerusalem gereist, um die Apostel zu treffen, sondern habe sich auf den Weg nach „Arabien" gemacht. Mit Arabien ist wohl die Gegend östlich des Jordans gemeint, die damals zum Machtbereich des Nabatäerreiches gehörte, dessen Herrscher, König Aretas, in Petra residierte.

Leider sagt Paulus nichts über den Zweck dieser Reise. Ist er geflohen, weil ehemalige Mitstreiter den abtrünnigen Kameraden aus dem Weg räumen wollten? Wollte er in Arabien missionieren? War er allein unterwegs oder hatte er Begleiter? Jede Antwort ist reine Vermutung. Denkbar ist auch, daß er einfach Zeit für sich brauchte, um seine Gedanken zu ordnen. Durch das Damaskuserlebnis wurde Paulus nicht automatisch zum fertigen Völkerapostel. Auch wenn er später sagte, er hätte das Evangelium nicht von Menschen, sondern „durch die Offenbarung Jesu Christi empfangen" (Gal 1,12), blieb ihm deswegen keineswegs eigenes Nachdenken und Ringen um Klarheit erspart.

So wenig Ausführliches wir darüber wissen, wie Paulus aus Damaskus weggegangen ist, so wenig wissen wir auch über die näheren Umstände seiner Rückkehr. Was war in Arabien geschehen, so daß König Aretas ihn bis Damaskus verfolgte und ihn vom nabatäischen Statthalter festnehmen lassen wollte? War eine Missionstätigkeit der Grund der Verfolgung? Es gelang Paulus, wie er an die Korinther schreibt, der Fahndung zu entkommen. Da die Stadttore bewacht waren, wurde er durch ein Fenster in einem Korb die Stadtmauer hinuntergelassen und konnte entfliehen (2 Kor 11,33).

Lukas müssen die Umstände von der waghalsigen Flucht bekannt gewesen sein, denn auch er schildert in der Apostelgeschichte, daß Paulus in einem Lastkorb abgeseilt worden ist. Aber die Verfolger sind bei ihm andere. Nicht der König Aretas steckt hinter der Razzia, sondern „die Juden" (Apg 9,23). Als Grund für die Verfolgung gibt der Autor das Auftreten des Paulus in den Synagogen an. Die Leute dort seien „in Verwirrung" geraten, weil Paulus von Jesus als dem „Christus" sprach (Apg 9,22). Aber wer auch immer nun seine Verfolger gewesen sein mögen, Paulus konnte ihnen entkommen.

Halten wir fest: Seit dem Damakuserlebnis sind bereits ein paar Jahre vergangen. Paulus hat zwar die Richtung gewechselt, aber nicht seinen Charakter. Die neue Seinsweise Jesu fasziniert ihn. Mit derselben Verve, mit der er vorher die Respektierung des Gesetzes durchgepeitscht hat, verteidigt er nun Jesus. Er entwickelt ein eigenes Lehrgebäude, dessen Fundamente das Kreuz und die Auferstehung sind.

Jetzt sieht er auch den Augenblick gekommen, Kontakt mit der judenchristlichen Gemeinde in Jerusalem aufzunehmen. Er möchte mit denen zusammenkommen, die den irdischen Jesus noch gekannt und ihn auf seinen Wegen begleitet haben. So macht er sich in die Heilige Stadt auf, um Petrus kennenzulernen. In den fünfzehn Tagen, die er dort verweilt, sieht er außer Petrus keinen der anderen Apostelн. Nur mit Jakobus, dem Bruder Jesu, trifft er zusammen (Gal 1,18–20).

Paulus ist also, wenn wir seinem Selbstzeugnis folgen, ein Mann, der frei entscheidet, wann und mit wem er sich wo treffen will. Lukas jedoch stellt ihn in der Apostelgeschichte als hilflos und verlegen dar. Da nimmt sich Barnabas, ein Jünger aus Zypern, seiner an und stellt ihn „den Aposteln“ vor, wie Lukas schematisierend sagt – obwohl Paulus, wie wir eben festgestellt haben, selber sagt, daß er nur Petrus angetroffen hat. Als Beweis für die Glaubwürdigkeit seines Schützlings erzählt Barnabas den Aposteln, daß der Auferstandene so wie ihnen auch dem Paulus erschienen sei. Dies ist nach der Darstellung der Apostelgeschichte der Passierschein, der Paulus schließlich zur Aufnahme in den Kreis der Jünger legitimiert.

Darüber, wie die zwei Wochen, die sich Paulus in Jerusalem aufgehalten hat, tatsächlich verlaufen sind, wissen wir nichts. Schließt man aus den Worten des Paulus auf den Empfang, den die judenchristliche Gemeinde dem Besucher bereitet hat, dürfte dieser sehr reserviert ausgefallen sein. Es ging den Anhängern des „rechten Wegs“ nicht in den Kopf, daß der, der sie einst verfolgt hatte, „jetzt den Glauben verkündete, den er früher vernichten wollte“ (vgl. Gal 1,23). So haben sie Paulus wohl überhaupt nicht zu Gesicht bekommen, denn den Gemeinden in Judäa blieb er, wie er selbst sagt, „persönlich unbekannt“ (Gal 1,22).

Und wie reagierten die Gastgeber Petrus und Jakobus? Paulus verliert in seinen Briefen kein Wort darüber, wie die Gespräche abliefen, und auch von den beiden Jerusalemer Gemeindeleitern gibt es kein schriftliches Zeugnis über den Hergang des Treffens. So bin ich auf meine Phantasie angewiesen, um mir vorzustellen, wie die Unterredung vor sich ging.

Petrus und Jakobus, der Bruder Jesu, sind gespannt auf ihren Gast. Der Sinneswandel von einem Verfolger der Gemeinde zu einem Verteidiger Jesu kommt ihnen nicht ganz geheuer vor. Sie sind neugierig darauf, wie er selbst die Kehrtwende begründet. Mit Genugtuung haben die beiden bereits bemerkt, daß Paulus wie jeder gläubige Jude am Tempelkult teilnimmt. So viel ist ihnen inzwischen klar: Er verleugnet den Glauben der Väter nicht. Er achtet das Sabbatgebot und hält sich an die Speisevorschriften.

Jakobus sieht in ihm bereits den richtigen Mann, draufgängerisch und leidenschaftlich genug, um die freizügigen Reformen einiger Nazarener auf das richtige Maß zurechtzustutzen. Petrus indessen möchte ihm erst auf den Zahn fühlen, um zu erfahren, was er von der Botschaft und dem Wirken Jesu in Galiläa weiß. Ihn bedrängen Zweifel, ob jemand, der Jesus nie gesehen, gehört und erlebt hat, das Reich Gottes angemessen verkündigen könne. Als alter Weggefährte des Nazareners hält sich Petrus für den geeigneten Prüfer. Auch fühlt er sich geschmeichelt, daß Paulus die weite Reise nicht gescheut hat, um Verbindung mit ihm aufzunehmen. Schließlich ist der Gast ein Studierter und ein weitgereister Mann. Er dagegen ist über den Umkreis des Sees Gennesaret nicht hinausgekommen. Er versteht zwar das harte Handwerk eines Fischers und weiß, wann und wo am günstigsten die Netze auszuwerfen sind, aber Kopfarbeit, Dispute und Episteln sind nicht seine Sache.

„Eines Tages kamen wir mit Jesus an einem Acker vorbei, wo man gerade Senfkörner erntete“, erinnert sich Petrus bei einem der Gespräche. „Da nahm Jesus eines der Körner in die Hand und sagte: ‚Dieses kleine Korn ist ein Bild für das Reich Gottes. Jetzt ist es noch unscheinbar, aber bald wächst es zu einem Baum heran, in dem die Vögel des Himmels nisten.‘“

Paulus hört sich das Gleichnis an, ohne eine Bemerkung zu machen.

„Und wie verkündest du das Reich Gottes?“ versucht Petrus den Gast aus der Reserve zu locken.

„Gar nicht“, erwidert der Gefragte. „Es ist doch überhaupt nicht von Belang, was Jesus während seiner Erdentage im einzelnen zu diesem oder jenem gesagt hat. Wichtig ist doch nur, daß er gekommen ist, um uns durch seinen Tod die Erlösung zu bringen. Gott hat ihn bestätigt, indem er ihn auferweckte und ihn zum Herrn über alles Leben setzte.“

Petrus weiß nicht so recht, was er von dem Neuling denken soll. Die Botschaft dieses Paulus konzentriert sich auf Passion und Auferstehung. Ihn interessiert überhaupt nicht, wer Jesus war, woher er kam und was er redete und wollte. Er tut so, als wisse er mehr über Jesus als sie.

„Aber Jesus wird doch bald das Reich aufrichten“, beharrt Petrus. „Jeder Tag kann der Tag seiner Wiederkunft sein. Du weißt doch, was im Buch des Propheten Daniel über den Menschensohn steht und über die Macht, die ihm verliehen wird. Ich habe selbst gehört, wie Jesus sagte, es sei seine Aufgabe, die verlorenen Schafe Israels heimzuführen.“

„Du siehst das zu eng, Petrus“, entgegnet ihm Paulus. „Auch ich kann die baldige Ankunft des Auferstandenen kaum erwarten. Aber Gott denkt nicht so eng wie du. Er denkt über die Grenzen Israels hinaus. Er will nicht nur den Israeliten sein Heil schenken, sondern schließt auch die Römer und Griechen, die Parther und die Meder und Völkerschaften, die wir drei gar nicht kennen, in seinen Heilsplan ein, wenn sie nur an den Auferstandenen glauben.“

„Und das mosaische Gesetz? Und die Beschneidung?“ sagt Jakobus. „Hältst du sie nicht auch für unverzichtbar, um am Tag der Wiederkehr Jesu zu den Auserwählten zu zählen?“

„Ich bin beschnitten wie ihr und halte mich an die Vorschriften des Gesetzes“, erwidert Paulus. „Doch dieses scheint mir mehr und mehr unwichtig zu werden. Über dem Gesetz steht der Glaube an Jesus, den Sohn Gottes."

Die beiden Gastgeber haben Mühe, dem hochfliegenden theologischen Konzept zu folgen, das der Besucher entwirft und in dem er Jesus nicht als den langersehnten Messias und Retter Israels sieht, sondern ihn an die Seite Gottes stellt als Erlöser aller Menschen.

Es bleibt nicht bei diesem einen Gespräch, bei dem die drei vollkommen aneinander vorbeireden. Petrus, der alte Weggenosse Jesu, wird nicht müde, immer wieder ein neues Kleinod aus der Schatztruhe der Erinnerungen hervorzuholen, aus der Zeit, als er mit dem Meister auf den Straßen Galiläas unterwegs war. Jakobus unterstreicht die Schönheit und Verbindlichkeit der Überlieferung. Ihm liegt die Revitalisierung des jüdischen Glaubens am Herzen, und er sieht in den Judenchristen die Kerngruppe, die jetzt, am Ende der Tage, die Erneuerung bewerkstelligen könnte. Paulus indessen spricht nicht vom irdischen Jesus, sondern vom erhöhten Herrn, dem Kyrios.

Wie auch immer die Gespräche ausgesehen haben mögen, die Paulus mit Petrus und Jakobus damals führte, Tatsache ist: Nach jenem kurzen Aufenthalt in Jerusalem, der geschichtlich verbürgt ist, brach Paulus auf, um über Syrien ins heimatliche Zilizien zu gelangen. Auf dem Weg dorthin lag Antiochia, das sein erstes großes Wirkungsfeld werden sollte.

22. Im Spannungsfeld zwischen Juden und Römern

Die Wartezeit vor der Tür zur „Folterkammer" gibt mir Gelegenheit, meine Leidensgenossen zu beobachten. Alle Altersschichten sind vertreten. Am meisten berühren mich die Kinder mit ihren kahlen Köpfen und ihrem blassen Aussehen. Mit einem Lächeln nehme ich Kontakt zu ihnen auf. Sie vertreiben sich die Zeit mit irgendeinem Spielzeug, das ihre Aufmerksamkeit vollkommen in Beschlag nimmt. Die Puppen und Autos lenken ihre Gedanken von der Behandlung ab, die ihnen bevorsteht, so wie mich meine Beschäftigung mit den ersten Christen meine Krankheit über weite Strecken vergessen läßt.

Die Apostelgeschichte erwähnt nur sporadisch, wie im Spannungsfeld zwischen dem jüdischen Volk und dem römischen Imperium das Christentum entstand. Bei meinem Vorhaben, die ersten Jahrzehnte der Jesusbewegung zu rekonstruieren, habe ich ebenfalls weitgehend ausgespart, was sich in dieser Zeit auf dem politischen Parkett ereignet hat. Nun fasse ich das Wichtigste zusammen.

Für die Machthaber in Jerusalem und Rom waren die ersten Christen unbedeutende Randfiguren. Wenn sie überhaupt in ihr Blickfeld gerieten, dann als nichts anderes als eine der zahlreichen jüdischen Gruppierungen. Diese Nobodys konnten sich jedoch den Folgen nicht entziehen, welche die Anordnungen, das Finanzgebaren, die Bautätigkeiten und die militärischen Konflikte der Mächtigen auf ihr alltägliches Leben hatten. Ich halte es deshalb für angebracht, wenigstens die tragenden Figuren kurz zu nennen, die im Welttheater zwischen 30 und 60 ein paar Akte lang ihren Part spielten.

Unsere Briefadressatin Agrippina die Ältere verschwindet bald von der politischen Bildfläche. Sie war nicht die einzige, die in dem Durcheinander von Eheschließungen unter Blutsverwandten, Scheidungen, Adoptionen, Verbannungen und Morden auf der Strecke blieb. Kaiser Tiberius, der Nachfolger des Augustus, war es müde, sich länger anhören zu müssen, er hätte ihren Gatten Germanicus, seinen Adoptivsohn, mit Gift beseitigen lassen. Der Kaiser verbannte die ehrgeizige und machtliebende Frau auf die Insel Pandatera, sehr zum Verdruß vieler Römer. Diese nannten die vom Kaiserhof Verstoßene „die Zierde des Vaterlandes, den einzigen echten Sproß des Augustus", wie der römische Historiker Tacitus in seinen „Annalen" schreibt. Die Verbannung konnte aber den Widerstand dieser Frau nicht brechen. Agrippina verweigerte aus Protest die Nahrungsaufnahme und starb im Jahr 33 den Hungertod.

Allerdings hatte sie mit ihrem Hungerstreik ein wenig voreilig gehandelt. Vier Jahre später, nach dem Tod des Tiberius im Jahr 37, wäre Agrippina nämlich Kaisermutter geworden. Ihr Sohn Caligula, das „Soldatenstiefelchen", wurde dem testamentarischen Willen des Tiberius entsprechend Imperator. Bald zeigten sich aber bei dem jungen Herrscher Anzeichen einer Geisteskrankheit. Seine despotische Herrschaft endete schon 41 mit seiner Ermordung.

Auf Caligula folgte dessen Onkel Claudius. Er kam nicht zuletzt dank einer favorisierenden „Wahlrede", die Herodes Agrippa I. im römischen Senat hielt, an die Macht. Gewieft hatte Agrippa den Senatoren, die nichts von einer Herrschaft des Claudius wissen wollten, vor Augen gehalten, daß es sonst zu einem schrecklichen Bürgerkrieg käme. Niemand hatte daran gedacht, daß der lahmende und stotternde, sich literarisch betätigende Claudius einmal zu höchsten Ehren aufsteigen könnte, am wenigsten seine eigene Familie, die ihn für dumm und unfähig hielt, ein öffentliches Amt auszuüben. Der neue Kaiser aber entpuppte sich als ein Herrscher, der auf das Wohl des Volkes sah und auf persönliche Ehrungen keinen großen Wert legte.

Den Juden war er anfangs wohlgesonnen. Er nahm den Befehl seines Vorgängers, eine Statue des vergöttlichten Imperators im Tempel von Jerusalem aufzustellen, wieder zurück und gestattete den Juden, die beim Tempeldienst verwendeten Zeremonialgewänder selbst aufzubewahren.

Im Jahr 49 kam es in den jüdischen Kolonien in Rom zu Tumulten. Das war ein Affront gegen die Religionspolitik des Kaisers, der den religiösen Gruppierungen gegenüber tolerant war, seine Großzügigkeit aber an die Einhaltung bestimmter Regeln knüpfte. Überliefert hat uns die Krawalle Sueton, ein römischer Schriftsteller, der in seinen Kaiserbiographien bemerkenswerte Vorkommnisse aus der Regierungszeit der ersten Kaiser niederschrieb. Bei dem Aufruhr sind demnach Juden und Christen aneinandergeraten. Die Römer schlugen die beiden Kontrahenten über einen Leisten. Für sie handelte es sich bei dem Tumult um einen innerjüdischen Konflikt. Der Kaiser machte kurzen Prozeß. Er erließ ein Edikt, das die Juden und – da er keinen Unterschied zwischen Juden und Christen machte – auch die Judenchristen aus Rom verwies. Aus römischer Sicht handelte es sich bei diesen um Kriminelle, die den Ideen eines Juden anhingen, der als politischer Rebell am Kreuz hingerichtet worden war. In unserem Zusammenhang ist interessant, daß sich in Rom bereits Ende der vierziger Jahre, also schon bevor Paulus dort missionierte, eine ansehnliche Christengemeinde gebildet hatte.

Von zwei Opfern dieser politischen Maßnahme erzählt auch die Apostelgeschichte, nämlich von Aquila und seiner Frau Priszilla oder Priska, wie sie der Apostel Paulus nennt. Nach ihrer Vertreibung aus Rom setzten sich die beiden nach Korinth ab. Dort traf sie Paulus. Das war für den Apostel in jeder Hinsicht ein Glücksfall. Das Ehepaar engagierte sich nicht nur eifrig in der Verkündigung des neuen Wegs, sondern die beiden übten auch ein Handwerk aus, das Paulus vertraut war: Sie stellten Zelte her. Die drei Zeltmacher wurden in Korinth ein Missions- und Arbeitsteam (Apg 18,2). Sie reisten später zusammen nach Ephesus, wo Aquila und Priska eine Hauskirche gründeten (1 Kor 16,19) und wo sie, wie Paulus dankbar vermerkt, für ihn „ihr eigenes Leben aufs Spiel gesetzt haben“ (Röm 16,3).

Die Nachricht vom Edikt des Kaisers und dem Eingreifen des Staates verbreitete sich wie ein Lauffeuer unter den Synagogen der Diaspora. Die Juden dort wollten einem Schicksal wie dem ihrer römischen Landsleute vorbeugen und nicht in einen Topf mit Unruhestiftern geworfen werden. Deshalb gingen sie auf Distanz zu den Judenchristen. Diese wiederum wollten jegliche Spannung mit den Juden vermeiden, um keinen Konflikt mit der Staatsgewalt zu provozieren. Das war mit ein Grund, warum sie versuchten, ihre nichtjüdischen Anhänger dazu zu bewegen, sich freiwillig beschneiden zu lassen und die Speisevorschriften einzuhalten, um durch diesen Akt zu beweisen, daß sie keine rebellischen Juden seien. Der Versuch mißlang kläglich.

Claudius starb im Jahr 54 mit 64 Jahren. Die Chronisten, die über seinen Tod berichten, widersprechen sich. Während die einen erzählen, eine Epidemie habe den kränkelnden Imperator hinweggerafft, meinen andere, daß dem Kaiser seine Eheschließung mit seiner verwitweten Nichte Agrippina, einer Tochter unserer Briefempfängerin gleichen Namens, zum Verhängnis geworden sei. Sie trauen der Kaiserin nämlich zu, daß sie ihren Mann und Lieblingsonkel mit einem Pilzgericht aus dem Weg räumte, um den Thron frei zu machen für ihren Sohn aus einer früheren Ehe, Domitius Ahenobarbus, besser bekannt unter dem Namen Nero.

Der neue Kaiser schwärmte für Literatur und Theater, für Wagenrennen und öffentliche Schauspiele. So verbreitete sich auch im Volk die Meinung, der Brand Roms sei vom Kaiser selbst inszeniert worden, wie Tacitus berichtet. Um den Verdacht von sich abzuwälzen, suchte Nero nach Schuldigen und ließ dabei auch Christen hinrichten. Die Tradition sagt, daß bei dieser Hetzjagd auch Paulus und Petrus umkamen. Daß Nero sich 14 Jahre lang an der Macht halten konnte, verdankte er seiner Beliebtheit beim einfachen Volk. Der Senat und die Aristokratie hingegen, deren Rechte er beschnitt, wurden seine Gegner. Sie zettelten eine Verschwörung gegen den immer unberechenbarer werdenden Imperator an. Um nicht in ihre Hände zu fallen, setzte er im Jahr 68 seinem Leben selber ein Ende.

Lukas erwähnt in der Apostelgeschichte nicht ein einziges Mal die Imperatoren Tiberius, Caligula und Nero, und Claudius wird nur zweimal am Rande erwähnt, obgleich die Ereignisse, die er in seinem Buch erzählt, in die Regierungszeit der vier römischen Kaiser fallen. Für einen heutigen Historiker wäre es unvorstellbar, ein Werk über eine Epoche zu schreiben und dabei die maßgebenden Staatsmänner dieses Zeitabschnitts vollkommen zu ignorieren. Aber Lukas ist ein antiker Geschichtsschreiber und hat eine andere Zielsetzung. Ihn interessiert nicht die profane Geschichte und das, was wirklich geschah. Er möchte mit seiner Erzählung begreiflich machen, wie trotz widriger Umstände dank der Hilfe des Heiligen Geistes die Frohe Botschaft ihren Weg von Jerusalem bis nach Rom, ins Zentrum der damals bekannten Welt, nehmen konnte.

Die Jahre 30 bis 63, in denen die Apostelgeschichte spielt, waren relativ ruhig. An den Grenzen des Imperiums konnte man zwar den Lärm der Waffen und den Marschschritt der Legionäre hören, aber innerhalb des Weltreichs herrschte weitgehend Ruhe. Das römische Imperium gewährte Stabilität und Ordnung, Wohlstand und Frieden.

Dessen ungeachtet beugte sich das jüdische Volk als einziges nicht der imperialen Ordnung und wartete auf einen messianischen Friedensfürsten. In Aufständen und Unruhen protestierte man gegen die Besatzungsmacht. Die galiläischen Widerstandskämpfer, die Zeloten, versuchten mit Gewalt, die Fremdherrschaft zu beseitigen.

Die gekrönten Häupter aus der Dynastie des Herodes hingegen kooperierten mit den Römern. Sie verdankten ihnen immerhin, daß sie an die Macht kamen und sich an der Macht halten konnten, angefangen bei Herodes dem Großen, der von Augustus die Königswürde erhielt, bis zu Herodes Agrippa II., der dem römischen Feldherrn Titus bei der Eroberung Jerusalems im Jahr 70 half.

Als einen „verbündeten König und Freund des römischen Volkes" hatte sich Herodes der Große, der Stammvater der Dynastie, bezeichnet. Seine List und politische Wendigkeit, die Grausamkeit, mit der er seine Herrschaft durchsetzte, und seine servile Freundschaft mit Rom hielten ihn 36 Jahre – von 40 bis 4 v. Chr. – an der Macht.

Nach seinem Tod wurde mit Einverständnis des Kaisers das Reich unter seinen Söhnen Archelaus, Philippus und Herodes Antipas aufgeteilt. In ihren Territorien konnten sie zwar verhältnismäßig frei schalten und walten, außenpolitisch aber waren den Herodianerfürsten die Hände gebunden. Das letzte Wort im Land hatten die Römer.

Einer, der es besonders gut mit den Römern verstand, war Herodes Agrippa I., ein Enkel Herodes des Großen. Aus Angst vor der Grausamkeit seines Großvaters, der seinen eigenen Sohn, den Vater des Kindes, hatte hinrichten lassen, brachte die Mutter den kleinen Agrippa nach Rom, wo er in der Umgebung des Claudius aufwuchs, als noch niemand daran dachte, daß dieser einmal Kaiser werden könnte.

Der sympathische, listige und prunkliebende junge Mann zog das große Los, als ihn der Kaiser Tiberius zum Tutor seines Adoptivsohnes Caligula ernannte. Er genoß das Leben eines verschwenderischen Abenteurers, eines Förderers der zirzensischen Spektakel und der Gladiatorenkämpfe, und verlor ein Vermögen mit leichten Frauen, bei Pferderennen und gewagten Glücksspielen. Aber er hatte gute Beziehungen zu Personen am Kaiserhof, die für ihn bürgten, und so konnte er trotz seiner Schulden sein verschwenderisches Leben fortsetzen.

Ein großes Glück für Herodes Agrippa I. war es, als sein Zögling Caligula zum Herrscher aufstieg, ihn zum König von Judäa machte und ihn zudem mit Territorien beschenkte.

Während seiner ganzen Regierungszeit (37–44) beherrschte Agrippa vorzüglich den Balanceakt zwischen seiner Rolle als Verbündeter der römischen Oberherrschaft und als Verteidiger nationaler Interessen. So griff er vermittelnd ein, als Caligula ohne Rücksicht auf die religiösen Gefühle der Juden mit Gewalt im Tempel von Jerusalem die Aufstellung eines kultisch zu verehrenden kaiserlichen Standbildes erzwingen wollte.

Nach dem Tod Caligulas wechselte Herodes Agrippa rechtzeitig auf die richtige Seite und machte beim römischen Senat Stimmung dafür, Claudius zum neuen Kaiser zu ernennen. Er tat es nicht umsonst. Der dankbare Imperator verlieh seinem gewieften Freund und Helfer das ganze Land, das einst Herodes der Große, Agrippas Großvater, innegehabt hatte.

Macht und Glanz waren Herodes Agrippa längst zu Kopf gestiegen. Bei einem Aufenthalt seines Schiffes in Alexandria, wo viele Juden, unter ihnen auch Judenchristen, lebten, benahm er sich so daneben, daß die Leute im Zirkus über sein eitles Auftreten spotteten. Ihr Unmut über das prahlerische Gehabe des Königs entlud sich in einem Pogrom. Jüdische Häuser wurden geplündert und Synagogen überfallen. Der Gouverneur von Syrien, Flaccus, duldete die Übergriffe und machte noch eine zusätzliche Fleißaufgabe: Er ließ prominente Juden auspeitschen. Die blühende judenchristliche Gemeinde erlitt durch die schrecklichen Geschehnisse des Jahres 38 einen empfindlichen Rückschlag.

Obgleich Herodes Agrippa I. seinen jüdischen Untertanen durch manche Aktionen zu beweisen suchte, daß sein langjähriger Aufenthalt in Rom ihn nicht zum Römer gemacht hatte, war doch nicht zu übersehen, daß er den Lebensstil nachahmte, den er dort kennengelernt hatte. Er überließ Jerusalem den Tempelbehörden und widmete sich der Modernisierung seines Landes durch den Bau von Amphitheatern, öffentlichen Bädern und Markthallen. Damit seine konservativen Untertanen leichter seine Reformen schluckten, gab er sich als gläubiger Jude und opferte kaiserliche Geschenke im Tempel. Unter seiner Regierung wurde im Jahr 44 der Apostel Jakobus enthauptet. Noch im selben Jahr starb Agrippa, vermutlich an einem Darmleiden. Die Apostelgeschichte sieht den Tod als Strafe des Himmels an, weil der König es zugelassen habe, daß ihn eine begeisterte Menge als einen Gott feierte (Apg 12,21–23).

Nach seinem Tod wurde das Königreich Judäa wieder in eine römische Provinz umgewandelt und einem Prokurator unterstellt. Der unmündige Sohn des verstorbenen Königs, der spätere Agrippa II., stand wie sein Vater in der Gunst der Imperatoren. Die Apostelgeschichte berichtet ausführlich von einer Aufwartung, die Agrippa II. und seine Schwester Berenike dem römischen Statthalter Festus in Cäsarea machten (Apg 25,23–26,32).

Der weitere Verlauf der Geschichte zeigt, daß es dem Prokurator Festus nicht gelang, die Unruhen, die sein Vorgänger Antonius Felix durch seine schonungslose Amtsführung provoziert hatte, wieder unter Kontrolle zu bringen. Die Zeloten putschten das Volk zu Gewaltakten auf. Mit ihrer Naherwartung eines politischen Messias peitschten sie die nationalen Hoffnungen der Leute hoch. Die Radikalsten unter ihnen wurden „Sikarier" genannt, weil sie mit der sica, einem Dolch, Meuchelmorde an Angehörigen der Besatzungsmacht und an deren Helfershelfern vollführten. Die Römer reagierten mit Kreuzigungen. Gereiztheit und Brutalität auf beiden Seiten steigerte sich.

Nach dem Tod des Festus im Jahr 62 nutzte der Hohe Rat das Prokuratoreninterregnum und ließ den Leiter der Jerusalemer Gemeinde, den Herrenbruder Jakobus, trotz seiner Treue zum jüdischen Glauben steinigen. Mag sein, daß ihm die Duldung des Paulus zur Last gelegt wurde. Die Jerusalemer Christen waren ihrer Führung beraubt. Ein Teil von ihnen floh in die ostjordanische Stadt Pella, die außerhalb des jüdischen Herrschaftsgebietes lag.

Die Rebellionen der folgenden Jahre veranlaßten die Römer, militärisch gegen die Aufständischen vorzugehen. Das Ende war katastrophal: Jerusalem wurde zerstört und das jüdische Volk an den Rand seiner Existenz gebracht. Die judenchristliche Muttergemeinde lag in Scherben.

Außerhalb Palästinas blühte das Christentum auf. In den Städten des römischen Imperiums bildeten sich im Grunde nur noch heidenchristliche Gemeinden. Vereinzelte judenchristliche Spuren führen nach Syrien, auf die arabische Halbinsel und in den Osten bis hin nach Persien und Indien. Jerusalem, als Mittelpunkt der neuen Religion, wurde von Rom abgelöst.

In einer Runde mit Medienexperten
aus verschiedenen Ländern.

Manuel Olivera war stets bemüht, Kontakte herzustellen, sowohl zwischen Kommunikatoren unter sich wie zu Medienorganisationen. Er selbst beschreibt diesen Mittlerdienst mit folgenden Worten: „Meine Hauptaufgabe sah ich darin, Menschen, die mit Medien arbeiten, zu unterstützen und ihre Tätigkeit zu erleichtern und zu fördern. Gleichzeitig wollte ich sie auf die Möglichkeiten und Limitationen der Medien aufmerksam machen, vorhandene Ängste beseitigen, utopische Erwartungen korrigieren und Arbeitsmöglichkeiten aufzeigen. Meine Rolle auf dem Aktionsfeld der Medien sah ich nicht darin, Stürmer zu sein und Tore zu schießen, sondern den Platz des Mittelfeldspielers einzunehmen, dessen Aufgabe es ist, den Gegner aufzuhalten, den Durchbruch vorzubereiten und den Ball im richtigen Moment an den richtigen Spieler abzugeben."

23. Antiochia

Heute Mittag kochte mir eine Gruppe von Freunden, die meine Ausdauer, mich am Leben festzuhalten, feiern wollten, mein Lieblingsessen: Spaghetti mit Pestum. Gerührt von dieser freundlichen Geste, mir ein Nudelgericht nach bestem italienischen Rezept zuzubereiten, ging ich heimlich in die Küche. Ich sah den Mörser, in dem die Ingredienzien zerstampft waren und naschte davon. Es schmeckte nach nichts. Ich wiederholte die Schleckerei. Aber auch diesmal gelang es mir weder das Aroma des Knoblauchs noch den Duft des Basilikums wahrzunehmen. Ich hatte den Geruchs- und Geschmackssinn verloren.

Als ich das dem Arzt erzählte, meinte er, daß wahrscheinlich innerhalb von ein paar Jahren nach und nach beide Sinne wiederkämen; zuerst würde ich süß und salzig und später auch andere Geschmacksvarianten unterscheiden können.

Auf dem Rückweg von Jerusalem kam Paulus nach Antiochia. Es gab damals in Kleinasien mehrere Städte dieses Namens, aber keine war kulturell und wirtschaftlich so bedeutend wie die Stadt am Orontes, 500 Kilometer nördlich von Jerusalem gelegen. Antiochia, das heutige Antakya, war der Verwaltungssitz der römischen Provinz Syrien und das militärische Bollwerk gegen die aufsässigen Nachbarvölker im Osten. Die Stadt war reich. Vornehme Bürger flanierten in Lustgärten, wo Quellen und Wasserspiele sprudelten. Bäder lockten zu Vergnügungen. Götterstatuen schmückten die Haine. In den Tempeln wurde Kultprostitution betrieben. Die Stadt galt in der Antike als Sündenpfuhl und Lasterhöhle. Mit ihren ungefähr 600.000 Einwohnern zählte sie zu den wichtigsten des Imperiums. Josephus Flavius nennt sie in einem Atemzug mit Rom und Alexandria. In der frühchristlichen Tradition wurde Antiochia mit dem Autor der Apostelgeschichte verknüpft. Folgt man Eusebius, so war Lukas dort beheimatet.

Wer die Leute waren, die den Samen des Christentums in Antiochia ausgestreut haben, wissen wir nicht. Die Apostelgeschichte schreibt das Verdienst hellenistischen Judenchristen aus dem Kreis um Stephanus zu, die nach dessen Martyrium aus Jerusalem flüchteten. Das entspricht zwar dem lukanischen Konzept, demzufolge Jerusalem die Wiege der Frohbotschaft ist, von wo aus sie sich in alle Welt verbreitet. Gleichermaßen zutreffend scheint mir aber zu sein, daß auch arbeitsuchende Handwerker, umherziehende Händler und Kaufleute oder heimkehrende Jerusalempilger erzählt haben, was sie andernorts über Jesus und seine Lehre gehört hatten.

„Es kommt ein Schiff geladen", heißt es in einem alten Adventlied, das in allegorischen Bildern die Ankunft des Erlösers beschreibt. Auf Schiffen, nun ganz wörtlich genommen, kam auch die Frohbotschaft. Reisende aller sozialen Schichten und jeglicher Couleur und Religion waren während der langen Überfahrten auf engem Raum zusammengepfercht. Notgedrungen kamen die Passagiere miteinander ins Gespräch. Für einen missionsbegeisterten Christen war das eine einmalige Gelegenheit, für Jesus die Werbetrommel zu rühren. In den Mittelmeerhäfen und auf den Inseln, wo die Schiffe anlegten und überwinterten, entstanden sehr früh christliche Gemeinden – so in Antiochia und auf Zypern, der Heimat des Barnabas.

Das eigentliche Novum in Antiochia aber war, daß die Gute Nachricht nicht nur innerhalb der Synagoge an Juden und Gottesfürchtige weitergesagt wurde. In Antiochia wurde, wie wir aus der Apostelgeschichte erfahren, „das Evangelium von Jesus dem Herrn" erstmals auch unter den Heiden bekanntgemacht (Apg 11,20). Die Botschaft von Jesus muß die Männer und Frauen, die zum neuen Glauben konvertierten, gewaltig fasziniert haben, denn sie ertrugen dafür den Bruch mit der Familie und riskierten den Ausschluß aus der Gesellschaft.

Die Verbreitung der Frohbotschaft über einen jüdischen Personenkreis hinaus brachte Verständnisschwierigkeiten mit sich. Die „Griechen", wie die Apostelgeschichte die Unbeschnittenen nennt, hatten keine Ahnung, was die Judenchristen mit „Sohn David", „neuer Mose" oder „Menschensohn" ausdrücken wollten. Das waren Insiderbegriffe aus der jüdischen Glaubenswelt, die ihnen nichts sagten. Dagegen war ihnen aus ihrem Erfahrungsbereich die Anrede „Sohn Gottes" geläufig. So benannten die Heiden Imperatoren und Heroen, die nach dem Tod göttlichen Status erlangten. Diesen Hoheitstitel gaben sie nun Jesus. Die Judenchristen ahmten sie nach. Auch ihnen war die Bezeichnung nicht fremd, wenngleich sie dabei nicht an ein göttliches Wesen dachten, sondern an den König Israels, der in den biblischen Thronbesteigungspsalmen als Gottes geliebter Sohn bezeichnet wird.

Andererseits übernahmen die Heidenchristen den von den Judenchristen häufig verwendeten, aus dem Aramäischen kommenden Ausdruck für „Gesalbter Gottes" in ihre Sprache. Aus „Messias" wurde „Christós". Der griechische Terminus verbreitete sich schnell, und über kurz oder lang wurde dieses Wort, das ursprünglich ein jüdischer Hoheitstitel gewesen war, zu einem Eigennamen für Jesus. So war es nur konsequent, daß auch der Name seiner Anhänger davon hergeleitet wurde. Man nannte die Leute, die an Christus glaubten, „Christen". Der erste Beleg dafür findet sich in Antiochia. Dabei hatten die Leute, die an dieser Namensgebung schuld waren – wahrscheinlich waren es die römischen Soldaten – nicht die leiseste Ahnung, welche religiöse Vorstellung sich mit dem Begriff verband. Sie meinten, ein gewisser Christós wäre der Anführer der Gruppe.

Durch die Übernahme des Wortes „Christós" und die damit verbundene Integration des Begriffs Messias in die hellenistische Kultur änderte sich allerdings dessen Inhalt. War für die Juden um die Zeitenwende mit der Erwartung eines Messias die Hoffnung auf eine politisch-militärische Befreiung ihres Volkes verknüpft, so wurde nun mit der Verkündigung des Evangeliums an die Heiden aus dem Messias Israels ein Erlöser aller: einer, den Gott zum Herrn über alle Völker – zum „Kyrios" – gemacht hatte. Dieser Titel war für Juden bisher ausschließlich für Gott reserviert.

Viele der hellenistischen Judenchristen in Antiochia, beeinflußt vom weltoffenen Klima der Stadt, zeigten keine Scheu, mit den unbeschnittenen Konvertiten aus dem Heidentum das Herrenmahl zu feiern, selbst auf die Gefahr hin, aus der Synagoge ausgeschlossen zu werden. Zwar hielten sie selbst an der Gesetzesbeobachtung fest, wollten diese aber nicht den „Griechen" aufdrängen. Sie waren überzeugt, daß den heidnischen Schwestern und Brüdern durch die Taufe der Makel der Unreinheit genommen worden war und somit nichts im Wege stand, mit ihnen eine „Kirche" zu bilden – eine „Ekklesia", wie das griechische Wort für „Versammlung" heißt. Beide Gruppen zusammen machten die christliche Gemeinde aus. Judenchristen und Heidenchristen teilten den gleichen Glauben und die gleiche Hoffnung. In den Augen ihrer Mitmenschen hörten sie nach und nach auf, eine Sekte des Judentums zu sein.

Die junge Gemeinschaft hatte weder eine organisatorische noch eine hierarchische Struktur. Die Gemeindemitglieder teilten sich die Aufgaben entsprechend ihren individuellen Eignungen. Einige waren „Propheten", mit der besonderen Geistesgabe ausgestattet, die Weissagungen der Schrift auszulegen, der Gemeinde Trost zu spenden, sie aufzubauen und zu ermutigen (1 Kor 14,3). Andere waren „Lehrer des Wortes". Sie unterwiesen die Leute im Glauben und brachten ihnen die christlichen Lebensregeln nahe (Apg 13,1). Wer die Fähigkeit zum Führen besaß oder über ein Haus verfügte, das sich als Versammlungsort eignete, wurde zum Vorsteher gewählt, ohne damit eine herausgehobene Stellung einzunehmen oder als eine Art Repräsentant der Gemeinde zu gelten. An den Briefen des Apostels Paulus kann man es ablesen: Sie sind nicht an irgendeine Gemeindeleiterin oder einen Gemeindeleiter adressiert, sondern: „an die Gemeinde in Thessalonich“ (1 Thess 1,1), „an die Kirche in Korinth“ (1 Kor 1,2), „an alle in Rom, die von Gott geliebt sind“ (Röm 1,7) und so weiter.

Der führende Kopf der Kirche von Antiochia war Josef, ein Levit aus Zypern, mit dem Beinamen Barnabas, was übersetzt „Sohn des Trostes“ heißt. Vielleicht gehörte er zu jener Gruppe von Missionaren, die von Zypern und Zyrene aus die Frohbotschaft in die Stadt am Orontes gebracht hatten (Apg 11,20). Wahrscheinlich war seine Bedeutung für die Ausbreitung des christlichen Glaubens unter den Völkern Kleinasiens größer als aus der Apostelgeschichte hervorgeht. Wie und wann er Paulus traf, wissen wir nicht. Möglicherweise hat der Apostel auf seinem Rückweg von Jerusalem in Antiochia Station gemacht, hat die Gemeinde kennengelernt und ist dort geblieben.

Nach Lukas geht auch der Aufbau der antiochenischen Gemeinde letztlich von der Mutterkirche aus. Laut Apostelgeschichte ist Barnabas nämlich in Jerusalem ansässig und wird von den Jerusalemer Gemeindeleitern hinauf nach Antiochia geschickt, um dort nach dem Rechten zu sehen, nachdem ihnen zu Ohren gekommen war, daß in Antiochia das Evangelium auch den Heiden verkündet wird. Anders ausgedrückt: Barnabas bekommt den Auftrag zu inspizieren, ob die Einheit und Echtheit der Lehre gewahrt geblieben ist.

Der Abgesandte kommt, sieht das große Interesse der Antiochier am neuen Glauben und merkt, daß er allein den Ansprüchen nicht gewachsen ist. Darum reist er nach Tarsus, um Paulus als Mitarbeiter zu gewinnen. Auf den ersten Blick sieht das aus wie der logische Entschluß eines überforderten Visitators, doch bei genauerem Zusehen liegt es näher, in dieser Mitteilung einen literarischen Schachzug des Autors der Apostelgeschichte zu erkennen. Lukas möchte Paulus, von dem im Text schon lange nicht mehr die Rede war, wieder in die Geschichte einbringen.

Das Führungsteam in Antiochia, wie es Lukas beschreibt, ist ein Spiegelbild der pluralistischen Gesellschaft der Stadt. Jeder der fünf Leiter kommt aus einem anderen kulturellen, ethnischen oder sozialen Umfeld. Von Barnabas wissen wir bereits, daß er ein levitischer Jude aus Zypern ist. Simeon ist Aramäer. Sein lateinischer Beiname „Niger" läßt auf eine dunkle Hautfarbe schließen. Luzius kommt aus dem nordafrikanischen Zyrene im heutigen Libyen. Manaën ist ein Jugendgefährte des Tetrarchen Herodes. Paulus schließlich ist als Pharisäer in der jüdischen Diaspora großgeworden (Apg 13,1).

Die Christengemeinde von Antiochia lebte im Wohlstand. Das Budget ihrer Glaubensbrüder in Jerusalem hingegen war mager. Wir wissen nicht, was der Grund für die Armut der Jerusalemer Christen war. Falls die radikale Gütergemeinschaft der Urchristen (Apg 4,32–35) tatsächlich so existierte, wie Lukas sie beschreibt, und der Autor damit nicht bloß den zeitgenössischen Gemeinden den Verzicht auf Privateigentum als erstrebenswertes Ideal vor Augen führen wollte, sondern die Gläubigen tatsächlich in Erwartung der nahen Parusie Jesu ihren Besitz veräußert hatten, den Erlös in eine gemeinsame Kasse gaben und die Tage mit Gebet und Fasten im Tempel zubrachten, um sich auf das Wiederkommen Jesu vorzubereiten, dann hätte das wohl ein Grund für ihre Verarmung sein können, denn der Tag der Ankunft ließ auf sich warten, und das Geld war bald aufgebraucht. Ihre Notlage wäre ein Beweis, daß das System der Gütergemeinschaft im Leben der Urkirche kläglich versagte.

Handfestere Gründe für den Engpaß der Jerusalemer Bevölkerung sind zweifelsohne die Hungersnöte, die unter

Kaiser Claudius viele Teile des Römischen Reiches heimsuchten. Nicht nur die Apostelgeschichte berichtet von einer „großen Hungersnot“ (Apg 11,28), sondern auch außerbiblische Quellen. Josephus Flavius datiert die Katastrophe, die über Judäa hereinbrach, auf die Zeit zwischen 46 und 48. Agabus, ein Wanderprediger, bringt die Nachricht vom Überlebenskampf der Jerusalemer Christen nach Antiochia. Seine Nachricht löst bei den Gläubigen eine Welle der Hilfsbereitschaft aus. Ein Reigen grenzübergreifender Diakonie wird eröffnet.

In Antiochia, der drittgrößten Stadt des Römischen Reiches, war es, wo eine Christengemeinde zum ersten Mal über den eigenen Tellerrand blickte und mit einer Spendenaktion die Not auswärtiger Glaubensbrüder lindern half. Andere Lokalkirchen folgten diesem Beispiel. Die Christen sprangen ein, wenn eine Gemeinde in Not geriet. Sie sorgten sich um Witwen und Waisen der Märtyrer, betreuten Fremdlinge und Gefangene und kümmerten sich um die Minenarbeiter in den Kupferbergwerken. Das freiwillige Miteinanderteilen wurde zu einem Markenzeichen der ersten Christen. Ihre spontane Mildtätigkeit stand in Kontrast zur Hartherzigkeit der antiken Gesellschaft. Die tätige Nächstenliebe übte auf die heidnische Umwelt eine größere Initialwirkung aus als die Figur des gekreuzigten Erlösers. Mit ihrem täglichen Verhalten beeindruckten die Christen mehr als durch ihre Lehre. „Seht, wie sie einander lieben“, sagte man voller Bewunderung.

Die Zeit, in welcher sich Antiochia in der Hungersnot bewährte, war auch die Zeit, in der Paulus dort zu wirken begann. Er fühlte sich wohl in dieser Stadt, denn die Ansichten, die die Gläubigen hier vertraten, standen in Einklang mit seinen Gedankengängen. Nicht in einer einsamen Studierstube, sondern unter dem Einfluß der einheimischen Mitchristen und in wechselseitigem Kontakt mit ihnen kam der Apostel nach und nach zu der Überzeugung, daß sowohl der Tempel als auch das mosaische Gesetz wie Museumsstücke zu betrachten wären: zwar verehrungswürdig, aber überholt. Das Gesetz, so folgerte der erste Theologe des Christentums, hätte bis zum Kreuzestod Jesu als „Zuchtmeister" gedient, jetzt aber seine Rolle ausgespielt (Gal 3,24–25). Die Werte, die das Gesetz repräsentiert hätte, brauchten freilich nicht samt und sonders über Bord geworfen zu werden, sie gehörten nur auf neue Weise interpretiert. Jetzt ginge es darum, frei von archaischen Fesseln sich vom Geist inspirieren zu lassen.

Neben der ersten grenzüberschreitenden Katastrophenhilfe schreibt Lukas der Gemeinde in Antiochia noch eine weitere Pionierstat zu. Sie sendet Missionare aus und gibt damit das Startzeichen zu weltweiter Mission. Während die Gemeinde Gottesdienst feiert und fastet, gibt der Geist, der Lenker der Kirche, die Anweisung, Barnabas und Paulus zur Verkündigung der Frohbotschaft auszuwählen. Als Zeichen der Sendung werden den beiden die Hände aufgelegt, und unter Gebet und Segenswünschen treten sie gemeinsam mit ihrem Helfer Johannes Markus die Reise an (Apg 13,1–3). An dieser Schilderung kann man freilich ablesen, daß die Zeit, von der sie erzählt, nicht die Zeit ist, *in* der erzählt wird. Die Szene der Aussendungsfeier beschreibt nämlich einen Aussendungsritus, den es erst Jahrzehnte später gegeben hat, jedoch nicht zur Zeit des Paulus. Als die Apostelgeschichte abgefaßt wurde, war dieser Ritus bereits gang und gäbe. Die Mission basierte nun nicht mehr allein auf der spontanen Intuition eines Wandercharismatikers, sondern ging von der vom Geist geführten Gemeinde aus. Die Struktur der Kirche hatte sich herauszuschälen begonnen.

In keinem seiner Briefe sagt Paulus ein Wort davon, daß er einmal von einer Gemeinde geschickt worden wäre. Ein Mann wie Paulus hätte sich auch nicht so einfach schicken lassen. Historisch zutreffender wird also sein, daß die beiden Glaubensboten ohne speziellen Auftrag ihr Arbeitsfeld über

Antiochia hinaus ausgeweitet haben. Paulus und Barnabas waren im übrigen nicht die einzigen, sondern nur zwei von vielen Missionaren, die damals die Gute Nachricht in die griechisch-römische Welt trugen. Jeder von ihnen tat es mehr oder weniger auf seine eigene Weise, was zu einem gewissen Durcheinander verschiedener Strömungen im Urchristentum führte. Die vielen anderen Verkünder, deren Namen wir nicht kennen, sind uns lediglich deshalb unbekannt geblieben, weil sie keine Episteln verfaßten und das Pech hatten, daß kein Historiker ihre Taten der Nachwelt überlieferte.

Bei der lukanischen Schilderung der Missionsabenteuer des Barnabas und Paulus stehen pittoreske Szenen neben lebensbedrohenden Situationen. Geschickt kittet der Autor verschiedene Anekdoten zu einer fortlaufenden Geschichte zusammen. Nur bei genauer Lektüre fällt die Nahtstelle auf. Als Beispiel für ein solches Zusammenkleistern wähle ich eine Erzählung aus, die in einer Gegend spielt, wo der Sage nach Hermes und Zeus dem alten Ehepaar Philemon und Baucis erschienen sind und die beiden für ihre Gastfreundschaft himmlisch belohnten.

Paulus heilt auf dem Marktplatz von Lystra einen Gelähmten. Die Umstehenden, die Zeugen der Heilung geworden sind, geraten in Verzückung. „Das sind keine Wanderprediger, das sind Götter", rufen sie. „Der zu uns gesprochen hat, ist Hermes, und der andere ist der Göttervater selbst."

Wie ein Lauffeuer verbreitet sich in der Stadt die Kunde vom Besuch aus der Überwelt. Der Priester des nahen Zeustempels beeilt sich, einen Opferstier mit Kränzen und Girlanden zu schmücken. Als Barnabas und Paulus bemerken, was sich da zusammenbraut, schreien sie: „Seid ihr denn verrückt geworden? Wir sind doch Menschen wie ihr! Laßt von euren armseligen Göttern ab und bekehrt euch zu dem einen Gott, der Himmel und Erde erschaffen hat!" Doch die in Begeisterung geratene Menge läßt sich von den Opfervorbereitungen nicht abbringen, bis dann die Stimmung von einem Moment zum anderen ins Gegenteil umschlägt – und zwar so jäh, daß dieser abrupte Wechsel am einfachsten dadurch zu erklären ist, daß Lukas an dieser Stelle (Apg 14,19) einfach eine andere lokale Pauluslegende an die Geschichte angefügt hat. Die Leute, die gerade noch die Missionare bejubelt haben, lassen sich von einer Gruppe hinzukommender Juden aufhetzen. Eine Steinigung kommt in Gang. Unter dem Steinhagel der erbosten Menge bricht Paulus wie tot zusammen.

Der Verdacht, daß die Schilderung von der unmittelbaren Todesgefahr nur auf dem Einfallsreichtum des Autors beruhen könnte und die Anekdote keinen wahren Kern hätte, wird durch eine Aussage des Betroffenen selbst widerlegt (2 Kor 11,25).

Bei dem folgenschweren Auftritt in Lystra nennt Lukas die beiden Sendboten ausdrücklich „Apostel" (Apg 14,14). Das ist deswegen bemerkenswert, weil in der ganzen Apostelgeschichte dieser Titel Paulus sonst vorenthalten wird – und dies, obwohl er sich zeitlebens darum bemüht hat, als Apostel anerkannt zu werden, und darauf gepocht hat, einer zu sein.

Der Autor der Apostelgeschichte folgt in der Schilderung der Missionstätigkeit einem gewissen Schema. Er läßt die zwei Apostel, sobald sie an einem Ort ankommen, immer erst in der Synagoge auftreten und zu den Juden sprechen. In den jüdischen Kolonien der Diaspora haben die beiden ihre ersten Erfolge. Das ist keineswegs befremdend, denn zum Knüpfen menschlicher Kontakte boten sich die Gebets- und Versammlungshäuser geradezu an. Zudem waren die Gläubigen, die dort am Sabbat zusammenkamen, daran gewöhnt, daß ihnen jemand die Texte der Schrift auslegte. Bei genauerem Hinsehen kann man jedoch auf den Gedanken kommen, daß Lukas daran gelegen ist, dem Leser zu vermitteln, daß das Heil in erster Linie zu den Kindern Israels gebracht werden müsse. Historisch ist es so gewesen, daß das

Bemühen, die Juden für Christus zu gewinnen, mit wenig Erfolg gekrönt war, weil viele von ihnen von einem Messias, der ans Kreuz geschlagen worden ist und damit ein „von Gott Verfluchter“ war, nichts wissen wollten. So eine Knechtsgestalt konnte für sie nie und nimmer der erwartete sieghafte Gesalbte Gottes sein. Von einigen geringfügigen Ergebnissen abgesehen, scheiterte die erhoffte massenhafte Bekehrung zum Glauben an Jesus als den Messias.

Die Apostelgeschichte zeigt mehrfach, wie Paulus darauf bedacht ist, das Vorrecht der Juden auf Erstverkündigung zu respektieren. Da macht auch die Predigt in Pisidien, wo es zur ersten Konfrontation mit ihnen kommt, keine Ausnahme (Apg 13,13–52). Zunächst läuft alles nach dem bekannten Schema ab. Die Missionare gehen am Sabbat in die Synagoge, Gesetzes- und Prophetentexte werden vorgelesen, der Synagogenvorsteher bittet Barnabas und Paulus, sie auszulegen. Die Zuhörer fordern die beiden auf, am nächsten Sabbat wiederzukommen. Doch am besagten Tag versammelt sich „fast die ganze Stadt“, wie Lukas schreibt. Im Gedränge sind viele Unbeschnittene, denn die Mehrheit der Bevölkerung ist heidnisch. Die Juden, die in der Minderzahl sind, werden „eifersüchtig“ auf die wißbegierigen Heiden und wünschen die beiden Missionare zum Kuckuck. Barnabas und Paulus verteidigen sich: „Euch mußte das Wort Gottes zuerst verkündet werden. Da ihr es aber zurückstoßt und euch des ewigen Lebens unwürdig zeigt, wenden wir uns jetzt an die Heiden.“ (Apg 13,46)

Der Anlauf, die Juden für Jesus zu gewinnen, ging daneben. Der Versuch, die Einfriedung des Judentums auszuweiten, scheiterte. Doch wo Schatten ist, ist auch Licht. Schon mit den nächsten Versen erfahren wir, daß das, was nach menschlichem Ermessen wie ein Fiasko aussieht, ganz dem Heilsplan Gottes entspricht: Der „Starrsinn“ der Kinder Israels öffnet der Frohbotschaft den Weg zu den Heidenvölkern, die sie begeistert aufnehmen (Apg 13,48).

Im Verlauf der ganzen Apostelgeschichte prallen die Versuche des Paulus, bei den Juden eine Sinnesänderung herbeizuführen, an ihrem „Unglauben“ ab. Die Szenen sind nicht frei von Einseitigkeit und Ressentiment. Sie spiegeln die Konflikte wider, die es gab, als die Apostelgeschichte Gestalt annahm. Lukas ist daran interessiert, den Juden selbst die Schuld für ihren Heilsverlust in die Schuhe zu schieben. Diese Bezichtigung zeigt, daß die Christen zu diesem Zeitpunkt immer noch nicht darüber hinweggekommen waren, daß die von ihnen erwartete „Bekehrung“ der Juden ausgeblieben war und sie selber von ihren ehemaligen Glaubensbrüdern aus den Synagogen hinausgeworfen wurden. Verbittert darüber, daß ihre Erwartungen sich nicht erfüllt hatten, reagierten die Christen ganz unchristlich mit Diffamierung und Arroganz, so als wären sie die Sachwalter des Heils. Eine unheilvolle Einstellung, die sich mit bitteren Folgen durch die Jahrhunderte der Kirchengeschichte durchziehen sollte.

Einen ganz anderen Ton als die Apostelgeschichte schlägt Paulus an. Zu seiner Zeit hatte man noch die Hoffnung, daß die Juden und ihre neue „Sekte“ wieder zusammenfinden würden. Die erste Generation der Christen machte den Juden ihren obersten Rang auf der Liste der Heilsgeschichte nicht streitig. „Erst dem Juden, aber ebenso dem Griechen“ (Röm 2,10), das ist nach Paulus die Reihenfolge, in der von Gott einst Lohn bzw. Strafe zugeteilt werden. Für den Apostel, der auf seine jüdische Abstammung stolz und über die Dickköpfigkeit der Juden bekümmert war (Röm 9,2–4), blieb Israel das auserwählte Volk, das mit unwiderruflichen Zusagen bedacht worden war. Gott ließe sich mit der Einlösung seiner Versprechen nur ein klein wenig Zeit, sagt Paulus im Römerbrief, er würde von seinem ursprünglichen Plan bloß etwas abweichen und zuerst die Heidenvölker sammeln, am Ende aber auch Israel zum verheißenen Heil führen (Röm 11,25–32). Der Glaube an den einen und einzigen Gott trennte Juden und Christen nicht. Er war ebenso wenig ein Streitpunkt wie die Schriften des Alten Testaments, die beiden gemeinsam waren und mit denen Paulus seine Lehre begründete und legitimierte.

Die Rückkehr des Barnabas und Paulus von der Missionsreise verläuft bei Lukas wieder nach dem Ritual, das wir bereits kennengelernt haben. Auf dem Heimweg bestellen die beiden durch Handauflegung Vorsteher in den Gemeinden, die sie besuchen. Als sie in Antiochia ankommen, versammeln sich die Gläubigen, die sie ausgesandt haben, und hören sich an, „was Gott mit ihnen zusammen getan und daß er den Heiden die Tür zum Glauben geöffnet hatte" (Apg 14,27). Wir wissen nicht, wie lange die beiden unterwegs waren. Auch nicht, ob sie tatsächlich eine längere Rundreise in Kleinasien unternahmen, wie es Lukas schildert, oder ob sie, was näher liegt, nur im weiteren Umkreis von Antiochia in der Provinz Syrien missionierten.

Der Autor legt in seiner Geschichte kein Ritardando ein. Mit einem literarischen Kunstgriff treibt er sie einem neuen Höhepunkt zu. Die Auseinandersetzung, bisher ein Intermezzo mit Juden in der Provinz, steigert sich nun zu einem Crescendo in Antiochia. Den orthodoxen Judenchristen, die „von Judäa herab" kommen, wie Lukas schreibt, sind die unbeschnittenen Heidenchristen ein Dorn im Auge. Mit ihrem Gerede bringen die Zugereisten Verwirrung unter die Neubekehrten und Unsicherheit in die Gemeinde (Apg 15,1). Auch Paulus erwähnt die Unruhestifter aus Jerusalem (Gal 2,12), die den späteren Zwischenfall in Antiochia auslösen, und es besteht kein Grund, daran zu zweifeln, daß es sich dabei um denselben Vorfall handelt. Lukas läßt ihn allerdings zeitlich früher geschehen, weil dieses Ereignis an dieser Stelle seiner Geschichte Brisanz beschert und der Handlung ein Motiv gibt, die Apostelversammlung einzuberufen.

Aber es hat wohl nicht erst des Auftauchens von Leuten aus Judäa bedurft, daß einem Teil der Judenchristen in Antiochia Bedenken kamen, ob der Umgang mit den Heidenchristen auch rechtens wäre. Die mit Skrupel Geplagten hatten vermutlich schon längst die gemischte Gemeinde verlassen. Für diese Christen, die noch fest im Judentum verankert waren, war die Heidenmission alles andere als eine Selbstverständlichkeit. Es bedeutete für sie, das Innere nach außen zu kehren. Die orthodoxen Judenchristen hatten andere Träume. Ihre Hoffnung war, daß sich um das endzeitliche Israel als Mittelpunkt einst die Heidenvölker scharen würden. Alle Nationen würden sich nach Jerusalem aufmachen und zum Haus des Gottes Jakob strömen (Jes 2,1–4). Die Überzeugung aufzugeben, schon dort anwesend zu sein, wohin die Heiden erst zu kommen hätten, bedeutete für sie, ihre Identität aufzugeben. Man täte dieser Gruppe unrecht, würde man sie für verbiesterte oder böswillige Ewiggestrige halten. Sie waren treu an der Überlieferung festhaltende Gläubige, die mit Sorge sahen, wohin der Karren lief. Es erschreckte sie, daß die Heidenchristen schon die Überzahl in der Gemeinde bildeten, während sie, die Judenchristen, statt eine Vorreiterrolle einzunehmen, nur noch das fünfte Rad am Wagen waren. Wenn den Heidenchristen Zutritt zu den Synagogen gewährt wurde, so hieß das für sie, daß die in Jahrhunderten gewachsenen religiösen Vorschriften in Gefahr waren, verwässert zu werden.

In dem Traumbild des Jesaja von den Völkern, die zum Berg Sion wallfahren, wird stillschweigend vorausgesetzt, daß diese sich in das auserwählte Volk integrieren. Die orthodoxen Judenchristen in Antiochia waren nun der Meinung, daß für die Heiden, analog zu deren Weg zum Gott Israels, der korrekte Weg zu Christus auch über das Judentum führen würde. Das bedeutete konkret, daß sich die Heidenchristen beschneiden lassen müßten. Nur unter dieser Voraussetzung sahen die orthodoxen Judenchristen eine Möglichkeit, mit den anderen Christen aus dem Juden- und Heidentum zusammen Eucharistie zu feiern. Die junge Gemeinde in Antiochia stand vor einer Zerreißprobe, und das gerade erst einige Jahrzehnte alte Christentum erlebte seine erste große Krise.

24. Die Apostelversammlung

In meinem Kopf spielen sich immer häufiger theatralische Szenen ab. Frühere konfliktgeladene Situationen kehren im Gedächtnis wieder und vermischen sich mit aktuellen Auseinandersetzungen wegen „nichts und wieder nichts", wie meine Großmutter sagte. Das Seltsame dabei ist, daß die Wortgefechte, in die ich gerate, so real sind, als stünden mir meine Gegner direkt gegenüber. Diese greifen mich nicht etwa in den Stunden des Schlafes an, sondern am hellichten Tag. Die Leute in meiner Umgebung meinen dann, ich sei in tiefe Gedanken versunken. Oft ärgere ich mich über mich selbst wegen dieser fiktiven Streitigkeiten „um Kaisers Bart", in die ich mich verwickle.

Das Bemerkenswerte dabei ist, daß ich bei diesen Schattenkämpfen mit Faustschlägen reagiere. Ich, der ich keiner Fliege etwas zuleide tue.

Als ich dieses Phänomen unserem Psychologen erzählte, erklärte er mir, daß es sich um einen Nebeneffekt der Chemotherapie handle, der eine Folge des alarmierenden Mangels an Widerstandskraft sei. Jeder plötzliche Umschwung der Temperatur oder des Luftdrucks könne diese Abnormität erzeugen, ja sogar eine heftige Lust hervorrufen, mit allem Schluß zu machen. Es stimmt. Ich habe dieser Versuchung schon mehrmals widerstanden.

Um nicht tiefer in den Abgrund zu stürzen, habe ich mir vorgenommen, sobald mich diese beängstigenden Phantasien überfallen, etwas Schönes zu betrachten, z. B. die fünf Finger meiner Hand, die noch wendig die Tastatur des Computers bedienen, ohne Müdigkeitserscheinungen zu zeigen.

Um das Jahr 48 war es mit der gerade entstandenen gemischten christlichen Gemeinde in Antiochia fast schon wieder zu

Ende. Die Apostelgeschichte erzählt, daß Judaisten die Auslöser der kritischen Situation waren, indem sie einem für apokalyptische Prognosen empfänglichen Publikum erklärten, einzig die Beschneidung garantiere eine Zugehörigkeit zur endzeitlichen Gemeinde, die gerettet werden wird (Apg 15,1). Näherliegend ist jedoch anzunehmen, daß nicht ein hochtheologisches Problem wie das ewige Heil die Gläubigen entzweite, sondern daß eine rituelle Frage die Gemeinde an den Rand der Spaltung führte: Es war noch keine gängige Form für das Zusammenleben von Juden- und Heidenchristen gefunden.

Das Reinheitsgebot und die eng damit verbundenen Speisevorschriften spielten im Alltag eine größere Rolle als alle anderen jüdischen Gesetze. Die akkuraten und ausführlichen Reinheitsbestimmungen zur Abwehr gegen die Andersartigkeit der heidnischen Umwelt waren während und nach dem Babylonischen Exil aufgestellt und um 500 v. Chr. in die Gesetzesbücher aufgenommen worden. In ihnen wurden die Tiere in reine und unreine unterteilt und die Zubereitung der Nahrung sowie die Ernte der Früchte geregelt. Es gab auch Personen, die als „unrein" galten und denjenigen, der mit ihnen in Kontakt kam, kultisch unrein machen konnten. Zu ihnen gehörten die Heiden. Die rituelle Unreinheit übertrug sich, so stellte man es sich vor, ähnlich wie eine ansteckende Krankheit. Deshalb war für einen gläubigen Juden jeder Kontakt zu Nichtjuden zu meiden.

In der Christengemeinde in Antiochia war es zur Gewohnheit geworden, gemeinsam zu essen und zu trinken und dabei Eucharistie zu feiern. Für Barnabas und Paulus war das kein Stein des Anstoßes. Sie duldeten das Beisammensein von Christen, die aus dem Judentum stammten, mit Heidenchristen nicht nur, sondern befürworteten es sogar. Die Problemstellung war in der hellenistischen Diaspora nicht neu. Längst gab es Debatten darüber, ob die Gesetzesbestimmungen in ihrer vorliegenden Form in Kraft bleiben sollen, während im orthodoxen Jerusalem an mögliche Veränderungen nicht einmal *gedacht* wurde. Unter diesem Gesichtspunkt betrachtet erscheint der Konflikt, den Lukas in der gemischten Gemeinde ansiedelt, vor allem als ein Richtungsstreit zwischen der Kirche in Antiochia und der in Jerusalem.

Die Spannung muß explosiv gewesen sein, da selbst der sonst so auf Harmonie bedachte Lukas den Tumult nicht zu kaschieren weiß und von „großer Aufregung und heftigen Auseinandersetzungen“ berichtet (Apg 15,2). Seinem Konzept nach konnte nur ein klärendes Wort des hohen Gremiums in Jerusalem die Streitfrage lösen. Also werden bei ihm Paulus und Barnabas wieder von der Gemeinde beauftragt, eine Reise zu unternehmen. Sie sollen den Aposteln und Ältesten in Jerusalem den Streitfall vortragen.

Paulus weicht bei der Schilderung der näheren Umstände von der Apostelgeschichte ab. Diese Reise nach Jerusalem ist nach vierzehn Jahren sein zweiter Gang zu den Leitern der Mutterkirche. Im Galaterbrief schreibt er, was ihn dazu bewogen hat. Weder wurde er von den Hauptpersonen der Jerusalemer Kirche bzw. ihren Abgeordneten, den „Leuten aus Judäa“, herbeizitiert, noch von der Gemeinde gesendet. Er wollte von sich aus – „aufgrund einer Offenbarung“ (Gal 2,2), wie er seinen Entschluß umschreibt – Klarheit schaffen. Paulus wollte einer Konfrontation nicht aus dem Weg gehen, und den „Angesehenen“, wie er die Chefs in Jerusalem nennt, zeigen, daß an dem Evangelium, das er verkündet, nichts auszusetzen ist. Es ging ihm darum, zu retten, was er in jahrelanger Missionsarbeit aufgebaut hatte, und er wollte sicher sein, „nicht vergeblich“ zu laufen oder gelaufen zu sein wie er wörtlich sagt (Gal 2,2). Bei aller Wertschätzung für die Apostel, denen er, wie ihm bewußt war, das Evangelium verdankte (1 Kor 15,3), hielt er sich nicht für einen von der zweiten Kategorie. Aufgrund der Erscheinung des Auferstandenen, die ihm zuteil geworden war, sah er sich nicht als Vizeapostel, sondern auf gleichem Niveau mit denen vom Zwölferkollegium.

Paulus erwog, eine Probe aufs Exempel zu machen und den Beschneidungsgegnern den Wind aus den Segeln zu nehmen. Er nahm Titus auf die Reise mit – einen Mann, dessen Eltern Heiden waren. An der Reaktion auf seinen Begleiter wollte er ablesen, für wie unerläßlich die Apostel die Beschneidung hielten.

Das Treffen nahm einen guten Anfang. Ohne viel Aufhebens wurde Titus akzeptiert. Niemand zwang ihn, sich beschneiden zu lassen. Bei der Versammlung, später anspruchsvoll als „Apostelkonzil" bezeichnet, waren die führenden Vertreter der beiden wichtigsten urchristlichen Gemeinden anwesend. Auffallend ist, daß in den beiden Quellen, die uns zur Verfügung stehen, die Angaben über die Zahl der in Jerusalem weilenden Apostel divergieren. Lukas gibt dem Treffen das höchstmögliche Gewicht, indem er das ganze Zwölferkollegium, die gesamte Spitze der Urkirche also, daran teilnehmen läßt. Folgt man hingegen Paulus, spielt sich das apostolische Gipfeltreffen in wesentlich bescheidenerem Rahmen ab: Nur zwei Apostel, Petrus und Johannes, und der Herrenbruder Jakobus, „die als die ‚Säulen' Ansehen genießen" (Gal 2,9), sind anwesend. Da Paulus selbst als Teilnehmer zugegen war, gebe ich seinem Bericht den Vorzug vor der Apostelgeschichte.

Jakobus gehörte inzwischen zu denen, die in Jerusalem den Ton angaben. Er hatte Petrus in der Leitung der Mutterkirche abgelöst. Allen in der Urkirche war bekannt, daß ihm sein Bruder als Auferstandener erschienen war. Dieser Umstand stellte eine hohe Legitimation dar und war ein Beweis dafür, daß er sich von einem Opponenten zu einem Verteidiger der Botschaft Jesu gewandelt hatte. Sogar Paulus, der nicht im Ruf steht, ein besonderer Freund des Jakobus gewesen zu sein, stellt ihn in die Reihe der Auferstehungszeugen (1 Kor 15,7).

Als Hausherr der Jerusalemer Gemeinde war Jakobus der Chef der Versammlung. Vermutlich ging es auf sein Konto, daß orthodoxe Judenchristen als Zaungäste anwesend waren. Als man zur Sache kam, mischten sie sich in die Debatte ein und wollten auf Biegen und Brechen durchdrücken, daß ein Heide, um Christ zu werden, sich beschneiden lassen muß. Die Delegation aus Antiochia sah durch diese unnachgiebige Haltung ihre gemischte Gemeinde in Gefahr. Die Fronten verhärteten sich. Paulus ist noch Jahre später der Groll gegen seine judenchristlichen Gegenspieler anzumerken, wenn er sie wenig schmeichelhaft als „falsche Brüder" bezeichnet, als „Eindringlinge, die sich eingeschlichen haben, um die Freiheit, die wir in Christus haben, argwöhnisch zu beobachten und uns zu Sklaven zu machen" (Gal 2,4).

Paulus selbst war auch nicht weniger hartnäckig als seine Kontrahenten. Er brüstet sich im Galaterbrief geradezu, sich keinen Augenblick unterworfen und keinen Fußbreit nachgegeben zu haben. Die Entscheidungsfindung mag schwierig gewesen sein, denn jede der beiden Parteien konnte stichhaltige Argumente vorbringen.

Ich stelle mir vor, wie die Delegierten aus Antiochia ihre Position mit dem Argument begründen, daß der Glaube an Christus vom Gesetz freimacht. Wurden die Juden aufgrund der Werke des Gesetzes gerettet, so wird für die Christen das Heil durch den Kreuzestod Jesu vermittelt. Warum also die Heiden nötigen, ihren Lebensstil aufzugeben und sich in die jüdische Welt einzufügen? Die Gegenpartei kontert, indem sie sich direkt auf Jesus beruft: Der Meister hat doch niemals die Absicht gehabt, auch nur ein Jota vom Gesetz abzuändern. Es kann nicht sein Wille sein, daß man jetzt Mose degradiert und eine verstümmelte Religion predigt.

In Jerusalem wurde mit harten Bandagen gekämpft. Die Debatten liefen nicht so sanft ab, wie uns die Apostelgeschichte weismachen will. Lukas unterschlägt die hitzigen Wortgefechte und ignoriert das langwierige Ringen der Kontrahenten um die Oberhand. Stattdessen rekapituliert er ein vorausgegangenes Kapitel, indem er Petrus Argumente wiederholen läßt, die dieser bereits nach seinem Besuch beim römischen Hauptmann Kornelius zugunsten der Beschneidungsfreiheit vorgebracht hat. Keiner der Anwesenden widerspricht. Der Autor will dem Leser zeigen, wie einmütig die Spitzen der Kirche den vom Heiligen Geist gewiesenen Weg gegangen sind. Harmonie ist Trumpf.

Hätte einer der Streithähne mit einem Ausspruch Jesu aufwarten können, um seinen Standpunkt zu legitimieren, wären die Debatten schnell zu Ende gewesen. So aber konnte sich keiner auf den Meister berufen, denn dieser war zeitlebens nie in die Situation gekommen, zur Frage der Beschneidung der Heiden Stellung nehmen zu müssen.

Laut Lukas war es Jakobus, der die Hauptrede beim Gipfeltreffen hielt. Darin ist er mit Paulus eins, der ebenfalls die Rolle des Herrenbruders beim Zustandekommen des Kompromisses hervorhebt (Gal 2,3–9). Aber entgegen der Darstellung im Galaterbrief erzählt die Apostelgeschichte, wie Jakobus, ohne sich lang in eine Diskussion mit den Teilnehmern einzulassen, die Debatte beendet und den Anwesenden kurz und bündig erklärt, zu welchem Ergebnis er gekommen ist, und damit basta (Apg 15,19–20).

Zweifellos schwebte Jakobus dem Herrenbruder kein „Christentum" vor, das sich als eigenständige Religion zwischen Judentum und Heidentum herausbildete. Er wollte nicht etwas Drittes, sondern er wollte – ganz auf der Linie seines Bruders – den jüdischen Glauben vervollkommnen, „die zerfallene Hütte Davids wieder aufrichten", wie es in der Heiligen Schrift genannt wird (Am 9,11), also die endzeitliche Vollendung des Gottesvolkes voranbringen. Das Schicksal der Heiden kümmerte ihn dabei nur am Rande. Als kollaterales Ereignis würden in der Endzeit nach Gottes Plan auch die Heiden zu dem sich erneuerten Gottesvolk stoßen, ganz so, wie es die Propheten vorausgesagt hatten.

Auf dieser Linie liegt, was Jakobus laut Apostelgeschichte veranlaßt hat, dem Anliegen des Paulus und Barnabas zuzustimmen: Man dürfe sich der endzeitlichen Sammlung der Völker nicht entgegenstellen und folglich den Heiden nicht durch Lasten wie die Beschneidung die Bekehrung zu Gott erschweren (Apg 15,19).

Die Versammlung teilte den Standpunkt des Jakobus und hielt fest, daß die Heiden, um Christen zu werden, nicht gezwungen werden sollten, sich beschneiden zu lassen. Wenn sie es gleichwohl taten, dann um so besser. Mit diesem Beschluß wurde das mosaische Gesetz zu einer Lebensrichtschnur für Juden herabgestuft, hatte aber als Weg zum Heil keine entscheidende Bedeutung mehr. Somit hatte Israel seinen Sonderstatus verloren.

Es ist nicht überliefert, wie die orthodoxen Judenchristen auf die damalige Entscheidung reagierten. Überzeugt von der Richtigkeit dieser Position konnten sie jedenfalls nicht gewesen sein. Sonst wären sie nämlich nicht bald darauf trotz des Übereinkommens nach Galatien gereist, wo sie die Beschneidung der Heidenchristen forderten und damit in den dortigen Gemeinden einen heftigen Wirbel entfachten.

Als Ergebnis der Versammlung konnte Paulus für sich verbuchen, daß ihm Jakobus, Petrus und Johannes keine Auflagen für seine Verkündigung gemacht hatten und an seinem Evangelium nichts zu bemängeln fanden. Um künftigen Reibereien vorzubeugen, wurde die Missionsarbeit aufgeteilt: Petrus sollte sich um die Missionierung der Beschnittenen kümmern, Paulus und Barnabas sollten das Evangelium zu den Unbeschnittenen bringen. Damit war die Missionsarbeit bei den Heiden als rechtsverbindlich anerkannt. Der letzte Punkt der Übereinkunft war ein Zusage: Paulus versprach, sich bei wohlhabenden Gemeinden um eine Kollekte für die Jerusalemer Christen zu bemühen. Der Eifer, mit dem er daraufhin die Spendenaktion betrieb, läßt vermuten, daß er sich wegen der Zugeständnisse, die ihm gemacht worden waren, dazu verpflichtet sah.

Mit einem Handschlag wurden die Vereinbarungen besiegelt. Barnabas und Paulus kehrten wieder nach Antiochia zurück. Dank des Kompromisses war nun für die Heiden der direkte Weg zum Christentum geebnet. Von jetzt an konnte niemand mehr von ihnen fordern, zuerst Proselyt zu werden, wie man die zum Judentum konvertierten Heiden nannte, um über diesem Umweg zu Jesus zu kommen. Auf dem Jerusalemer Konsens ließ sich eine gesetzesfreie Heidenmission aufbauen. Den bisherigen Hürden war die Grundlage entzogen.

Nicht gesprochen hatte man auf dem Konvent über die Judenchristen. Für die Jerusalemer Gemeinde stand außer Diskussion, daß sie weiterhin Juden und damit dem Gesetz verpflichtet waren. Auch Paulus hatte nichts dagegen einzuwenden, wenn Juden, die sich zu Christus bekannten, als Zeichen ihres Bundes mit Gott und ihrer Zugehörigkeit zum auserwählten Volk ihre Kinder beschneiden ließen. Auch er achtete die religiösen Bräuche. Nur räumte er ihnen einen anderen Stellenwert ein als seine judaistischen Glaubensbrüder. Für ihn waren die Rituale nicht für das Heil entscheidend.

Die Übereinkunft auf der Apostelversammlung war für die Urkirche ein erster, entscheidender Schritt auf dem Weg zu einer universalen Religionsgemeinschaft. Das Problem des Zusammenlebens von Juden- und Heidenchristen blieb allerdings bei dem Treffen ausgespart. Mit der Festlegung auf Zuständigkeitsbereiche – Petrus für Beschnittene, Paulus für Unbeschnittene – wollte man klare Grenzen ziehen. Diese Aufteilung hätte vielleicht in einer Enklave Aussicht auf Erfolg gehabt, nicht aber in den Städten des römischen Imperiums mit ihrem Vielvölkergemisch. So ließ der nächste Krach nicht lange auf sich warten. Der Schauplatz war Antiochia.

25. Der Zwischenfall

Schon beginnen mir wieder die Haare zu wachsen. Meine Fingernägel verlieren die schwarzen Streifen, eine Folge der Chemotherapie, und färben sich wieder rosa. Selbst die Augenbrauen, die kaum noch zu sehen waren, kommen wieder zum Vorschein. Diese positiven Anzeichen sind auch eine Entschädigung für Ärzte und Pflegepersonal, die sich abgemüht haben, mein Übel zu beseitigen.

Ich halte mir zugute, daß ich sie auch entsprechend unterstützt habe. Geholfen haben mir dabei die unverhofften Ferien, die ich dazu benutze, diese Seiten zu schreiben. Das bringt mich auf andere Gedanken und gibt mir Gelegenheit, mich mit etwas zu beschäftigen, was mich begeistert. Jetzt erst wird mir bewußt, daß ich mich weder zum Fernseher, noch in das nahe Kino oder in die Lektüre eines Romans geflüchtet habe. Auch den Nachrichten schenkte ich kaum Beachtung. Ich konzentrierte mich darauf, meine Aufzeichnungen zu ordnen und Fachliteratur zu konsultieren.

Meinen Freunden fällt auf, daß in allen Räumen, in denen ich mich aufhalte, klassische Musik zu hören ist. Was sie nicht wissen ist, daß ich kein Fan dieser Musikgattung war. Ich begann, Platten aufzulegen, um die Arbeitszeit zu messen oder die Leere auszufüllen, in der die Gedanken ziellos umherschweifen. Jetzt hat sich das Anhören guter Musik zu einer Leidenschaft entwickelt.

Durch den Kompromiß, der auf dem Apostelkonvent erzielt wurde, stand für die Heiden der direkte Zutritt zum Christentum offen. Ungeklärt blieb aber die Frage ihres Zusammenlebens mit den Judenchristen. Die Aufspaltung der Gläubigen in juden- und heidenchristliche Gemeinden war in der Praxis schwer durchführbar. Besonders in Gebieten, wo bereits gemischte Gemeinden bestanden, wie das in der drittgrößten Stadt des Römischen Reiches der Fall war, hätte sie die völlige Zerstörung der Ortskirche bedeutet. Die Christen in Antiochia dachten nicht daran, das Rad der Entwicklung zurückzudrehen. Sie machten mit ihrer bisherigen Gepflogenheit weiter und trafen sich zum Herrenmahl, das damals noch in eine normale Mahlzeit integriert war. Doch eines Tages wurde diese Selbstverständlichkeit unsanft in Frage gestellt. Lukas erwähnt den Vorfall in der Apostelgeschichte mit keinem Wort. Das braucht nicht zu verwundern, denn die Szene, die uns der Galaterbrief schildert, paßt so ganz und gar nicht zu seinem ausgewogenen Bild von der Urkirche. Was war geschehen?

Bald nach dem Apostelkonvent kam Petrus, begleitet von seiner Frau, nach Antiochia. Er wollte in der dortigen jüdischen Kolonie missionieren und die christliche Gemeinde besuchen. Auf der Versammlung in Jerusalem hatte er nicht zur Gruppe derer gehört, die von den Heidenchristen die Beschneidung forderte, vielmehr sympathisierte er mit den Befürwortern einer gesetzesfreien Heidenmission.

So zierte er sich auch nicht lange, als die Gemeinde ihn einlud, mit den Gläubigen zu essen und das Herrenmahl zu feiern. Er nahm die angebotene Gastfreundschaft gerne an. Eine Zeitlang ging das gut. Doch dann trafen in der Stadt „Leute um den Kreis des Jakobus ein“ (Gal 2,12), wie Paulus schreibt, offensichtlich mit dem Ziel, die Judenchristen von den Heidenchristen abzusondern und die verlorenen Schafe in den Pferch der Synagoge zurückzuführen. Wenn sie nur unter sich lebten, könnten sie die jüdischen Gesetzesvorschriften besser befolgen, fanden sie. Die Judaisten stellten Petrus wegen seines Umgangs mit den unbeschnittenen Heidenchristen zur Rede. Er zog sich zurück und unterließ es, die Gemeinde zu besuchen. Eine Reihe verunsicherter Judenchristen folgte seinem Beispiel. Paulus brachte für eine solche Verhaltensweise kein Verständnis auf. Er hielt Petrus vor, nicht Manns genug zu sein, sich den Schwierigkeiten zu stellen. Stattdessen würde er ihnen ausweichen und sich nicht schämen, die Gemeinden mit dem Problem allein zu lassen. Die Auseinandersetzung war skandalös. Aus dem Galaterbrief ist zu entnehmen, daß Paulus vor keiner Diffamierung zurückschreckte. Er nannte Petrus einen Heuchler, einen Abweichler vom Evangelium, und schleuderte ihm coram publico ins Gesicht: „Wenn du als Jude nach Art der Heiden und nicht nach Art der Juden lebst, wie kannst du dann die Heiden zwingen, wie Juden zu leben?“ (Gal 2,14)

Leider sind uns nur die Vorwürfe des Paulus überliefert und nicht die Motive, die Petrus veranlaßt haben, die Tischgemeinschaft mit den Heidenchristen aufzukündigen. Es könnte die Sorge um das Auseinanderdriften der Kirchen von Jerusalem und Antiochia gewesen sein, die ihn bewog, so zu handeln. Vielleicht kamen ihm auch Bedenken, daß der römische Staat die den Juden gewährten Sonderrechte den Judenchristen vorenthalten könnte, wenn diese sich nicht mehr an die Synagoge gebunden fühlten und damit in den Augen der Römer aufhörten, eine jüdische Sekte zu sein. Es ist gut möglich, daß ihm solch ein existenzbedrohender Konflikt mit Rom durch den Kopf ging, in den die Jerusalemer Gemeinde und möglichenfalls alle Christen hineingeraten hätten können. Dann wäre es vorbei gewesen mit der Versammlungsfreiheit, der Abstinenz von der Staatsreligion, der Befreiung vom Kaiserkult und allen anderen Privilegien. Da wollte Petrus lieber einen Schritt zurückmachen und den Leuten des Jakobus nachgeben. Der Fischer aus Kafarnaum hatte, soweit wir aus den Evangelien wissen, zwar einen impulsiven Charakter, er war aber kein Prinzipienreiter auf Kosten anderer.

Das Resultat der Konfrontation war, bildlich gesprochen, ein Scherbenhaufen. Es gehört nicht viel Phantasie dazu, sich vorzustellen, wie ein Teil der Anwesenden für den attackierten Petrus Partei ergriff. Er war für viele der Gewährsmann für die Lehre Jesu. Er war einer, dessen Verkündigung nicht auf metaphysischen Spekulationen aufbaute wie die des Paulus, sondern der erzählte, wie sein Leben von seinem Landsmann aus Nazareth umgekrempelt worden ist. Sein Zeugnis faszinierte. Deshalb empörten sich seine Sympathisanten über Paulus. Zum Glück wußten sie noch nicht, daß er die Attacke auch noch auf Pergament schreiben und an die Gemeinden versenden lassen würde.

Daß es in den Gemeinden Fanclubs der verschiedenen Missionare gab, die sich gegenseitig ausbooten wollten, zeigt uns Paulus, wenn er die Korinther ermahnt, Zank und Streit beizulegen und ihre Plänkeleien – „ich halte zu Paulus, ich zu Apollos, ich zu Kephas, ich zu Christus ..." (1 Kor 1,12) – nicht als Trumpfkarte gegeneinander auszuspielen. Es mache keinen Sinn, Personenkult zu betreiben und dabei die Fülle des Reichtums aus dem Auge zu verlieren, über den ein Christ verfügt (1 Kor 3,21–23).

Nicht nur Petrus wurde in Antiochia von Paulus bloßgestellt. Auch Barnabas kam nicht ungeschoren davon. Es kam zum Bruch zwischen Paulus und dem Mann, der sein treuer Reisebegleiter gewesen war. Der von Paulus als „verführt" getadelte (Gal 2,13) Barnabas trennte sich von seinem langjährigen Mitstreiter.

Da in der Apostelgeschichte die Differenzen der beiden vollkommen ignoriert werden, muß Lukas anderweitig erklären, weshalb Barnabas fürderhin Paulus nicht mehr auf dessen Missionsreisen begleitete. Er löste das Problem, indem er einen alten Vorfall wieder ans Tageslicht brachte, der aber kaum dazu angetan war, zwei so mit Haut und Haar dem Evangelium verschworene Draufgänger auseinanderzubringen.

Dieser Story nach hätte Paulus dem Johannes Markus noch immer geschmollt, weil dieser sich seinerzeit auf einer Missionsreise aus dem Staub gemacht hatte. Als nun Barnabas vorschlägt, die nächste Expedition in Glaubenssachen wieder in Begleitung seines „fahnenflüchtigen" Vetters anzutreten, schlägt Paulus dieses Ansinnen rundweg aus. Barnabas gibt daraufhin der Missionsarbeit in seiner Heimat Präferenz und segelt mit Johannes Markus nach Zypern ab (Apg 15,37).

Als Ursache der Trennung von Paulus und Barnabas überzeugt der Streit, der sogenannte „Antiochenische Zwischenfall", von dem Paulus erzählt, weit mehr als die etwas fadenscheinige Begründung des Lukas. Das Resultat ist jedoch dasselbe: Barnabas und Paulus, die Initiatoren der Heidenmission, gehen getrennte Wege. Selbst die von Lukas so viel beschworene Harmonie kann nicht darüber hinwegtäuschen: In der Urkirche flogen die Fetzen und die Matadore gerieten sich in die Haare. Es wird noch weit mehr Konflikte zwischen den verschiedenen Tendenzen gegeben haben als den in Antiochia, nur wissen wir nichts von ihnen. Der Glaube an Christus hatte aus den ersten Zeugen nicht automatisch fehlerfreie Menschen gemacht und ihre Schwächen in Tugenden umgewandelt.

Man täte Barnabas unrecht, nähme man an, daß er deshalb nicht mehr mit Paulus gereist wäre, weil ihm dessen Eifer für die Bekehrung der Heiden nicht mehr zugesagt hätte und er einen Rückzieher hinter die Jerusalemer Beschlüsse machen hätte wollen. Wahrscheinlicher ist, daß nicht Barnabas, sondern Paulus bei diesem Zwist den Schwarzen Peter hatte und nach der Devise alles oder nichts den Bogen überspannte. Während Petrus und Barnabas nämlich erleichtert aufatmeten, weil sie in Jerusalem zumindest einen Konsens für die Gesetzesfreiheit der Heiden gefunden hatten, den die Kirchen von Jerusalem und von Antiochia mittragen konnten, wollte Paulus mehr. Er setzte die Billigung von gemischten Gemeinden als gegeben voraus, aber dieses Thema war auf der Apostelversammlung überhaupt nicht zur Sprache gekommen.

Jakobus erfuhr von den Auseinandersetzungen in Antiochia. Er nahm sich vor, die Position jener Christen zu stärken, die weiterhin treu nach den Vorschriften des Mose leben wollten. Bislang hätten die Heidenchristen großzügige Erleichterungen konzediert bekommen, meinte er, nun sollten *sie* einmal auf ein paar Gewohnheiten verzichten, aus Respekt vor den religiösen Gepflogenheiten der Judenchristen. Jakobus wollte ihnen zumindest jene Regeln auferlegen, die jeder Heide, der in jüdischen Gebieten lebte, zu beachten hatte. Von seiner Warte aus war der Entschluß verständlich, denn, wie wir bereits wissen, verstand er die entstehende christliche Kirche nicht als etwas Eigenes, sondern als den stimulierenden Kern im Innern des Judentums. Dementsprechend hätten Heiden, die innerhalb dieses Rahmens leben wollten, gewisse Vorschriften einzuhalten. Diese Regeln legte Jakobus nun in einem Dekret fest. Darin stand, daß die Heidenchristen auf Götzenopferfleisch, Blut und Ersticktes zu verzichten hätten und die Ehe mit Blutsverwandten meiden mußten. Die „Jakobusklauseln", wie die Minimalforderungen später genannt werden, waren wegweisende Richtlinien. Sie waren aber keine Glaubenssätze, sondern nur ein Modus vivendi, um in gemischten Gemeinden Tischgemeinschaft möglich zu machen, ohne daß die Judenchristen befürchten mußten, „unrein" zu werden.

Lukas datiert die Abfassung des Dekrets zeitgleich mit der Apostelversammlung. Indem er stillschweigend über das Zerwürfnis in Antiochia hinweggeht, schafft er sich etwas aus dem Weg, das ihn gehindert hätte, zeitlich auseinanderliegende Ereignisse zu einem Geschehen zusammenzuziehen. Daß Lukas hier wieder einmal nicht schreibt, wie es *war*, sondern wie es aus seiner idealisierenden Sicht gewesen sein *mußte*, vermag eine einfache logische Überlegung zu erhellen. Wären nämlich die den Heiden auferlegten Regeln tatsächlich bereits in Jerusalem in Kraft getreten, hätte die antiochenische Gemeinde um diese

Richtlinien gewußt und es wäre nicht zu dem Zwischenfall gekommen.

Aber wir haben glücklicherweise ohnehin einen Zeugen für ein späteres Abfassungsdatum des Dekrets, nämlich Paulus. Er weiß von keinem solchen Dekret. Er behauptet, daß ihm in Jerusalem keinerlei Auflagen für die Heidenmission gemacht worden wären.

Wenn damals ein Christ in die Zukunft hätte blicken können, dann hätte er gesehen, daß bereits gegen Ende des ersten Jahrhunderts die Klauseln kaum noch eine Rolle spielt. Er hätte mitverfolgen können, wie nach der Hinrichtung des Jakobus und nach der Zerstörung Jerusalems die Zahl der Judenchristen zur Unbedeutsamkeit zusammenschmolz und die der Heidenchristen gewaltig zunahm. Zu dieser Zeit gab es kaum noch Christen, die sich um die jüdischen Speisevorschriften kümmerten, und selbst diejenigen, die aus dem Judentum kamen, achteten die Gesetze nicht mehr als Richtschnur ihres Lebens. Noch ein wenig später – im Jahr 110 – hat Bischof Ignatius von Antiochia Christen, die noch jüdische Ritualgesetze praktizierten, sogar vehement verurteilt.

Doch wir befinden uns erst im Jahr 49. Bei dem antiochenischen Zerwürfnis schlugen sich die christlichen Gemeinden mehrheitlich auf die Seite von Petrus und Barnabas. Den Grund hierfür kennen wir nicht. Denkbar wäre, daß bei den Judenchristen nach dem Skandal längst überwunden geglaubte Hemmnisse bezüglich der gemischten Tischgemeinschaft fröhliche Urständ' feierten und ihnen die Position des Paulus ohnehin zu radikal und seine Christologie zu kompliziert war.

Die gemischte Gemeinde, das hohe Ideal des Paulus, zerbröckelte. Sie splitterte sich in Pro- und Kontra-Gruppen auf. Für den Apostel war unter diesen Umständen an eine pastorale Arbeit in Antiochia nicht mehr zu denken. Zwölf Jahre hatte ihm die Stadt als Standort gedient. Nun brach er seine Zelte ab und verließ sie.

Auch der zweite Protagonist im antiochenischen Zerwürfnis, Petrus, räumte seinen Platz in Jerusalem. Im Strudel der Ereignisse war ihm, dem Steuermann, das Ruder abhanden gekommen. Die verzwickte Lage in den gemischten Gemeinden hatte ihn überfordert. Hier die Leute des Jakobus, da die Anhänger des Paulus – Petrus wußte weder ein noch aus. Sein Renommee in der Jerusalemer Muttergemeinde und in den von ihr abhängigen Gemeinden in Judäa hatte durch den Zwischenfall erhebliche Einbußen erlitten. Die Position des Jesusbruders Jakobus hingegen hatte sich gefestigt. Sein guter Kontakt zur Synagoge gab dem frommen Mann auch in jüdischen Kreisen beachtliches Ansehen. Er war nun der uneingeschränkte Vorsteher der Muttergemeinde. Aus dem Kreis der Zwölf spielte in Jerusalem keiner mehr eine Rolle. Die Leitung der Urgemeinde war den Aposteln entglitten.

Vielleicht war Petrus gar nicht unglücklich, der Führungslast ledig zu sein. Anderen sagen, wo es lang geht, war nie seine Stärke gewesen. Nun konnte er sich wieder dem zuwenden, was ihm am Herzen lag: seinen Landsleuten von Jesus zu erzählen. Wahrscheinlich machte sich der Fischer, begleitet von seiner Frau, nach Kleinasien auf und missionierte in den Synagogen. Einem Hinweis in einem Paulusbrief zufolge scheint es in Korinth eine „Kephas-Partei" gegeben zu haben (1 Kor 1,12). Das läßt vermuten, daß Petrus in Korinth tätig war. Damit brechen aber die historisch überprüfbaren Nachrichten über Petrus ab. Alle Berichte über die weiteren Stationen seines Lebens wie auch über seinen Märtyrertod in Rom gehören der christlichen Tradition an und sind Legenden. Diese ranken um den Primus inter pares unter den Zwölfen liebevoll jene Geschichten, die ihn auf den – damals noch gar nicht existierenden – Bischofsstuhl von Rom setzen und ihn als erstes Oberhaupt der christlichen Kirche agieren lassen. Sie deuten darauf hin, daß er als Urgestein der Jesusbewegung in der Erinnerung der folgenden Generationen einen bedeutenden Platz eingenommen hat.

Paulus hat sich von Antiochia, seinem langjährigen Wirkungsort, getrennt. Er selbst vollzog den Schnitt. Wir wissen nicht, wie schwer ihm der Weggang fiel. Das gestörte Verhältnis zur Gemeinde mußte ihm wie eine Bankrotterklärung vorkommen. Doch er ließ sich nicht unterkriegen. Er brach zu neuen Ufern auf.

26. Die Gemeinden

Mit dem Mai ist Schönwetter gekommen, und die Gefahr, sich mit einem Grippevirus zu infizieren, ist geringer geworden. Die Ärzte haben mir grünes Licht gegeben, wieder unter die Leute zu gehen. Es scheint, daß mein Immunsystem wieder beginnt, effektiv zu werden, und den Kampf mit den Aggressoren aufnimmt.

Ich habe mir selbst ein kleines Geschenk für mein geduldiges Durchhalten der „Quarantäne" gemacht. Letzte Woche bin ich in die Oper gegangen, um mir ein Werk von Georg Friedrich Händel anzusehen: Saul. Es war für mich, der ich mich nun schon mehrere Monate mit einem biblischen Stoff beschäftigt habe, interessant zu sehen, wie man im 17. Jahrhundert an ein solches Thema herangegangen ist und die Auseinandersetzung des ersten Königs von Israel mit David dargestellt hat.

Paulus, der Zeltmacher, brach seine Zelte in Antiochia ab. Wohin er sich begab, wissen wir nicht genau. Die Suche nach seiner Reiseroute ist wie ein Herumstochern im Nebel. Einige Aufenthaltsorte ragen jedoch wie Fixpunkte aus dem Nebelschleier heraus.

Ephesus zum Beispiel, eine Weltstadt, ein Knotenpunkt der Land- und Seewege, ein Umschlageplatz der Waren aus Ost und West. Mit den Waren kamen Kaufleute und Händler aus aller Herren Länder. Ephesus war ein Schmelztiegel der Völker. Das religiöse Leben war geprägt vom Kult der Fruchtbarkeitsgöttin Artemis. Ihr Heiligtum stand in der Antike auf der Liste der Sehenswürdigkeiten ganz oben. Es zählte zu den sieben Weltwundern. Verglichen damit führten andere Tempel, mit denen Ephesus als Hauptstadt der römischen Provinz Asia dem Götterhimmel des Imperiums

Rechnung trug – zum Beispiel das Heiligtum, das der Göttin Roma geweiht war, oder der Tempel des Augustus – nur ein Mauerblümchendasein.

Ein ähnlicher Tummelplatz der Religionen war Korinth, eine andere wichtige Station des Paulus. Der Kaiserkult wurde dort gepflegt, aber freigelassene Sklaven aus Syrien, Ägypten und Griechenland, die von den Römern kurz vor der Zeitenwende angesiedelt worden waren, hatten auch ihre heimischen Götter mitgebracht, so daß das Pantheon am Isthmus so bunt war wie die dortige Bevölkerung. Das Imperium ließ den Synkretismus wuchern, solange er dem Kaiserkult nicht in die Quere kam oder Unruhen unter der Bevölkerung provozierte.

Eine andere bemerkenswerte Multikulti-Stadt, in der sich Paulus aufgehalten hat, war Philippi, an der berühmten Verkehrsader Via Egnatia gelegen, die Nordgriechenland mit Rom verband. Aber nicht nur wegen des verkehrsstrategischen Aspekts war die Stadt für die Römer bedeutend. Es gab auch einen nationalgeschichtlichen Grund. Philippi war der Austragungsort der Schlacht gewesen, in welcher der spätere Augustus die Mörder Cäsars besiegte. Zur Zeit des Paulus war Philippi der Ruhesitz römischer Veteranen. Die alten Haudegen prägten das Stadtbild. Sie hatten von ihren Feldzügen nicht nur Narben, sondern auch die Verehrung fremder Gottheiten mitgebracht.

Im ersten nachchristlichen Jahrhundert machte sich jedoch in den genannten Orten, ja im ganzen Weltreich eine immer größer werdende Unzufriedenheit mit der Götterwelt breit. Die Lasterhaftigkeit der Überirdischen enttäuschte. Ihr Betragen schien auch nicht besser zu sein als das der Sterblichen. So suchten die Menschen anderswo spirituellen Halt. Einige glaubten ihn in den östlichen Mysterienreligionen zu finden, bei Mithras und Astarte, andere im Judentum. Der Glaube an nur einen Gott und die auf strenger Ethik basierende Lebensform übten eine große Faszination aus. Viele Heiden sympathisierten mit dem Judentum, ohne zu ihm überzuwechseln. Man nannte sie die „Gottesfürchtigen“, und wie wir gesehen haben, waren sie die ersten Ansprechpartner des Paulus. Das geistige Terrain war für die neue Religion günstig.

Lukas widmet den Reisen des Apostels die halbe Apostelgeschichte. Aber es bleibt ungewiß, wieviel vom Reisebericht Literatur und theologische Deutung ist, und wieviel davon als zuverlässige historische Information betrachtet werden darf. Auf der Suche nach außerbiblischen Zeugnissen werden wir nur in einem Fall fündig. Eine in Delphi gefundene Steininschrift bezeugt, daß der römische Prokonsul Gallio, vor dessen Richterstuhl Paulus stand (vgl. Apg 18,12–17), in den Jahren 51 und 52 in Achaia Statthalter war. Zur Not läßt sich noch der Zeitpunkt der Begegnung des Paulus mit dem Ehepaar Priszilla und Aquila festlegen, das „vor kurzem aus Italien gekommen“ war (Apg.18,2). Wie wir bereits wissen, ist der Grund, weswegen die beiden aus Rom weggingen, im Edikt des Kaisers Claudius aus dem Jahr 49 zu suchen, das die Juden aus der Stadt ausgewiesen hat.

Auffallend ist, daß Lukas in der Apostelgeschichte nirgends die Paulusbriefe erwähnt. Wahrscheinlich interessierten den Autor die Reisen des Apostels mehr als dessen Doktrin, die nicht zu seinem narrativen Stil paßte. Aber ganz aus der Luft gegriffen hat Lukas die Begebenheiten der Apostelgeschichte wohl nicht. Sicherlich konnte er auf lokale Überlieferungen und Anekdoten oder Zeugenaussagen zurückgreifen. Den vorhandenen Stoff hat er dann kunterbunt zu einem einzigen Bericht verarbeitet und mit seinen Verkündigungsabsichten gewürzt.

Auffällig ist das rasante Tempo der Missionsreise. Es kann dem Evangelium gar nicht schnell genug gehen, an die „Grenzen der Erde“ zu kommen. Wie ein siegreicher Feldherr von Erfolg zu Erfolg, so jagt der Held der Frohbotschaft von Stadt zu Stadt, von Provinz zu Provinz. Der Geist treibt ihn dazu an. Er führt bei diesem Drama Regie. Seinen Anweisungen hat der Hauptdarsteller Akt für Akt zu folgen. Die Dramaturgie steuert auf einen Höhepunkt zu, als der Regisseur auf einmal die Pläne des Protagonisten durchkreuzt und ihn abhält, die eingeübte Rolle weiterzuspielen. Paulus wird vom Geist gehindert, weiter in Kleinasien zu missionieren. Warum wird das Drama abrupt unterbrochen? Welche Absicht steckt hinter der himmlischen Intervention? Der Geist, so werden wir belehrt, hat sich dem Apostel in den Weg gestellt, damit er nicht auf dem ausgetretenen Trampelpfad weitergeht, sondern Neuland für das Evangelium erschließt. Der Geist weist Paulus den Weg nach Europa (Apg 16,6).

Wenn man vor Augen hat, wer bei diesem Stück Regie führt, verwundert es nicht, daß der Missionsweg des Paulus auf Schritt und Tritt mit wundersamen Ereignissen gepflastert ist. Da werden dann selbst so banale Dinge wie Schweiß- und Taschentücher des Apostels zu Wunderwerkzeugen. Die Leute entreißen sie Paulus, um sie Kranken aufzulegen. Und siehe da, die Siechen werden gesund und die bösen Geister fahren aus den Besessenen aus (Apg 19,12).

Paulus erzählt in seinen Briefen nichts von solchen Mirakeln. Umso mehr von Strapazen. Sein Zustandsbericht zeigt, wie irdisch es auf seinen Wegen zuging: „Bis zur Stunde hungern und dürsten wir, gehen in Lumpen, werden mit Fäusten geschlagen und sind heimatlos.“ (1 Kor 4,11) Paulus erging es nicht besser als den vielen anderen Wanderpredigern, die sich bei Wind und Wetter auf den Straßen des Imperiums die Sohlen abliefen – ganz zu schweigen von den Gefahren, die überall lauerten (2 Kor 11, 26–27).

Man hat herumgerätselt, welche Art von Krankheit wohl den Apostel in Galatien befallen haben mag, so daß er gezwungen war, seinen Aufenthalt zu verlängern. „Krank und schwach“ sei er gewesen, lesen wir bei Paulus. Das Nächstliegende ist ohne Zweifel, daß er den täglichen Strapazen nicht mehr gewachsen war und sein Körper streikte. Sein

Akku war leer, sagen wir Kinder des technischen Zeitalters dazu. Der Kraftverschleiß ist bei dem Arbeitspensum des Apostels nicht verwunderlich. Tagsüber schaffte er für den Broterwerb, abends belehrte er die Gläubigen. Dabei überschritt er bei weitem das Zeitmaß von zehn Minuten, welches heutigen Predigtaspiranten als Dauer für eine gute Predigt empfohlen wird. Die Apostelgeschichte erzählt, wie Paulus seine Reden bis Mitternacht ausdehnt, so daß eines Tages, als sich die Predigt immer länger hinzieht, ein junger Mann, der auf den Fenstersims Platz genommen hat, vom Schlaf übermannt wird und drei Stockwerke tief abstürzt (Apg 20,7–9).

Paulus mußte es in Galatien, im Süden der heutigen Türkei, ziemlich dreckig gegangen sein, denn er bedankte sich hinterher bei den Gastgebern, die ihn gesundgepflegt hatten, mit einem überschwenglichen Lob (Gal 4,14–15). Sie hätten ihn „wie einen Engel Gottes" aufgenommen, „wie Christus Jesus", schreibt er, und, wenn es möglich gewesen wäre, hätten sie sich sogar die Augen für ihn ausgerissen. Aufgrund dieser Notiz haben manche Ausleger prompt angenommen, bei der Krankheit des Apostels müsse es sich um ein Augenleiden gehandelt haben.

Angesichts der Gefahren war es nicht ratsam, allein zu reisen. Auch Paulus war mit einer Gruppe von Begleitern unterwegs. Die wichtigsten kennen wir mit Namen: Timotheus, Silvanus [*griechisch:* „Silas"] und Titus. Sie waren aber weit mehr als reine Bodyguards. Der Apostel betraute sie mit wichtigen Aufgaben, und die Gemeinden respektierten sie als seine Botschafter.

Daß die Begleiter nicht bloß irgendwelche Laufburschen des Apostels waren, sondern bedeutsame, allseits bekannte Leute der Urkirche, ist auch daraus zu ersehen, daß ihre Namen bei den Mitteilungen des Apostels im Briefkopf aufscheinen. Nicht nur so eine Größe wie Timotheus wird als Mitabsender genannt, sondern auch „der Bruder Sosthenes", ein Mitarbeiter, von dem wir nur den Namen kennen (1 Kor 1,1).

Die Weggefährten des Paulus besuchten die Gemeinden, wenn Paulus verhindert war zu reisen – sei es, daß er krank daniederlag oder hinter Gittern saß, oder sei es, daß Wogen geglättet werden mußten, weil der Apostel, wie im Fall der Reise des Titus nach Korinth, auf Kriegsfuß mit seiner Gemeinde stand. Den Grund für das damalige Zerwürfnis kennen wir nicht. Wohl aber wissen wir, daß ein Blitzbesuch des Apostels, der die Situation entschärfen hätte sollen, nur noch mehr Öl ins Feuer gegossen hatte. Der Apostel war zutiefst gekränkt und wollte den Korinthern nicht mehr unter die Augen treten. Erst nach der Visite des Titus, der einen Brief des Paulus an die Gemeinde, „aus großer Bedrängnis und Herzensnot, unter Tränen" zu Papier gebracht, in seinem Reisegepäck trug, besserte sich das Verhältnis zwischen dem Apostel und der Kirche in Korinth wieder. Höchstwahrscheinlich war es nicht der Brief, sondern der Briefbote, der die Entschärfung des Konflikts bewirkt hatte.

Paulus verstand es, sich mit den richtigen Leuten zu umgeben und hatte den Weitblick, nicht alles selbst tun zu wollen. Seine rechte Hand war Timotheus, Sohn eines heidnischen Vaters und einer jüdischen Mutter, die Christin geworden war. Auf ihn, sein „geliebtes und treues Kind im Herrn" (1 Kor 4,17), konnte sich der Apostel hundertprozentig verlassen. Die Lauterkeit seines Mitarbeiters stand für Paulus außer Zweifel: „Ich habe keinen Gleichgesinnten, der so aufrichtig um eure Sache besorgt ist", schreibt er an die Philipper (Phil 2,20). Dabei fing die Kooperation der beiden laut Apostelgeschichte gar nicht problemlos an. Paulus ließ, so steht dort zu lesen, Timotheus „mit Rücksicht auf die Juden" beschneiden (Apg 16,1–3). Eine Konzessionsbereitschaft, die Staunen erregt und angesichts der scharfen Geschütze, die Paulus sonst gegen die Beschneidung aufgefahren hat, Zweifel aufkommen läßt, wie zuverlässig diese von

Lukas lancierte Information sein mag. Kann man sich wirklich vorstellen, daß Paulus seine eigenen Prinzipien aufgegeben hat und den Christen Timotheus unter das Zeremonialmesser brachte? Interpreten, die die Unvereinbarkeit der Textstelle mit den Paulusbriefen ausbügeln möchten, sehen in dem Passus das Bemühen des Lukas, einen Paulus zu zeigen, der die religiösen Gefühle der Judenchristen bis zur Selbstaufgabe respektiert und aus pastoralen Gründen den Juden ganz ein Jude sein will (1 Kor, 9,20).

Reisekumpan des Paulus zu sein, bedeutete nicht nur Speis und Trank mit ihm zu teilen, sondern manchmal auch die Gefängniszelle. Wo genau Andronikus und Junia mit Paulus im Knast saßen (Röm 16,7), ist nicht auszumachen. Epaphras traf dieses Los wahrscheinlich in Ephesus (Phlm 23).

So unnachgiebig und aufbrausend Paulus bei Streitereien mit seinen Gegnern sein konnte und seine Ausdrücke nicht auf die Goldwaage legte, so milde, rücksichtsvoll und einfühlsam zeigte er sich im Umgang mit seinen Mitarbeitern. In seinen Briefen versäumte er nicht, seine treuen Helferinnen und Helfer namentlich zu grüßen und fügte für jede und jeden noch ganz persönliche Worte hinzu: „Grüßt Maria, die für euch viele Mühe auf sich genommen hat, Ampliatus, mit dem ich im Herrn verbunden bin, den lieben Epänetus, der die Erstlingsgabe der Provinz Asien für Christus ist, Priska und Aquila, die für mich ihr eigenes Leben aufs Spiel gesetzt haben, Apelles, der sich in Christus bewährt hat, die liebe Persis, die für den Herrn große Mühe auf sich genommen hat, Rufus und seine Mutter, die auch mir zur Mutter geworden ist usw." (vgl. Röm 16,3–13).

Auf der Grußliste des Römerbriefes tauchen viele weibliche Namen auf. Sie halten sich mit denen der Männer fast die Waage. Paulus wußte offensichtlich, daß er es den Frauen zu verdanken hatte, wenn seine Strategie aufging, an jedem Ort, den er besuchte, die Bildung von Hauskirchen anzuregen. Diese Kernzellen waren wie Großfamilien, wo einer den andern kannte. Sie waren die Bausteine der lokalen Gemeinden. Ohne das Mittun der Frauen wäre das Vorhaben des Apostels in den Anfängen steckengeblieben. Die Hauskirche gehörte zur Domäne der Frau, wie der gesamte häusliche Bereich, und unterstand ihrer Leitung. So bereiteten die Frauen den Nährboden, in welchem das Christentum gedeihen und sich rasch über das Imperium fortpflanzen konnte. In Politik und Öffentlichkeit, dem Einflußgebiet der Männer, war der aufkommende neue Glaube dagegen kaum präsent. Das Christentums war also in seinen Anfängen keineswegs eine reine Männersache.

Als geschickter Personalpolitiker und Organisator erkannte Paulus das Potential, das in den Frauen steckte. Er integrierte ihre Kräfte in sein Missionierungssystem und gab damit den Gemeinden Stabilität, machte sie unabhängig vom zufälligen Vorbeikommen eines Wanderpredigers und sicherte ihr Fortbestehen, ja sogar eine missionarische Expansion, wenn er längst wieder an einem anderen Ort predigte.

Daß die Frauen im Urchristentum eine Hauptrolle spielten, war eine epochale Neuerung. Heutzutage ist das Verdienst des Paulus, die Frau als gleichwertige Partnerin im Dienst des Evangeliums respektiert zu haben, oft weniger bekannt als seine Anordnung, die Frauen sollten in der Versammlung schweigen (1 Kor 14,34). Gleichgültig, ob man dies als eine authentische Anweisung des Apostels versteht, die eben an die sozialen Verhältnisse der Zeit gebunden war, oder aber als eine spätere Einfügung interpretiert – weil es nämlich dem widerspricht, was Paulus ein paar Kapitel vorher vom Reden der Frau gesagt hat (vgl. 1 Kor 11,5), wohl aber mit dem übereinstimmt, was in später entstandenen Texten des Neuen Testamentes zu lesen steht (1 Tim 2,11) –, eines steht fest: Mehr als diese Worte im Ersten Korintherbrief hat die Praxis des Apostels gezeigt, welche Bedeutung er der Frau in der Kirche wirklich beimaß.

Wenn Paulus den Korinthern schreibt: „Ihr kennt das Haus des Stephanas", (1 Kor 16,15), dann meint er damit nicht ein bestimmtes Gebäude in der Stadt, sondern die, die dort wohnen: den Pater familias, dessen Ehefrau, die erwachsenen Kinder, die Diener, Sklaven und Freunde, die sich alle „in den Dienst der Heiligen gestellt" haben, also in der Gemeinde engagiert waren. Paulus vermied es, die Hauskirchen am Gängelband zu führen. Er legte es darauf an, daß sie möglichst schnell flügge wurden und nicht mehr auf seine Anwesenheit angewiesen waren. Selbst eine so charakteristische Handlung für einen Missionar wie das Taufen delegierte er an die örtlichen Mitarbeiter. Dadurch gewann er Zeit für die Verkündigung und ging überdies Eifersüchteleien aus dem Weg, denn niemand konnte sich brüsten, vom Apostel selbst getauft worden zu sein (vgl. 1 Kor 1,15).

Nicht immer gelang es, eine Gemeinde zu gründen. Paulus und seine Mitarbeiter wurden keineswegs überall mit offenen Armen aufgenommen. Nirgendwo ist davon die Rede, daß er in Athen eine Gemeinde gegründet oder einen Brief an die Kirche von Athen geschrieben hätte. Die Areopag-Rede des Paulus, die uns Lukas in der Apostelgeschichte präsentiert (Apg 17,22–34), ist kein historisches, sondern ein literarisches Dokument aus späterer Zeit. Sie illustriert an einem plakativen Beispiel, wie Missionierung in der hellenistischen Welt vonstatten ging.

Paulus besaß keine Koordinierungszentrale. Er war ein Wandermissionar und hatte keinen festen Wohnsitz. Sein Reisekalender und der seiner Mitstreiter war vollgepfropft mit Namen römischer Provinzstädte und Verkehrsknotenpunkte, es waren Standorte bereits bestehender Gemeinden oder Sitze künftiger Neugründungen. Sein Arbeitsfeld waren die Zentren der Verwaltung, des Handels und der Kultur, in denen Griechisch gesprochen wurde, die Allerweltssprache, mit der man sich überall verständigen konnte. In ländlichen Gegenden hätte er Verständigungsschwierigkeiten gehabt. Er kannte die Sprache der Leute nicht und war auch mit deren Lebensgewohnheiten nicht vertraut. Man kann es an den Vergleichen erkennen, die er wählt. Sie sind aus dem Großstadtleben genommen und nicht – wie die Gleichnisse Jesu – aus dem Arbeitsbereich des Landmanns.

Der Apostel war in den neun Jahren seiner Missionstätigkeit nicht ununterbrochen unterwegs, wie man aufgrund der Lektüre der Apostelgeschichte annehmen könnte. Wenn dort von „einiger Zeit" die Rede ist, die Paulus an einem Ort blieb, so handelt es sich dabei nicht um ein paar Wochen, sondern um mehrere Jahre. Krankheit, Verfolgung, die Sorge um den Lebensunterhalt und ungünstige Witterungsumstände, die es zu bestimmten Jahreszeiten unmöglich machten, den Seeweg zu benutzen, erzwangen längerfristige Aufenthalte. Paulus richtete sich jedoch nirgendwo häuslich ein. Eine ständige Bleibe erübrigte sich für ihn, ja schon ein unnötiges Verweilen wäre für ihn ein Verplempern kostbarer Zeit gewesen, denn er lebte in der festen Überzeugung, die Parusie stünde unmittelbar bevor. Der Gedanke an das nahe Kommen des Herrn war die Dynamik, die ihn zum rastlosen Missionar machte. Möglichst vielen Menschen wollte er noch vor der Wiederkunft Christi die Frohbotschaft bringen.

Es sprach sich in den Gemeinden schnell herum, wo sich der Apostel gerade aufhielt. Es war ein fortwährendes Kommen und Gehen. Abordnungen der Gemeinden scheuten keine Entfernung, um den Apostel aufzusuchen, und Vertrauensleute transportierten Briefe und Botschaften hin und her. Nicht nur Boten, sondern auch Botinnen waren als verläßliche Überbringer der Schreiben unterwegs. Eine hebt der Apostel besonders hervor: Phöbe, eine Christin, die in Kenchreä, einer Nachbarstadt Korinths, zu Hause war. Sie war wegen ihrer Hilfsbereitschaft hochangesehen und hatte auch Paulus geholfen (Röm 16,1–2).

Gelegentlich war auch der Tratsch ein Mittel, um zu erfahren, wie die Dinge in den Gemeinden standen. Ein solcher Fall wird am Anfang des Ersten Korintherbriefes erwähnt. Bedienstete der Chloë, einer Unternehmerin aus Ephesus, hatten in Korinth zu tun gehabt, und als sie von dort zurückkehrten, erzählten sie, wie sich die Christen in Korinth gegenseitig die Hölle heiß machten. Es hätten sich in der Gemeinde um verschiedene Missionare Klüngel gebildet und jede Clique wollte der anderen den Rang ablaufen. Paulus, der sich gerade in Ephesus aufhielt, hörte, was man sich in Korinth erzählte. Umgehend las er den Streithähnen die Leviten (1 Kor 1,11). Zu ihrer Entschuldigung kann man anführen, daß die Neubekehrten in der jungen Gemeinde schlichtweg überfordert waren, in dem Wirrwarr verschiedener Lehrmeinungen und Richtungen den Durchblick zu behalten.

Es war damals üblich, daß die Wanderprediger von den Gläubigen verköstigt wurden und bei ihnen Unterkunft fanden. Wer das Evangelium verkündet, soll vom Evangelium leben, hieß die Devise. Diese Praxis ging auf Jesus zurück, der seinen Jüngern aufgetragen hatte, auf ihren Missions-Trip nichts mitzunehmen – weder Vorratstasche noch Brot oder Geld, nicht einmal ein zweites Hemd – und sich von den Leuten einladen zu lassen (Mt 10,5–15; Mk 6,7–13; Lk 9,1–6). Paulus dagegen kam für Kost und Logis selbst auf. Mit seiner Hände Arbeit verdiente er sich, was er zum Leben brauchte. Stolz hielt er es sich zugute: „Tag und Nacht haben wir gearbeitet, um keinen von euch lästig zu fallen.“ (1 Thess 2,9) Er sagte sogar, er wolle lieber sterben, bevor ihm jemand „diesen Ruhm“ entreißt (1 Kor 9,15). Sein Streben nach Unabhängigkeit war es ihm wert, in seiner Umwelt auf Unverständnis zu stoßen, denn körperliche Arbeit war in der Antike verpönt. Es waren in der Regel Knechte und Sklaven, die sie ausübten. Daß sich Paulus freiwillig auf diese niedrige soziale Stufe begab, indem er sich „für alle zum Sklaven machte“ (1 Kor 9,19), war für seine Gegner ein Beweis für seine Minderwertigkeit. Sie nahmen es als ein Eingeständnis seiner Drittklassigkeit, die ihm nicht erlaubte, den üblichen Lohn eines Lehrers zu fordern. Paulus hingegen interpretierte seine Erniedrigung als eine Teilhabe am Kreuz Christi.

Wenn Paulus für sich keine Spenden in Anspruch nahm, so heißt das nicht, daß die Gemeinden keine Abgaben zu leisten gehabt hätten. Der Apostel schröpfte sie, um Mittel für Neugründungen zu haben. Andere Gemeinden habe er „ausgeplündert", teilte er den Korinthern mit, „und Geld von ihnen genommen, um euch dienen zu können" (2 Kor 11,8).

Es ging Paulus aber nicht um das Geld. Das Geld sollte nur ein Mittel sein, die Gemeinden zusammenzuschweißen und die Gräben zwischen Heidenchristen und Judenchristen überwinden zu helfen. Getreu seiner Überzeugung, daß die Kirche insgesamt als ein Leib zu betrachten ist und es keinem der Glieder gleichgültig sein kann, wenn es einem Glied schlecht geht, war sich Paulus nicht zu gut, die Werbetrommel zu schlagen und sozusagen mit dem Klingelbeutel von Gemeinde zu Gemeinde zu ziehen, um für die verarmte Jerusalemer Kirche zu sammeln. Er betrachtete diese Kollekte, die er auf dem Apostelkonvent zugesagt hatte, als einen Akt der Solidarität. Paulus war sich durchaus bewußt, daß er das Evangelium letztendlich der „Mutterkirche" zu verdanken hatte. Es sei eine Frage der Gerechtigkeit, meinte er im Römerbrief, wenn seine Gemeinden Schulden begleichen und „irdische" Güter an die abgeben würden, von denen sie „geistliche" empfangen hatten (Röm 15,26–28).

Paulus kannte seine Pappenheimer. Mit Witz und Überlegung brachte er sie dazu, tief in den Geldbeutel zu greifen. Pfiffig spielte er eine Gemeinde gegen die andere aus und packte sie bei ihrem Ehrgeiz. So hielt er den Korinthern vor Augen, wie gebefreudig die Mazedonier gewesen waren. Trotz ihrer tiefen Armut hätten sie schier über ihre Kräfte gespendet (2 Kor 8,1–4). Gleichzeitig bat er aber die Korinther, eine möglichst hohe Summe zustandezubringen, um angesichts der hochgeschraubten Erwartungen ihm und ihnen selbst eine Blamage zu ersparen, da er den Mazedoniern erzählt hätte, die Korinther würden schon seit einem Jahr fleißig sammeln (2 Kor 9,2–4).

Es spricht für das Organisationstalent des Paulus, daß er sich nicht nur auf die momentane Spendelaune seiner Leute verließ. Er gab den Gemeinden genaue Anweisungen, wie sie die Kollekte abzuwickeln hätten. Jedes Gemeindemitglied sollte an jedem ersten Wochentag einen bestimmten Betrag zurücklegen, so viel wie es eben entbehren kann, ohne selbst in Not zu geraten (1 Kor 16,2). Für die Kassenführung und die praktische Abwicklung der Kollekte konnte er Titus gewinnen. Dieser „Foundriser" des Urchristentums war auch dazu ausersehen, mit Vertrauensleuten aus den Gemeinden die Spende nach Jerusalem zu bringen (2 Kor 8,16–17; 23–24).

In Philippi machte Paulus eine Ausnahme von seinem Prinzip, kein Geld für sich anzunehmen. Da akzeptierte er die Gastlichkeit der Gemeinde und nahm Geldgeschenke der „Brüder aus Mazedonien" an. In einem Fall brachte ihm Epaphroditus die Geldspende der Philipper in den Knast nach Ephesus (vgl. Phil 4,18–19; 2 Kor 11,9).

Die Christen von Philippi waren die Lieblingsgemeinde des Apostels. Hier in dieser Stadt in der römischen Provinz Mazedonien hatten Paulus und seine Begleiter zum ersten Mal auf europäischem Boden das Evangelium verkündet. Lukas erzählt, wie es war, als die Missionare ankamen und die ersten Kontakte knüpften. Sie trafen am Flußufer außerhalb des Stadttors auf eine Gruppe von Frauen, die sich dort zum Gebet versammelt hatten. Eine von ihnen, Lydia, eine Purpurhändlerin, ließ sich gleich samt Familie und Dienerschaft taufen und drängte Paulus und seine Begleiter, in ihrem Haus zu logieren (Apg 16,14–15).

Jemand, der ein geräumiges Haus und Gesinde hatte, gehörte nicht zur ärmeren Bevölkerung. Obwohl unter den ersten Christen laut Paulus „nicht viele Weise im irdischen Sinn, nicht viele Mächtige, nicht viele Vornehme" waren (1 Kor 1,26), handelte es sich bei ihnen keineswegs um lauter kleine Leute und arme Schlucker. Einige von ihnen zählten zur gehobeneren und finanzkräftigeren Schicht und waren Stützpfeiler der paulinischen Gemeinden. Die Purpurhändlerin Lydia war eine von ihnen. Ebenso Gaius, der „die ganze Gemeinde gastlich aufgenommen hat" (Röm 16,23) oder Erastus, der Stadtkämmerer von Korinth (Apg 19,22), oder Sergius Paulus, der Prokonsul von Zypern (Apg 13,12). Leute wie diese verfügten über die räumlichen und finanziellen Voraussetzungen, um die Gläubigen bei sich einzuladen und das Herrenmahl auszurichten, denn eigene Gotteshäuser oder Tempel hatten die ersten Christen nicht.

Wie sehr Paulus an den Philippern hing, ist dem Brief zu entnehmen, den er ihnen aus dem Gefängnis in Ephesus schrieb. Er enthält keine Spur von Tadel, kein Wort der Beschwerde. Dagegen Lob und herzliche Zuneigung. Nachrichten aus Philippi würden ihm in seiner mißlichen Lage Mut machen, gestand der Apostel. Er verheimlichte den Adressaten nicht, wie es um ihn stand und wie nahe er am Verzweifeln gewesen war, als eine schwere Krankheit den Geldboten Epaphroditus an den Rand des Todes gebracht hatte: „Aber Gott hatte Erbarmen mit ihm, und nicht nur mit ihm, sondern auch mit mir, damit ich nicht vom Kummer überwältigt würde." (Phil 2,27)

Paulus liebte es, sich bisweilen als „Vater" und als „Mutter" seiner Gründungen zu bezeichnen (1 Thess 2,11; Gal 4,19; vgl. 1 Thess 2,7). Er öffnete den Gemeinden sein Herz, bettelte um ihre Zuneigung und wollte sie nicht nur am Evangelium, sondern auch an seinem Leben teilhaben lassen. Erzieher in Christus könnte man viele haben, erklärte er, aber nicht viele Väter (1 Kor 4,15).

Elternfreud – Elternleid. Paulus hatte jede Menge Ärger und Sorgen mit seinen Gemeinden. Richtig froh wurde er nur mit seinem „Ehrenkranz“, den Philippern, die er „ins Herz geschlossen“ hatte. Selbst in der Kerkerhaft schienen sie ihn vergessen zu machen, daß ein Damokles-Schwert über ihm schwebte. Denn ungeachtet der Möglichkeit, von den Römern exekutiert zu werden, ist in seinem kurzen Brief sechzehnmal von „Freude“ bzw. „sich freuen“ die Rede.

Beim Lesen der Apostelgeschichte kann man den Eindruck bekommen, Paulus und seine paar Begleiter wären die einzigen gewesen, die in den römischen Provinzen Galatien, Mazedonien, Asia und Achaia missionierend unterwegs waren. Gerade das Gegenteil war der Fall. Paulus mußte sich immer wieder mit Gegnern und Rivalen auseinandersetzen und ihnen gegenüber seinen Titel als Apostel verteidigen, weil ihm seine Widersacher bei den Gemeinden seine Autorität abzusprechen versuchten.

Die Neubekehrten, die in ihrem Glauben noch nicht firm waren, wurden durch die Ansichten der Wanderprediger bisweilen in arge Verunsicherung gestürzt. Paulus wollte solche Irritationen wenigstens von seinen Gemeinden fernhalten. Er wachte wie ein Zerberus darüber, daß kein fremder Glaubenslehrer in sein Revier eindrang und ihm die Leute abspenstig machte. Jeder Missionar, der Christus verkündet, hätte in seinem Wirkungskreis zu bleiben, meinte er. Auch er selbst achtete darauf, „das Evangelium nicht dort zu verkünden, wo der Name Christi schon bekannt gemacht war, um nicht auf einem fremden Fundament zu bauen“ (Röm 15,20).

Andere Prediger hatten da weniger Bedenken. Das Arbeitsfeld des Apostels blieb nicht von ihnen verschont. Um die Gläubigen zu beeindrucken, führten sie in ihrem Reisegepäck Empfehlungsschreiben anderer Gemeinden mit sich. Ein solcher Protegé wollte Paulus nicht sein. Er hielt das Sich-gegenseitig-Empfehlen für läppisch (2 Kor 3,1–2). Die Störenfriede, die sich anmaßten, mehr zu sein als er, nannte er „Überapostel“. Er betrachtete sie als „unehrliche Arbeiter“, als „Handlanger des Satans“, der sich in der Maske eines Engels zeige (2 Kor 11,13). Unter dem Deckmantel eines Apostels Christi würden sie versuchen, auf dem von ihm gepflanzten Stamm ihre Lehren aufzupfropfen.

Paulus faßte es als persönliche Kränkung auf, daß seine Gemeinden es zugelassen hatten, daß irgendwelche „Dahergelaufene“ einen anderen Jesus, einen anderen Geist, ein anderes Evangelium verkündeten als er (2 Kor 11,4; vgl. Gal 1,6-9). Die von Paulus als „Überapostel“ gebrandmarkten Prediger, die Unruhe in die paulinischen Gemeinden brachten, waren judaistische Missionare, also Judenchristen, die dem mosaischem Gesetz kompromißlos anhingen. Ihr Ziel war es, in der Nachfolge des irdischen Jesus den jüdischen Glauben zu revitalisieren und die christlichen Gemeinden in Kleinasien in das Judentum einzubinden. So propagierten sie die freiwillige Beschneidung gleichsam als eine Krönung des Weges zu Jesus Christus. Auf der anderen Seite war die Integrierung der Christen ins Judentum eine Chance, vorprogrammierten Konflikten mit der staatlichen Autorität aus dem Weg zu gehen, also nicht verfolgt zu werden (vgl. Gal 6,12).

Den Zuhörern war die Sache mit der freiwilligen Beschneidung nicht ganz geheuer. Sie fragten den Apostel um Rat. Paulus stellte klar, daß es nicht angeht, das Heil von Jesus Christus und gleichzeitig vom Gesetz zu erwarten. „Wenn ihr euch beschneiden laßt, wird Christus euch nichts nützen“, polterte er (vgl. Gal 5,2–4): „Wenn ihr durch das Gesetz gerecht werden wollt, dann habt ihr mit Christus nichts mehr zu tun. Dann seid ihr aus der Gnade heraus gefallen.“

Es ist nicht schwer sich vorzustellen, wie sich die „Kollegen“ im Dienst des Evangeliums anfeindeten und einander die Erfolge mißgönnten. Auch Paulus war von solchen menschlichen Regungen nicht frei. Man kann es daran sehen, wie er reagiert hat, als ihm ein gewisser Apollos ins

Gehege kam, ein gebildeter Christ aus Alexandria, der durch seine Redegewandtheit bestach (1 Kor 1,18; 2,1). Dieser Prediger stellte den Apostel mit seinen Qualitäten in den Schatten. Noch dazu in Korinth, wo die Leute sensibel waren für Menschen mit glänzender Bildung. Der Rhetorik des Alexandriners war Paulus nicht gewachsen. Sein Auftreten als Redner erschien den Korinthern als „matt“ und „armselig“ (2 Kor 10,10). Umso mehr ließen sie sich von Apollos beeindrucken. Er fand enormen Zulauf. Die Gefahr, daß die Gemeinde sich in Parteien aufspaltete, wuchs. Der Einheit zuliebe ordnete der Apostel seine persönlichen Empfindungen der Sache unter. Er tröstete sich mit dem Gedanken, daß sie beide letztlich Mitarbeiter Gottes seien. Er, Paulus, habe gesät, Apollos habe begossen, Gott aber habe zu allem das Wachstum gegeben (1 Kor 3,6–9).

Auch die Apostelgeschichte berichtet über den eloquenten Alexandriner namens Apollos (Apg 18,24–28), allerdings nicht so polemisch wie Paulus. Mit keinem Sterbenswörtchen wird erwähnt, daß er ein Spaltpilz war, gegen den sich Paulus zur Wehr setzen mußte. Der einzige Makel, den der Autor der Apostelgeschichte dem Mann aus Alexandria anheftet, ist die Unkenntnis der christlichen Taufe. Doch diese Scharte kann ausgewetzt werden. Was Apollos noch an letztem Schliff zu einem perfekten Missionar fehlt, das vermitteln ihm Priszilla und deren Ehemann Aquila. Mit Bildung und Einsicht ausgestattet, so stellt es Lukas dar, wurde Apollos den Gläubigen „eine große Hilfe“.

Der Vorgang in Korinth zeigt, daß nicht so sehr der Inhalt dessen, was Paulus oder Apollos sagten, für ihren Erfolg bzw. Mißerfolg entscheidend war, sondern eher die Art und Weise, wie der jeweilige Prediger seine Botschaft an den Mann oder an die Frau zu bringen verstand. Ein Teil der von Paulus Bekehrten lief nicht deshalb zu Apollos über und spendete ihm Beifall, weil er interessantere Glaubensinhalte verkündete als Paulus, sondern weil ihnen mehr imponierte, *wie* er sie vorbrachte. Bei Apollos haben wir keinen Grund anzunehmen, daß er sein Talent unredlich eingesetzt und seine Zuhörer zu seinem Vorteil manipuliert hätte. Zweifellos waren aber unter den Missionaren auch Scharlatane, Marktschreier, die das Evangelium wie eine Ware anpriesen, den Leuten nach dem Mund redeten, sich der Verkündigung als lukrativer Einnahmequelle bedienten und bei den Gemeinden absahnten.

Auch wenn Paulus im Reden nicht so gewandt war wie seine Rivalen, über die Köpfe der Leute hinweg hat er nicht gepredigt. Er holte die Zuhörer dort ab, wo sie standen. Der Apostel hatte nicht den Ehrgeiz, ein gelehrtes theologisches Kompendium zu verfassen, in dem alle möglichen Probleme systematisch durchdacht und in einer „Summa" zusammengefaßt werden wie bei Thomas von Aquin, sondern er war immer darauf bedacht, auf die Fragen, die gerade aktuell waren, Antworten zu finden. Aus den Briefen, die Paulus in der Zeit zwischen 50 und 57 geschrieben hat, können wir einiges über gewisse Probleme in den Gemeinden erfahren. Bei den Korinthern zum Beispiel gab es Schwierigkeiten bei der Eucharistiefeier. Betuchte Christen luden zum Herrenmahl ein. Aber statt zu warten, bis alle anwesend waren, begannen die Vornehmen zu schmausen und zu trinken und waren bereits besoffen, als schließlich auch die Hafenarbeiter, Markthändler, Fischausnehmerinnen, Handwerker, Schankmädchen und so weiter eintrafen. Oft war für die wirklich Bedürftigen nichts mehr übrig. Paulus wies auf den gravierenden Unterschied zwischen der bei dieser Gelegenheit praktizierten Völlerei und dem Herrenmahl hin. Er erinnerte die Korinther an das, was er ihnen schon einmal über die Eucharistie gesagt hatte, und wiederholte den Bericht über das Letzte Abendmahl. Damit lieferte er uns – zu einem Zeitpunkt, da es das Christentum gerade erst knapp zwanzig Jahre lang gab – den ältesten Text, den wir von den Segensworten über Brot und Wein besitzen (1 Kor 11,17–34).

Die Christen in Thessaloniki hatten ganz andere Probleme. Der Apostel hatte, so erfahren wir bei Lukas, gerade noch bei Nacht aus ihrer Stadt entkommen können. Zurück blieben die Neubekehrten mit ihren unbeantworteten Fragen. Paulus hatte ihnen die nahe Wiederkunft des Herrn verkündet, aber nichts über das Los derer gesagt, die inzwischen verstorben waren. Was wird mit ihnen passieren, wenn die Lebenden mit Christus vereint sein werden? Falls Paulus über diese Frage vorher noch nie nachgedacht hatte, war er jetzt gezwungen, sich darüber Gedanken zu machen. Die Thessalonicher konnten aus seiner Antwort Trost schöpfen: Ihre Toten werden auferstehen und noch vor den noch Lebenden beim Herrn sein (1 Thess 4,13–18).

Das Schreiben von Briefen war für Paulus ein probates Mittel der Kommunikation. Gelegen kam ihm dabei, daß Griechisch in allen Gemeinden des mediterranen Raums verstanden wurde, und alle in dieser Sprache korrespondieren konnten. Vermutlich versprach sich Paulus vom Briefschreiben sogar noch mehr als von einem persönlichen Auftritt, da er sich im Reden für einen „Stümper" hielt (2 Kor 11,6), andererseits aber sehr wohl wußte, daß seine Briefe von den Leuten als „wuchtig und voll Kraft" geschätzt wurden (2 Kor 10,10). Mit Briefen konnte Paulus auch Leute erreichen, die ihn noch nie gehört hatten. „Ich beschwöre euch beim Herrn, diesen Brief allen Brüdern vorzulesen" (1 Thess 5,27), drängte er die Empfänger des Ersten Thessalonicherbriefes. Einige Jahre später hätte es dieser Aufforderung nicht mehr bedurft. Im Gegenteil, die Briefe des Apostels hatten ein solches Ansehen erlangt, daß einige seiner Schüler, vom Nimbus des Schreibers profitierend, Briefe unter seinem Namen schrieben, z. B. den Brief an die Epheser und den Brief an die Kolosser.

Die Briefe verwendete Paulus auch, um manche Dinge klarzustellen oder falsch Verstandenes zurechtzurücken. Etwa, wenn es darum ging, Freiheit nicht mit Ellbogenfreiheit zu verwechseln, sondern Rücksicht auf den Nächsten zu nehmen, besonders in der Frage des Essens von Götzenopferfleisch. Der Verzehr des billig auf dem Markt erhältlichen Opferfleisches bedeute für einen Heiden, der sich zu Christus bekehrt hatte, keineswegs einen Rückfall in den alten Götzenkult, beruhigte Paulus die Gemüter, doch gelte es, darauf zu achten, daß diese Freiheit „den Schwachen nicht zum Anstoß“ werde. Bevor er einen schwächeren Bruder bloßstellen oder ihn vor den Kopf stoßen würde, zöge er es vor, zeitlebens überhaupt kein Fleisch mehr zu essen, betonte der Apostel (1 Kor 8,4–13).

Immer wieder hat Paulus den Gemeinden nahegelegt, an ihm Maß zu nehmen: „Werdet wie ich!“ (Gal 4,12) „Ahmt mich nach!“ (Phil 3,17) „Haltet euch an mein Vorbild!“ (1 Kor 4,16) Aber er hielt sich nicht für mustergültig, sondern sprach auch von seiner Schwäche (2 Kor 12,9). Er sah sich als eine Art Vorturner seiner Gemeinde, der selbst noch an sich arbeitet und sich einem Ausdauertraining unterwirft, um nicht aus der Arena verwiesen zu werden. Für die Korinther war das Bild aus der Welt des Sports keineswegs abstrakt. Nur einige Kilometer von ihrer Stadt entfernt wurden beim Heiligtum des Poseidon die Isthmusspiele abgehalten, die den Olympischen Spielen kaum nachstanden.

Ich stelle mir vor, wie Paulus im Frühjahr 51 – zu einem Zeitpunkt, an dem die Wettkämpfe stattfanden, und er, wie wir aus dem Fund der Gallio-Inschrift wissen, sich in Korinth aufhielt – mit den vielen Sportbegeisterten in die Arena geeilt ist, so wie heute unsere Fans ins Fußballstadion drängen. Er mag die Bilder der Wettläufe und Faustkämpfe vor Augen gehabt haben, als er später niederschrieb: „Wißt ihr nicht, daß die Läufer im Stadion zwar alle laufen, aber nur einer den Siegespreis gewinnt? Lauft so, daß ihr ihn gewinnt!“ (1 Kor 9,24)

Neben dem Bild des Läufers, der nicht planlos loslaufen darf, wenn er den Lorbeerkranz gewinnen will, verwendete

Paulus auch das Bild des Boxers. Er kämpfe nicht wie einer, der blindlings mit der Faust in der Luft herumfuchtle, sondern wie einer, der gezielt Kinnhaken platziert. Er züchtige und unterwerfe seinen Leib, damit er „nicht anderen predige und selbst verworfen werde", erklärte der Apostel (1 Kor 9,27).

Als die Zahl der Mitglieder in den jungen Christengemeinden wuchs, stellte sich die Frage, wie sie inmitten von Heiden als Christen leben sollen. Welche Religionsgemeinschaft sollten sie nachahmen? Sollten sie es machen wie die Eingeweihten der Mysterienkulte und sich absondern? Der Apostel wies die Gemeinden unmißverständlich an, keine separaten Klüngel zu bilden, sondern für jedermann offen zu sein (vgl. 1 Kor 7,12–24). Christ könne man in jeder Lebenslage sein, sagte er. Ein Ehepartner, der vor seiner Bekehrung zum Glauben an Christus mit einem Andersgläubigen verheiratet gewesen sei, brauche sich nicht von diesem zu trennen. Niemand müsse seinen Berufsstand oder seine Lebensverhältnisse wechseln, weil er Christ geworden sei, ein Beschnittener solle beschnitten bleiben und ein Unbeschnittener sich nicht beschneiden lassen.

Aus dem Brief an Philemon wissen wir, wie Paulus über die Sklaverei gedacht hat. Seine Meinung war insofern von Belang, als unter den Gemeindemitgliedern auch Sklaven waren, die Revolten und Fluchtgedanken nicht abgeneigt gewesen wären. Ein persönliches Erlebnis gab Paulus Gelegenheit, sich zu diesem Problem zu äußern. Dem Briefempfänger Philemon war sein Sklave Onesimus entlaufen. Wie es der Zufall wollte, wurde er aufgegriffen und in dasselbe Gefängnis gebracht, in welchem Paulus bereits einsaß. Die beiden freundeten sich an. Der Apostel bat Philemon, den Sklaven wieder bei sich aufzunehmen und, falls dieser ihm etwas gestohlen oder Schulden bei ihm gemacht hätte, es ihm, Paulus, auf die Rechnung zu setzen. Mit keinem Wort forderte Paulus, daß Onesimus die Freiheit geschenkt werden sollte, oder daß die Sklaverei abgeschafft werden müsse. Den christlichen Sklavenhalter bat er jedoch, um des Herrn willen, Onesimus künftig nicht mehr als Fronknecht zu betrachten, sondern „als geliebten Bruder" (Phlm 16). An dem herrschenden Sozialgefüge kratzte der Apostel nicht. Das hätte wohl auch seinen kulturellen Rahmen gesprengt. Zudem hätten Freiheitsparolen den Staat, der in vielen Bereichen auf den Dienst der Sklaven angewiesen war, womöglich zum Einschreiten gegen die Christen veranlaßt. Im Zusammenleben der Gemeinden dagegen sollte es nach dem Willen des Apostels keine Sklaven, sondern nur Geschwister, nur Freie in Christus geben (1 Kor 7,21–23).

Genausowenig wie Paulus die Sklaven zum Ungehorsam gegen ihre Herren anstiftete, animierte er die Gläubigen zum Widerstand gegen die Staatsgewalt. Paulus war zwar kein Freund der Römer und hatte öfters in ihren Gefängnissen zu leiden. Als Pragmatiker hielt er aber nichts von aussichtslosen Revolten und verlor nicht das Maß für das Mögliche aus den Augen. Er konzentrierte sich auf die Verbreitung des Christentums an der Basis und empfahl den Christen, die staatliche Autorität als von Gott gegeben anzuerkennen (Röm 13 1–7). Er vermied es, die Vergöttlichung des Kaisers offen anzugreifen, denn er hielt es für kontraproduktiv, sich mit der weltlichen Obrigkeit anzulegen. Eine mögliche Begründung für diese Art von Konformismus liegt darin, daß Paulus angesichts der Parusie äußere Dinge wie Staat und Politik für nebensächlich hielt. Nicht im politischen, sondern im sozialen Bereich sollten die Christen aktiv sein. Sie sollten keine krummen Geschäfte machen, sich nicht mehr Rechte herausnehmen, als ihnen zustanden, und die Ehefrauen nicht als sexuelle Lustobjekte behandeln (1 Thess 4,4–6).

Die heidenchristlichen paulinischen Lokalkirchen waren politisch konservativ. In ihnen gab es keine subversiven Umsturzpläne. Anders verhielt es sich in der Jerusalemer Muttergemeinde. Im gemeinsamen Kampf gegen die Besatzungsmacht wurde der Schulterschluß zwischen Juden und jenen Christen, die streng nach jüdischen Gesetzen lebten, enger. Beide erwarteten den Messias, der sie aus ihrer Misere erretten sollte. Der Unterschied war lediglich, daß die einen auf das Kommen, die anderen aber auf das Wiederkommen des Messias hofften. Die Widerstandgruppen nahmen zu. Die Zeloten hielten es mit dem Glauben für unvereinbar, sich dem Kaiser zu unterwerfen. Die Sikarier, nationalistische Draufgänger, hielten ihre Waffen griffbereit. Der Aufstand, der Ende der sechziger Jahre die Zerstörung Jerusalems und die Zerschlagung der judenchristlichen Gemeinden einläuten sollte, warf seine Schatten voraus.

Wir besitzen keine Dokumente, die beweisen würden, daß Paulus in den Jahren seiner Missionstätigkeit nach Jerusalem gereist wäre und Kontakt mit der dortigen Kirchenleitung aufgenommen hätte. Ebensowenig wissen wir von einem Kontakt in umgekehrter Richtung. Daß Paulus jedoch die Mutterkirche nicht abgeschrieben hatte, zeigt sein Eifer für die Kollekte. Hier ging es darum, den Nachweis zu erbringen, daß seine Gemeinden nicht bloß gut funktionierende Lokalkirchen waren, sondern sich als Glieder einer universalen Kirche verstanden. Die Jerusalemer Brüder sollten staunen, was seine Heidenchristen für sie auf die Beine stellten.

So großartig die Ideale auch waren, an denen die ersten Christen ihr Leben orientierten, im praktischen Leben ging es keineswegs ohne Konflikte ab. Dem liederlichen, zügellosen Leben in der Hafenstadt Korinth frönten auch die Christen. Dem Apostel kam zu Ohren, daß ein Mitglied der Gemeinde Unzucht der schändlichsten Art getrieben hatte, „wie sie nicht einmal unter den Heiden vorkommt“ (vgl. 1 Kor 5,1–6). Paulus forderte die Gemeinde auf, eine disziplinarische Strafe über den Schuldigen zu verhängen, ihn in einer Art von Exkommunikation „dem Satan zu übergeben“, das heißt den Übeltäter aus der Gemeinde auszuschließen.

Paulus war Realist genug, um zu sehen, daß die menschliche Schwäche immer wieder ihren Tribut forderte. Aber wenn es den Gemeindemitgliedern schon nicht gelang, ohne Streitigkeiten zu leben, dann sollten sie wenigstens die Sache unter sich bereinigen, meinte er, statt ihren Rechtsstreit in der Öffentlichkeit auszutragen, noch dazu vor einem heidnischen Richter (vgl. 1 Kor 6,1–11).

Unter den vielen Verhaltensregeln, die Paulus den Gemeinden gab, standen „einträchtig leben" und „sich gegenseitig helfen" ganz oben auf der Liste. Im Bild von dem einen Leib, der viele verschiedene Gliedmaßen hat, zeigte er anschaulich, wie in einer Gemeinde, die aus unterschiedlichen Mitgliedern besteht, letztlich alle an einem Strang ziehen. So wie es beim menschlichen Organismus keine minderwertigen Glieder gibt, sondern jedes Glied seine ureigenste Aufgabe hat, so verhält es sich auch in der Gemeinde (1 Kor 12,12-22).

Im Galaterbrief ging der Apostel noch einen Schritt weiter. Er betonte nicht nur, daß alle Glieder in der Gemeinde gleich wichtig sind, sondern erklärte alle trennenden Gegensätze für bedeutungslos: „Es gibt nicht mehr Juden und Griechen, nicht Sklaven und Freie, nicht Mann und Frau, denn ihr alle seid ‚einer' in Christus Jesus." (Gal 3,28) Vermutlich haben sich so manche Leser erstaunt die Augen gerieben, wie da ausgerechnet ein Jude einen dermaßen gewagten Salto über alle ethnischen, sozialen und kulturellen Barrieren hinweg riskiert hat. So manchen mag es nicht in den Kopf gegangen sein, wie eine Gemeinschaft Bestand haben kann, in der Herr und Knecht, Gelehrter und Prolet, Frau und Mann, Patrizierin und Plebejerin, Reicher und Mittelloser, einer, der den Ton angibt und einer, der den Befehl ausführt, zusammenleben. Sicherlich hat die Überschreitung der herkömmlichen Grenzen viel zum Erfolg beigetragen, den die ersten Christen verbuchen konnten. Denn es ließ sich nicht übersehen, daß dieses Konzept nicht bloß eine wunderschöne Theorie war, sondern in den christlichen Gemeinden tatsächlich gelebt wurde. So eine heterogene Mischung aus Vertretern aller Schichten, die sich zu einer Gemeinschaft zusammenfand, die für alle offen war, hatte es im römischen Imperium vorher noch nie gegeben.

Manuel Olivera mußte am 15. Mai 2003 wieder ins Krankenhaus. Man diagnostizierte eine atypische Lungenentzündung, die durch Pilze hervorgerufen worden war. Zehn Tage später starb er.

Wenige Tage vor seinem Tod hat Manuel Olivera noch an dem Projekt „Der Weg der ersten Christen" gearbeitet.

Ruedi Hofmann, der Direktor eines Produktionszentrums in Dili, Osttimor, über das Bemühen von Manuel Olivera, den Menschen die biblischen Schriften nahezubringen: „Das Phänomen Jesus war für ihn das Vorbild: nicht so sehr der angebetete Jesus, sondern der Jesus, der die Welt verändert, indem er sie mündig macht. Wie spannend war es doch, zusammen mit Manuel in den Evangelien auf Entdeckungsfahrt zu gehen! Aber auch in den anderen Schriften der Bibel ließ er uns immer wieder diesem Gott begegnen, der die Menschen lehrt, sich selbst zu finden."

Lukas und die Wahrheit

Was wir über die ersten Christen wissen können

Leitsätze zum Verständnis der Apostelgeschichte
von
Josef Dirnbeck

„Und alle, die gläubig geworden waren, bildeten eine Gemeinschaft und hatten alles gemeinsam. Sie verkauften Hab und Gut und gaben davon allen, jedem so viel, wie er nötig hatte. Tag für Tag verharrten sie einmütig im Tempel, brachen in ihren Häusern das Brot und hielten miteinander Mahl in Freude und Einfalt des Herzens. Sie lobten Gott und waren beim ganzen Volk beliebt. Und der Herr fügte täglich ihrer Gemeinschaft die hinzu, die gerettet werden sollten."

(Apg 2,44–47)

1. Die Apostelgeschichte beansprucht, die Entstehung der Kirche in ihren Anfängen zu beschreiben. Aber ihr Autor tut dies nicht wie ein Historiker, der an Fakten interessiert ist und möglichst genau herausfinden möchte, wie es gewesen ist, sondern er schreibt als Theologe, der daran interessiert ist, den *Sinn* der Ereignisse im Licht des Glaubens zu erhellen.

2. Genauso wie die anderen Verfasser der Evangelien möchte auch der Autor des Lukasevangeliums und der Apostelgeschichte mit seiner Schrift über die Geschichte der Urkirche in erster Linie ein *Glaubenszeugnis* geben. Dies hat zur Folge, daß der Autor eine literarische Darstellungsform wählt, die sich erlauben darf, mit historischen Fakten sehr frei umzugehen. Man muß daher von Anfang an beachten:

Nicht alles, was in der Apostelgeschichte geschildert wird, ist *wirklich* passiert; und nicht alles, was wirklich passiert ist, wird immer so geschildert, *wie* es passiert ist. Auch dort, wo der Autor reale Vorkommnisse schildert, verändert er häufig gewisse Details, um seine Sicht der Geschichte darzulegen, oder er gibt das wirklich Geschehene *in literarisch verschlüsselter Form* wieder – etwa, indem er biblisch vorgeprägte literarische Muster als Stilmittel benutzt, oder bisweilen auch, indem er völlig frei erfundene Legenden erzählt.

3. Trotz dieser Eigentümlichkeiten läßt sich mit Hilfe der Methoden der historisch-kritischen Rückfrage dennoch der Gang der Ereignisse rekonstruieren und plausibel machen.

4. Der wichtigste Befund ist, daß der Autor nicht wie ein Chronist den laufenden Fortgang der Ereignisse begleitet, sondern von einem bestimmten geschichtlich erreichten Punkt aus *Rückschau* hält. Für den Autor ist klar, daß alles, was geschehen ist, nur deshalb so gekommen ist, weil es so kommen mußte, damit die Kirche das werden konnte, was sie nach dem Willen Gottes von Anfang an werden sollte und jetzt – zur Zeit der Niederschrift der Apostelgeschichte – tatsächlich geworden ist. Diesem Blinkwinkel ordnet er alles unter.

Der Blickwinkel des Autors

5. In der nüchternen Sprache des Historikers gesagt: Der Autor beschreibt die Geschichte der Urkirche als eine *Erfolgs*geschichte. Unabhängig vom Inhalt – also unabhängig von dem, *was* der Autor im einzelnen beschreibt, und ob es so, wie er es beschreibt, historisch gewesen sein kann – ist schon allein die Tatsache, *daß* er eine Schrift wie die Apo-

stelgeschichte schreiben kann, der Beweis für *ein unleugbares historisches Faktum*: Die Jesusbewegung hat sich durch mehrere Phasen des Scheiterns hindurch als lebendig erwiesen und ist in institutioneller Weise geschichtsmächtig geworden.

6. Damit ist auch schon die unterschiedliche Betrachtungsweise auf den Punkt gebracht. Für den *Gläubigen* mag es sonnenklar sein und völlig logisch erscheinen, daß alles so kam, wie es kam. Für den *Historiker* hingegen ist es keineswegs eine ausgemachte Sache, daß sich die Dinge nur so und nicht anders entwickeln konnten.

7. Wie die Sache Jesu nach dessen Kreuzestod weitergehen würde, konnte beim besten Willen niemand im vorhinein wissen. Denn die Anhänger Jesu, wiewohl sie alle vom gleichen Glauben beseelt und von der gleichen Hoffnung erfüllt waren, vertraten *keine einheitliche Linie*. Im Gegenteil; es gab erbitterte Frontstellungen. Die einen standen den Interessen der anderen im Weg, was zur Folge hatte, daß sie einander mit einer Vehemenz bekämpften, die ihresgleichen sucht.

8. Da die Entwicklung der Jesusbewegung von vielen *Zufälligkeiten* und äußeren wie inneren *Unwägbarkeiten* bestimmt war, hätte das Ergebnis sehr leicht ein ganz anderes sein können. Die Weichen hätten keineswegs so gestellt werden müssen, wie sie wurden. Im Ringen um den richtigen Weg hätten sich zum Beispiel die beharrenden Kräfte als die stärkeren erweisen können, und eine Kirche aus Juden und Heiden wäre für immer ein unerfüllbarer Wunschtraum geblieben. Oder aber, es hätte die ganze Jesusbewegung nach einem kurzen begeisterten Aufflackern von der Bühne der Weltgeschichte verschwinden können, und nur Spezialisten für Religionsgeschichte würden heute noch wissen, daß es sie gab.

9. Die Apostelgeschichte ist ein Buch, das gar nicht früher geschrieben werden konnte als zu dem Zeitpunkt, in welchem es verfaßt wurde. Als Lukas zur Feder griff, hatte *die Zeit der Kirche* eben erst begonnen. Bis zu diesem Zeitpunkt war das Ganze noch ein völlig offener Prozeß gewesen. Niemand hatte wissen können, wohin sich alles entwickeln würde und auf *welche Situation* man sich letztlich einzustellen hatte. Es war keineswegs abzusehen, ob diejenigen recht hatten, die mit einem unmittelbar bevorstehenden „Kommen des Menschensohns" rechneten und gleichsam stündlich darauf warteten, die Wiederkunft Christi zu erleben und ihn auf den Wolken des Himmels kommen zu sehen, oder ob jene anderen die realistischeren Christen waren, die dafür plädierten, sich auf eine längere Phase einzustellen und Strukturen zu bilden, um zu überleben und anfallende Probleme besser lösen zu können.

10. In den ersten Jahrzehnten nach Jesus war alles noch im Fluß. Aber jetzt, im dritten Drittel des ersten Jahrhunderts, als Lukas die Apostelgeschichte schreibt, sind die Weichen gestellt. Und eine entscheidende Bewährungsprobe ist überstanden. Die beiden wichtigsten Hoffnungen, die Jesus von Nazareth und seine Anhänger hatten, sind nämlich *unerfüllt* geblieben, und die Jesusbewegung hat diese massive Enttäuschung überlebt, ohne daran zu zerbrechen, und sie hat es verstanden, sich auf die neue Situation einzustellen. Die eine Enttäuschung wird mit dem Namen „Parusieverzögerung" beschrieben. Das mit dem Namen „Parusie" bezeichnete Ereignis hatte nicht stattgefunden. Die *Naherwartung* der Wiederkunft Christi hatte sich genausowenig erfüllt wie die Erwartung der baldigen Ankunft des „Reiches Gottes", das Jesus verkündet hatte. Aber die *zweite* Enttäuschung, die die ersten Christen erleben mußten, war nicht minder bitter: Die erhoffte Bekehrung Israels blieb ebenfalls aus. Das Gegenteil war der Fall. Statt daß sich

die Juden dem neuen Glauben anschlossen und Jesus als den Messias bekannten, hatten sich die Christen von der Glaubensgemeinschaft der Juden getrennt. Die Apostelgeschichte wurde in einer Zeit verfaßt, da der Bruch bereits irreparabel geworden war. Das Auseinandergehen von Juden und Christen konnte nicht mehr rückgängig gemacht werden. Aber diese Situation hatte auch ihr Gutes. Die Kirche hatte eine bestimmte Gestalt angenommen und war zukunftsfähig geworden. Die Christen mußten fortan ihren eigenen Weg finden und *gehen*. Um so wichtiger und unverzichtbarer wurde es, sich in dieser Situation zu vergewissern, welche *Identität* die Kirche eigentlich hat.

Identitätsstiftende Erinnerung

11. Mit genau diesem Vorsatz ging der Autor der Apostelgeschichte ans Werk. Lukas, wie er genannt wird, bemühte sich, die widersprüchlichen und zum Teil recht schmerzlichen und beschämenden Ereignisse, von denen die Geschichte der Jesusbewegung geprägt wurde, auf die Reihe zu bekommen und *ein stimmiges Interpretationsmuster* zu finden, um sie vom Glauben her einzuordnen.

12. Man muß sich vor Augen halten, daß Lukas die Apostelgeschichte nicht für heutige Leser verfaßt hat, die sich von der Lektüre eines kirchengeschichtlichen Werks hieb- und stichfeste Informationen über vergangene Ereignisse erwarten, sondern daß er – wie jeder Autor – für die Leser *seiner* Zeit geschrieben hat. Was in der damaligen Situation der Kirche am allerdringlichsten benötigt wurde, waren aber nicht so sehr Informationen über die *historische* Wahrheit der Anfänge der Jesusbewegung, sondern eine *identitätsstiftende Erinnerung*. Nichts Geringeres als eine solche wollte Lukas liefern. Er konnte diese Identität natürlich

nicht ohne jede Rücksicht auf die historischen Fakten stiften, wohl aber konnte er das Licht bestimmen, in welchem das, was sich ereignet hat, in der Erinnerung erscheinen sollte – gleichsam nach dem Motto: „Sage mir, unter welchem Blickwinkel du deine Vergangenheit betrachtest, und ich sage dir, wer du bist."

13. Der Autor, der die Apostelgeschichte schreibt, ist ein Christ der zweiten Generation. Das heißt, er gehört zu denen, die Jesus nur noch vom Hörensagen kennen. Aber er ist in der glücklichen Lage, noch Leuten begegnet zu sein, die Jesus persönlich gekannt haben und Zeitzeugen der anfänglichen Ereignisse waren. Aber auch diese Männer und Frauen, die ein Naheverhältnis zu den Aposteln bzw. zu sonstigen maßgeblichen Persönlichkeiten der „Urkirche" hatten, sterben langsam aus, und es wächst bereits eine *dritte* Generation von Jesusanhängern heran, denen alles nur noch aufgrund der ihnen weitertradierten Überlieferungen bekannt ist. Um so wichtiger ist es, zusätzlich zu den bereits entstandenen oder im Entstehen begriffenen Evangelien das Zeugnis dieser Leute festzuhalten und in eine gültige Form zu bringen.

14. Der Autor der Apostelgeschichte ist ein guter Kenner der Materie, über die er schreibt. Auch wenn manches von dem, was er berichtet, naiv klingt und wie durch eine rosarote Brille betrachtet erscheint, ist er alles andere als naiv. Lukas weiß sehr wohl, was für unterschiedliche Konzepte es gab und welche schier unlösbar erscheinenden Konflikte zwischen den Nachfolgern Jesu ausgefochten wurden. Aber er weiß auch, welches Modell des Christentums letztlich das erfolgreiche war, und an *diesem* Modell orientiert er die Darstellung dessen, was gewesen und was geworden ist.

15. Das siegreiche Modell, welches der Jesusbewegung letztendlich das Überleben sicherte, war nicht das konservative Modell der Judenchristen, sondern das progressive Modell, das von *Paulus* und anderen Heidenmissionaren propagiert wurde; ein Modell, das zu guter Letzt auch von den „johanneischen" Kreisen – also jene Gemeinden, denen wir das letzte der vier kanonischen Evangelien verdanken – aufgegriffen, weiterentwickelt und durch eigenständige Traditionen bereichert worden ist. Diese „Progressiven" unter den Nachfolgern des Nazareners waren ganz entschieden der Überzeugung, daß man die Botschaft Jesu, die ursprünglich nur für Israel bestimmt war, auch für die „Unbeschnittenen" öffnen sollte.

16. Das „konservative" Modell hingegen wurde von der Jerusalemer Gemeinde vertreten. Diese hatte sich zunächst um Petrus gruppiert, aber da sich dieser Apostel aus dem engsten Mitarbeiterkreis Jesu leider als allzu schwankend und führungsschwach erwies, wurde sehr bald der Herrenbruder *Jakobus* zum „starken Mann" in Jerusalem. Für *diese* Christen, die sich allerdings gar noch nicht als „Christen", sondern nach wie vor als Juden verstanden und nichts anderes sein wollten als Juden, waren Nichtjuden nur dann als Adressaten der Botschaft Jesu zu akzeptieren, wenn sich diese vorher zum Judentum bekehrten. Ihnen mußten die Vertreter der „progressiven" Linie um so mehr zum Feindbild werden, als deren liberale Religionspolitik – gleichsam nach dem Prinzip „mitgefangen, mitgehangen" – den Widerstand des orthodoxen Judentums provozierte und ihren eigenen Bestrebungen, innerhalb der Synagoge akzeptiert zu werden, glatt zuwiderlief.

17. Als Lukas zu schreiben beginnt, sind diese Flügelkämpfe und Grundsatzdebatten bereits Schnee von gestern. Die heidenchristliche Fraktion hat den Sieg davon-

getragen, und die Judenchristen, die es noch gibt, sind allein schon aufgrund ihrer Größenordnung völlig bedeutungslos geworden. Die maßgeblichen Kontrahenten sind längst tot. Sowohl Jakobus als auch Paulus sind den Märtyrertod gestorben. Pikanterweise wurde jeder der beiden ausgerechnet von jener Seite umgebracht, für die er sich stark gemacht hatte: der Heidenmissionar von den Heiden, und der Judenchrist von den Juden. Paulus ist der Überlieferung nach unter Kaiser Nero in Rom hingerichtet worden, und Jakobus, der „Herrenbruder", wurde im Jahr 62 vom jüdischen Sanhedrin zusammen mit anderen Glaubensbrüdern wegen der Übertretung mosaischer Gesetze verurteilt und in einem kurzfristigen Machtvakuum nach dem Tod des römischen Statthalters Festus nach altem jüdischen Recht gesteinigt.

Nachträgliche Sinngebung

18. Die Tatsache, daß zwei so unterschiedliche Menschen wie Jakobus und Paulus, die lebenslang uneins über die gleiche Sache gewesen waren, nunmehr im Tod für die gleiche Sache vereint waren, war eine Versöhnung der Gegensätze. Beide hatten auf ihre Weise den guten Kampf gekämpft und Zeugnis für Jesus Christus gegeben, und der Streit über die richtige Richtung war kein Thema mehr. Mit dem Wissen über den Ausgang des Streits zwischen den konservativen und progressiven Kräften der ersten Christen beginnt nun Lukas in identitätsstiftender Weise den Prozeß der Entstehung der Kirche zu beschreiben. Da es ihm darum geht, zu zeigen, daß alles so gekommen ist, weil es so kommen mußte, ist es kein Wunder, daß er in seiner Darstellung keine Rücksicht darauf nimmt, daß dieser gruppendynamisch höchst aufregende Prozeß am Anfang noch völlig offen war und diesen oder jenen Verlauf hätte nehmen können. Für Lukas ist es eine Selbstverständlichkeit, den Weg,

den die Ereignisse de facto genommen haben, als den einzig möglichen, von vornherein auf dieses Ziel angelegten, gottgewollten und von der Vorsehung genau so geplanten Weg darzustellen. In seiner Sicht konnte die Jesusbewegung gar nicht anders, als sich zu einer eigenständig organisierten „Kirche“ zu entwickeln, die sich vom Judentum abtrennen mußte.

19. Das geschichtstheologische Modell, dem Lukas in seiner Darstellung folgt, ist genau das gleiche wie jenes, das er am Ende des ersten Teils seines Doppelwerkes benutzt hat: die *nachträgliche Sinngebung*. Wie er in der Geschichte von den Emmausjüngern das auf den ersten Blick bestürzend sinnlos erscheinende und auch de facto höchst deprimierende Ende, das Jesus genommen hat, im Licht alttestamentlicher Prophezeiungen in beglückender Weise als höchst sinnvoll interpretiert, so verfährt er auch in seiner zweiten Schrift. Er führt den Lesern der Apostelgeschichte plastisch vor Augen, daß auch hinsichtlich der *nachösterlichen* Ereignisse die gleiche Harmonie waltet und sich ein göttlicher Heilsplan vollzieht. Die Frage, die hinter seinen Schilderungen steht, lautet gleichsam: *Mußten nicht die Apostel und alle, die an Jesus glaubten, das alles erleben, erdulden und erleiden, um so in die „Herrlichkeit“ der Kirche geführt zu werden?*

20. Was für die Augen des Glaubens überaus stimmig erscheinen mag, erscheint in profaner Betrachtung freilich oft nur als plumpe Geschichtsklitterung und beschönigende Verfälschung der Tatsachen. Aber trotz der von der lukanischen Geschichtstheologie eigentümlich verzerrten Optik lassen sich für den Historiker die wesentlichen Stationen der Entwicklung der Jesusbewegung einigermaßen rekonstruieren.

21. Der Tod Jesu war *ein schwerer Schock* gewesen. Nicht nur für die Jünger des Nazareners, sondern vermutlich auch für Jesus selber – jedenfalls ein größerer, als die Evangelien erkennen lassen möchten. Der vom unmittelbar bevorstehenden Hereinbrechen des Reiches Gottes überzeugte Nazarener war sich zwar im klaren darüber, daß die von ihm betriebene Konfrontation mit den Machthabern eine tödliche war, gleichwohl hoffte er zuversichtlich, daß es nicht zum Äußersten kommen werde, sondern daß diese Konfrontation eine „Erlösung“ bringen werde: nicht eine Erlösung von den Sünden, als die man sie später interpretierte, sondern eine von Gott gewirkte Befreiung des geknechteten Israel. Daß diese ausblieb, war nicht nur für den sterbenden Jesus ein schmerzliches Erlebnis von Gottverlassenheit, sondern auch für seine Anhänger.

22. Mit dem schmachvollen Tod am Kreuz war der Schuß in die andere Richtung losgegangen. Denn damit war sozusagen theologisch schwarz auf weiß bewiesen, daß Jesus und alle, die auf ihn ihre Hoffnung setzten, sich gründlich getäuscht hatten. Einer, der am Pfahl hängt, galt nach jüdischer Überlieferung als ein von Gott Verfluchter und konnte daher unmöglich der Messias sein. Zur Erkenntnis, daß Jesus gerade deswegen, *weil* er dieses Schicksal erlitt, der verheißene Messias sein mußte, war es noch ein weiter Weg. Die *Finsternis des Karfreitags* währte länger als ein paar Stunden.

23. Die erste – und zweifellos höchst vernünftige – Reaktion der Jünger war die *Flucht*. Ihnen allen war klar: Wer so leichtsinnig sein wollte, weiterhin auf Konfrontation zu setzen, dem würde es ergehen wie dem Meister. Also nichts wie weg von Jerusalem!

24. Ihre Ostererfahrung machten die Jünger nicht in Jerusalem, sondern zu Hause. Was Lukas – aufgrund des sicheren Wissens von dem, was weiter geschah – a) schon nach wenigen Stunden und b) in Jerusalem Ereignis werden läßt, war a) ein längerer Prozeß und trug sich b) nicht in Jerusalem zu. Die aus Galiläa stammenden Fischer waren an den See Gennesaret zurückgekehrt und warfen wieder ihre Netze aus. Dort, wo sie seinerzeit dem irdischen Jesus begegnet waren, war der „Abendmahlsaal", in dem sie sich trafen und wo ihnen unversehens – mitten beim Mahl, beim Beten oder beim Lesen der Schrift – in neuer Weise Jesus begegnete.

Ostererfahrungen

25. Nach wer weiß wie vielen zermürbenden Nächten, in der die immer gleiche Frage: „Wie konnte das geschehen?" stets ohne Antwort geblieben war, gab es endlich das Licht am Ende des Tunnels. Die Frauen, so dürfen wir annehmen, begriffen es als erste, und nach und nach sahen es auch die anderen ein: „Das kann doch nicht alles gewesen sein!" – „Was er gepredigt hat, ist nicht aus und vorbei!" – „Wenn wir uns in seinem Namen versammeln, erfahren wir, daß er bei uns ist!" – „Sein Geist leitet uns und macht uns verständig – und wenn wir die Heiligen Schriften nur richtig zu lesen verstehen, so bestätigen sie uns, was wir längst als Gewißheit erfahren haben: Er lebt!"

26. Das Brausen des Heiligen Geistes, der pfingstliche Sturmwind der Begeisterung erfaßte die Jünger nicht – wie es Lukas aus *theologischen* Gründen darstellt – in Jerusalem, sondern in den palästinensischen Dörfern. Aus Anhängerinnen und Anhängern des Gekreuzigten wurden Anhängerinnen und Anhänger des Auferstandenen. Sie tauschten ihre Erfahrungen aus und bestätigten einander,

was für sie immer mehr zur unbezweifelbaren Gewißheit geworden war: „Gott hat den gekreuzigten Jesus nicht fallen gelassen. Im Gegenteil: Er hat ihn auferweckt, er hat ihn erhöht! Jesus lebt in ganz neuer Weise und ist noch mehr für uns da als früher. Sein Tod war nicht sinnlos, sondern war ein Ausdruck von Gottes übergroßer Liebe.“

27. Die Konsequenz, die aus dieser beglückenden Ostererfahrung zu ziehen war, konnte nur die eine sein: Jesu Sache ist nicht zu Ende, sie geht weiter. Seine Erwartung des baldigen Kommens des Reiches Gottes war keine Täuschung, sein Wiederkommen in Herrlichkeit ist das eigentliche Ziel unserer Hoffnung.

28. Diese frohe Botschaft galt es genauso weiterzusagen wie die frohe Botschaft von der kommenden Gottesherrschaft. Überzeugt davon, daß Jesus der von Gott gesandte Messias war, wollten die, die „Ostern“ erfahren hatten, auch ihre *jüdischen Glaubensbrüder* überzeugen. Aber diese ließen sich nicht so leicht überzeugen. Sie hatten Probleme damit, den Auferstehungszeugen ihr Zeugnis vom Auferstandenen abzunehmen. Die Behauptung, ein Gekreuzigter wäre der Befreier Israels, war für sie keine frohe Botschaft, sondern erschien ihnen als eine Zumutung, als ein „Ärgernis“.

29. Die Anhänger des Nazareners wiederum konnten in ihrer Begeisterung nicht begreifen, wieso fromme Juden so „verstockt“ sein konnten, ihnen nicht zu glauben, obwohl doch schon bei Mose und den Propheten längst aufgeschrieben war, daß der Messias ein *leidender Messias* sein müsse. Nicht zuletzt war es die Frustration über diesen Widerstand von jüdischer Seite, der die Jesusanhänger veranlaßte, in puncto Mission umzudenken und hinfort auch die Samariter und die Heiden zu Adressaten der Botschaft zu machen.

30. Manchen in den eigenen Reihen ging dieser Schritt viel zu weit. Sie verstanden sich als Juden und wollten auch und gerade als Jesusanhänger Juden bleiben. Eine Gemeinschaft von Heiden und Juden, die sich im Glauben an den gleichen Jesus zusammenfanden, konnte und durfte es in ihren Augen nicht geben. Und schon stand die Jesusbewegung vor der ersten großen Zerreißprobe, und es war eben keineswegs von vornherein ausgemacht, daß das „progressive" Modell den Sieg davontragen werde. Die Juden hatten gute Gründe für ihre Sicht der Dinge. Kann denn ein Kompromiß dieser Art – so fragten sie sich – auf etwas anderes hinauslaufen als auf eine Preisgabe der heiligsten Prinzipien des überlieferten Glaubens? Aber die Verfechter der Heidenmission hatten ebenfalls gute Gründe für ihre Sicht der Dinge. Gehörte denn – so fragten sie sich – nicht auch die Überzeugung, daß Gott das Heil aller Menschen will und daß sich zu guter Letzt auch die Heidenvölker in der Endzeit zum Gott Abrahams, Isaaks und Jakobs bekehren werden, zum prophetischen Erbe und zur ureigensten Hoffnung Israels?

31. Vielleicht hätte der sich anbahnende Konflikt die Jesusbewegung tatsächlich zerrissen, hätte nicht ein Mann von der Zähigkeit und Verbissenheit eines Paulus die Bühne betreten. Er machte sich für die Sache der Heidenmission stark und besaß Kraft genug, seinen Standpunkt gegen den erbitterten Widerstand der konservativen Judenchristen zu behaupten und ihnen – beim sogenannten „Apostelkonzil" – einen Kompromiß abzutrotzen, der freilich nur ein Etappensieg war und noch lange nicht das Ende der Auseinandersetzungen bedeutete.

32. Lukas beschreibt diese Konflikte zu einer Zeit, als sich der Sturm bereits gelegt hat. Die historische Wahrheit, die seiner Schilderung zu entnehmen ist, liegt nicht auf der *inhaltlichen* Ebene, sondern auf einer Meta-Ebene: Indem Lukas so erzählt, wie er erzählt, gibt er nämlich zu erkennen, daß er sich in einer Situation befindet, in der die Wogen wieder geglättet sind. Ganz verschweigen kann er die Konflikte, die es gegeben hat, zwar nicht, aber im Interesse seiner identitätsstiftenden Erinnerung versucht er, sie herunterzuspielen, so gut es geht. Deutlich erkennbar ist seine Sehnsucht, so zu tun, als hätte es unter den Nachfolgern Jesu nie ernsthafte Konflikte gegeben und als wären sie von Anfang an ein Herz und eine Seele gewesen. Doch diese „urkirchliche Idylle" war nie Realität.

33. Gerade was die Anfänge der Jesusbewegung betrifft, weicht die Darstellung der Apostelgeschichte in geradezu bizarrer Weise von der historischen Wahrheit ab. Obwohl alle Spuren nach Galiläa weisen, läßt Lukas die Urgemeinde in Jerusalem entstanden sein. Aus seiner Sicht, daß alles, was geschehen ist, nach dem Willen Gottes geschehen ist und von Anfang an so geschehen mußte, wie es geschah, mag es durchaus legitim sein, die Bedeutung, die die später entstandene Jerusalemer Christengemeinde dann in späterer Zeit bekam, in dieser Weise zu unterstreichen. Außerdem war Jerusalem als Schauplatz der Ostergeschichten unverzichtbar. Sobald man begann, die beglückende Ostererfahrung in anschaulich erzählte Erscheinungs- und Begegnungsgeschichten zu kleiden, war Jerusalem einfach der passende Ort der Handlung. Wo anders als dort, wo Jesus am Kreuz gestorben war und – unter welchen Umständen auch immer und von wem auch immer – begraben wurde, hätte er „am dritten Tag" auferstanden sein sollen?

Die Geschichte vom Brotbrechen in Emmaus – einem Ort, der etwa elf Kilometer außerhalb von Jerusalem liegt – ist zwar vom literarischen Genus her ebenfalls nur eine von diesen Legenden, befindet sich aber – so gesehen – genaugenommen viel näher bei der historischen Wahrheit als die Erzählung vom Abendmahlsaal, wo der Auferstandene vor versammelter Mannschaft erscheint.

34. Wiewohl die Ostergeschichten zwar allesamt nur Legenden und keine Berichte über historische Ereignisse sind, sind sie dennoch nicht völlig frei erfunden. Das historische Faktum, das ihnen zugrunde liegt, ist *die Erfahrung der Zeugen.* Dem Historiker ist es zwar verwehrt, die Auferstehung Jesu in irgendeiner Weise als ein historisches Ereignis festmachen zu können, aber er kann immerhin als gesichertes Ergebnis festhalten: Es gab Frauen und Männer, die weitersagten, was sie erlebt hatten, und es mit Worten wie diesen ausdrückten: Uns ist Jesus „erschienen", wir haben ihn „gesehen", er hat sich uns „gezeigt", „beim Brotbrechen sind uns die Augen aufgegangen" und so weiter. *Daß* es solche Zeugnisse erlebter Osterfahrung gegeben hat, ist zweifellos historisch; *wie* diese Erfahrungen dann in den Ostergeschichten dargestellt werden, ist nicht historisch. Hier gelten die Gesetze der Legende, hier ist alles nur literarische Ausschmückung.

35. Aber was von den Ostergeschichten gilt, gilt auch von den Berichten über die Urgemeinde. Auch hier haben wir es mit literarischen Ausschmückungen zu tun. Es sind *Legenden,* die Lukas erzählt: die Himmelfahrt ebenso wie das Pfingstfest, die Geschichten von der Gütergemeinschaft der Urgemeinde und deren Verletzung durch das Verhalten von Hananias und Saphira und so weiter und so fort. Vieles an diesen Berichten ist trotzdem authentische historische Information, allerdings nicht über die Zeit, von der

erzählt wird, sondern über die Zeit, *in* der erzählt wird, also über die Zeit, in der Lukas gelebt hat. Es handelt sich um Rückprojektionen späterer Zustände auf eine frühere Zeit – was man daran erkennen kann, daß in diesen Geschichten über die Urkirche die Entwicklung von Strukturen vorausgesetzt ist, die es in dieser Anfangsphase noch gar nicht gegeben haben kann. Das historische Faktum *hinter* diesen legendären Berichten ist allerdings die unleugbare Tatsache, daß sich nach dem Tod Jesu – und nach den daran anschließenden, wie auch immer gearteten Erfahrungen mit dem als „auferstanden" erlebten Herrn und Meister – gläubige Gemeinschaften gebildet haben und Formen angenommen haben, die dafür sorgten, daß die frohe Botschaft des Jesus von Nazareth tatsächlich von Jerusalem und Judäa nach Samarien und auf den europäischen Kontinent bis nach Rom vordringen konnte – „bis an die Grenzen der Erde" (Apg 1,8), wie Lukas gleich am Anfang der Apostelgeschichte formuliert.

Fröhliches Ambiente bei einem Kurs in Yogyakarte, Indonesien

Manuel Olivera lachte gerne, er liebte das Leben und das Schöne. Er begeisterte sich für Musik, Bücher und Bäume und genoß es, in Gesellschaft von Freunden einen südamerikanischen Rostbraten zuzubereiten. Von seinen Reisen brachte er als lebendes Mitbringsel Pflanzenschößlinge und Samenstände mit. Er hatte viel Sinn für Humor und tat jedem gern einen Gefallen. Seine Begeisterung wirkte ansteckend. Die Leistungen von Intellektuellen stellte er auf gleiche Ebene mit den Arbeiten derer, die die einfachsten Dienste verrichteten. Er vergaß nie, sich bei Elektrikern, Putzfrauen, Hausmeistern und Küchenhilfen zu bedanken. Von allen Facetten seiner Persönlichkeit war die seiner Liebe zu den Menschen am ausgeprägtesten. Bei allen, die ihn kannten, lebt die Erinnerung an seine Freundschaft, die er mit vollen Händen austeilte, weiter.

Die Autoren

Mag. Josef Dirnbeck
wurde in Rotenturm an der Pinka (Österreich) geboren und lebt in Wien und Nürnberg. Studium der Theologie. Zahlreiche Publikationen in deutschsprachigen Verlagen. Arbeit für diverse Printmedien, Rundfunk- und Fernsehanstalten in Österreich, Deutschland, Italien und der Schweiz. Mitglied des Österreichischen PEN-Clubs und der Wiener Musikgalerie.

Dr. Franziska Moser
wurde in Landshut (Bayern) geboren und lebt in München. Studium der Psychologie und Theologie. Gründungsmitglied und langjährige Leiterin von „SERPAL" – (Servicio Radiofónico para América Latina), einem Radiodienst zur Produktion von Radioprogrammen und AV-Medien in Lateinamerika. Von 1960 bis heute Geschäftsführerin des Arbeitskreises für Christlich-soziale Bildung e.V.